WÄSCHE

Felicitas Bachmann · Christa Madeyka · Mechthild Meyer-Schneidewind

WÄSCHE

MODE, MARKT UND MARKETING

Deutscher Fachverlag

Dieses Projekt ist in Zusammenarbeit mit
Triumph International entstanden.
Wir danken für die freundliche Unterstützung.

Die Deutsche Bibliothek – CIP-Einheitsaufnahme

Wäsche: Mode, Markt und Marketing / Felicitas
Bachmann; Christa Madeyka; Mechthild Meyer-
Schneidewind, – Frankfurt am Main: Dt. Fachverl., 1994
ISBN 3-87150-445-9
NE: Bachmann, Felicitas; Madeyka, Christa;
Meyer-Schneidewind, Mechthild

ISBN 3 - 87150 - 445 - 9

Satz und Layout: Petra Sulzmann, Art+Work GmbH,
Frankfurt am Main.
Umschlag: Petra Sulzmann, Art+Work GmbH,
Frankfurt am Main.
Umschlagfotos: Peter Schauwienold, Frankfurt am Main.
Repros: Atelier Deutscher Fachverlag; Peter Schauwienold.
Lektorat: Caroline Rosenberg, Frankfurt am Main.
Herstellung: Herbert Antoniewitz, Frankfurt am Main.
Druck+Bindung: Druckerei Uhl, Radolfzell

Vorwort

An einer riesigen Hauswand an der 42. Straße, Ecke Broadway in New York, findet sich überlebensgroß das Bild einer Calvin Klein-Unterhose. Jeden Tag passieren Zehntausende von Menschen an der dichtesten Stelle der Stadt diese Ikone der Pop-Kultur. Wer schaut noch hin? Das Bild eines Mannes in blütenweißer Unterhose gebiert kein Entsetzen. Im Gegenteil – eher Bewunderung. Das war vor gar nicht langer Zeit noch ganz anders. Um die Jahrhundertwende durften Frauen noch nicht einmal ihre Waden zeigen. Wäsche war unsichtbar und unaussprechlich. Heute hat sich die Welt total entblättert. Was jahrhundertelang im Verborgenen blühte, hat sich nach außen gekehrt, ist zum reizvollen Dekor der Oberbekleidung geworden. Der Siegeszug der Wäsche begann vielleicht zeitgleich mit dem Siegeszug des Beins. Das war 1945, als der Nylonstrumpf zusammen mit dem Sieg der Alliierten in Europa seinen Triumphzug durch die westliche Hemisphäre antrat. Wenn man in der modernen Mode über Wäsche spricht, sollte man vielleicht zwei Stränge der Entwicklung verfolgen. Nämlich Wäsche als Unterkleid und Wäschiges als Element der Mode. Wäsche als Unterkleid, das war jahrzehntelang eine Domäne der Frauen, ein Element der Verführung, des Romantizismus, der Erotik. Als Marlene Dietrich im „Blauen Engel" im Unterkleid auftauchte, da war das eine Revolution der Filmgeschichte.

Die Geschichte der Wäsche ist historisch auch eine Kulturgeschichte der Erotik. Bei den Frauen selbstverständlich. Die Revolution bei der Männer-Unterhose beginnt viel später. Eben mit jenem Calvin Klein, der blütenweiße Männerwäsche gesellschaftsfähig gemacht hat. Der zweite Revolutionär der letzten Dekade war sicher Nikos. Als er im Frühjahr 1986 seine Männerwäsche-Kollektion in Paris im Rahmen eines großen Spektakels vorstellte, bei dem junge Männer in schwarzer Wäsche auf weißen Pferden einritten, war die Sensation perfekt. Von da an war erotische, athletische Männerwäsche in den Medien gesellschaftsfähig. Dann kam ein großer Pop-Star und machte Wäsche zum Bestandteil der Bekleidung. Das war Madonna. Sie folgte der Tradition von Marilyn Monroe, in dem sie sich lustvoll öffentlich entblößte. Sie integrierte wie selbstverständlich Wäschespitze in ihr Outfit. Ihr Haus-und-Hof-Schneider ist seit vielen Jahren Jean Paul Gaultier, das enfant terrible der Pariser Szene. Heute ist das alles Kommerz. Lingerie, Transparenz und die athletischen Elemente der Wäsche, Boxershorts, T-Shirts, sie alle sind selbstverständlicher Bestandteil von Chic und Simple Chic geworden.

Im Herbst 1993 ging die große Transparenzwelle über die Laufstege der Stilistenschauen in Mailand und Paris. Es war wie vor 200 Jahren im Directoire, als Madame Recamier, die damals schönste Frau der Welt, Paris mit ihren Voile-Kleidern schockierte. Heute ist die Welt durch nichts und niemanden mehr zu schockieren. Alle erotischen Elemente der Wäsche sind Bestandteil unseres öffentlichen Lebens geworden. Woher das alles kam, wieso es kam und wer die Revolutionäre in der Geschichte und im Design der Wäsche waren, das mußte eines Tages dokumentiert werden. Dieses Buch hat es getan, und zwar auf kluge und vergnügliche Weise.

Peter Paul Polte

INHALT

HISTORIE

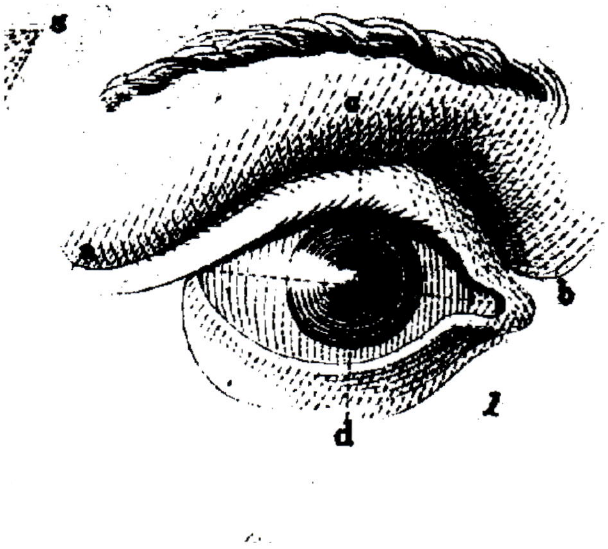

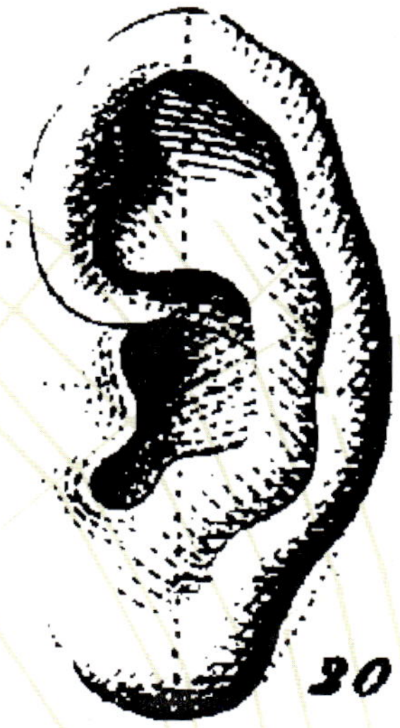

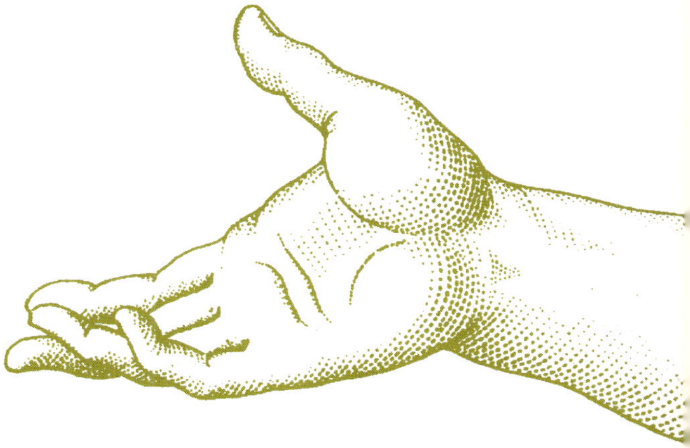

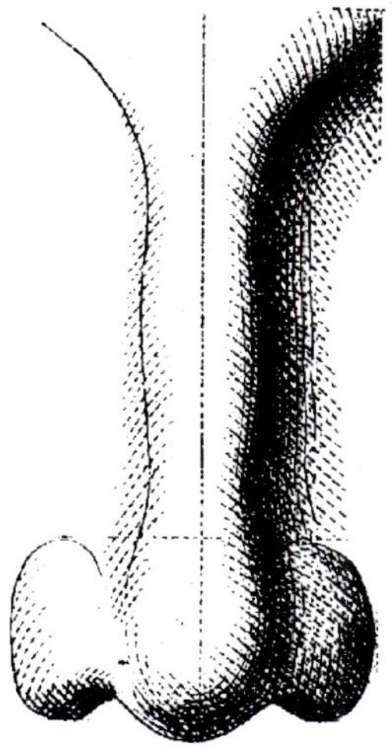

Schurz und Schnürbrust, Reifrock und Rundhalshemd, Korsett und Camisole, Büstenhalter und Boxershorts: Im Lauf der Jahrhunderte hatte Unterwäsche viele Erscheinungsformen – und die verschiedensten Bedürfnisse zu befriedigen.

Mal schützte sie die Haut vor dem kratzenden Wollkittel, mal die Seidenrobe vor den Ausdünstungen der Haut. Mal sollte sie ungewollte Einblicke abwehren, mal wärmen. Den weiblichen Körper neu zu modellieren, war jahrhundertelang ihr quälendster Zweck; ihn zu stützen, noch heute eine ihrer wichtigsten Aufgaben. Und nicht zuletzt ist Unterwäsche seit der Zeit des Rokoko ein gewaltiges Instrument der Verführung. Aber fangen wir von vorn an.

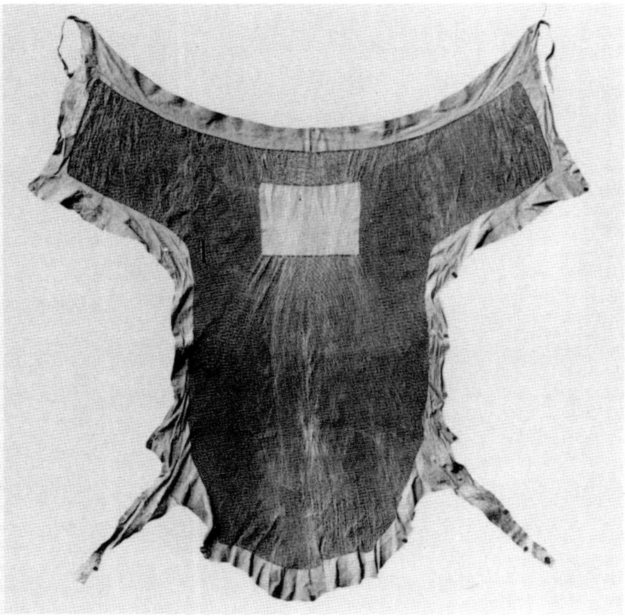

Patentverschluß: Knapp 3000 Jahre alt ist der lederne Lendenschurz, der bei Ausgrabungen im ägyptischen Theben gefunden wurde. Er ist heute im Museum of Fine Arts in Boston zu sehen.

„Anziehendes" aus Bast und Hanf

Am Anfang war das Feigenblatt. Jedenfalls, wenn wir die Geschichte von Adam und Eva wörtlich nehmen. Ethnologen verweisen die Theorie vom Schamgefühl als Ursprung aller Kleiderfragen ins Reich der Legenden. „Die Lust, sich zu zieren, überwiegt das Schamgefühl", stellte schon 1882 Carl Rohrbach in seinem Standardwerk über „Die Trachten der Völker" fest.

Tatsächlich gibt es noch heute in den Wäldern Amazoniens, Schwarzafrikas oder Guineas Stämme, die keinerlei Bekleidung kennen, dafür aber tätowiert, bemalt oder „anziehend" behängt sind mit allerlei Objekten, die sie schmücken und ihren sozialen Stand kundtun.

Daß die Geschichte der Kleidung schließlich mit dem Lendenschurz begann, lag weniger am Schamgefühl als am Wunsch, die empfindlichsten Stellen des Körpers vor Kälte, Gestrüpp und sonstigen Unbilden der Natur und des Arbeitslebens zu schützen. Aus Fellen oder Flechtwerk, Bast oder Hanf zieht er sich seit einigen tausend Jahren durch die Geschichte der Völker. Er mutierte zum „Dessous", als man/frau etwas darüber trug und mag insofern, mit ein wenig Phantasie, als Urahn unserer heutigen Unterhose gelten.

Der ägyptische Schurz: aus Leinen oder Leder

Der Schurz im alten Ägypten, etwa 3000 Jahre vor unserer Zeitrechnung: ein um die Hüften gelegtes Leinentuch. Knielang, feingefältelt und kunstreich drapiert trugen es die höheren Stände, kurz und glatt die Armen. Priester und Könige legten nicht selten zwei Schurze übereinander, wobei der obere mit bunten Bordüren versehen war. Schlachter und Soldaten schützten sich mit Leder gegen die Gefahren ihres Berufs,

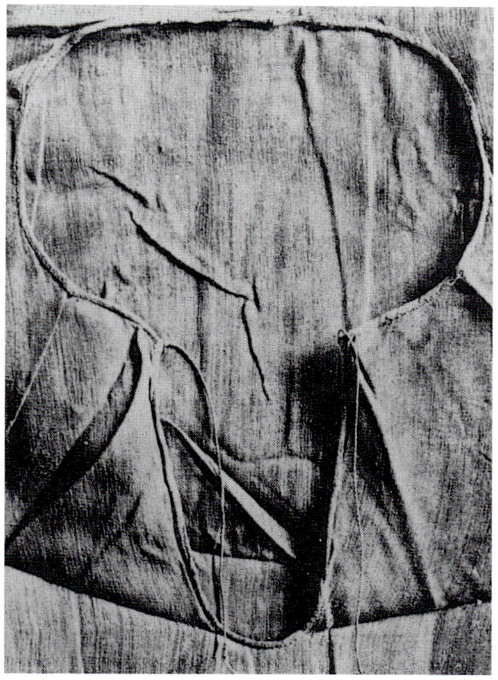

Leinen, seit sechs Jahrtausenden in Ägypten angebaut, ist das Material dieser etwa 1800 Jahre alten Tunika, die 1931 bei Ausgrabungen in Ägypten gefunden wurde.

Sklaven gingen nackt oder gürteten sich eine tangaähnliche Winzigkeit um die Taille, nichts anderes repräsentierend als sich selbst.

Frauen der höheren Stände trugen etwa zweitausend Jahre vor unserer Zeitrechnung die Kalasiris: ein schlauchschmales langes Trägerhemd, das die Brust freiließ. Bald begannen sie sich mehr und mehr zu verhüllen. Schlicht und gerade geschnittene Hemden aus feinstem, fast transparenten Leinen mit einem kurzen Schlitz am vorderen Halsausschnitt gehörten um 1500 vor Chr. zum festen Bestandteil ihrer Garderobe. Zwei Hemden übereinander zu tragen, kündete von Vornehmheit und Reichtum: das untere knöchellang, das obere ein paar Handbreit kürzer. Auch bei den Hemden war das erste „Drunter" also ursprünglich ein „Drüber", das im Lauf der Zeit von zusätzlichen Gewändern überdeckt wurde.

Chiton und Strophium

Das alte Griechenland liebte die Schönheit des üppigen Faltenwurfs und verlangte nach schmiegsamen Gewändern, die sich ober- und unterhalb des Gürtels anmutig drapieren ließen. Frauen trugen den knöchellangen, Männer den kniekurzen Chiton (aus dem Semitischen: Keton = Gespinst aus Pflanzenfasern): ein Baumwoll- oder Leinenrechteck, zuweilen mit farbigen Bordüren besetzt, das von einer Achsel unter dem entgegengesetzten Arm hindurch wieder zurückgeführt und auf der Schulter mit einer Spange befestigt wurde. Ging man aus dem Haus, wurde je nach Anlaß und Jahreszeit ein Überwurf aus Wolle oder Leinen darübergelegt.

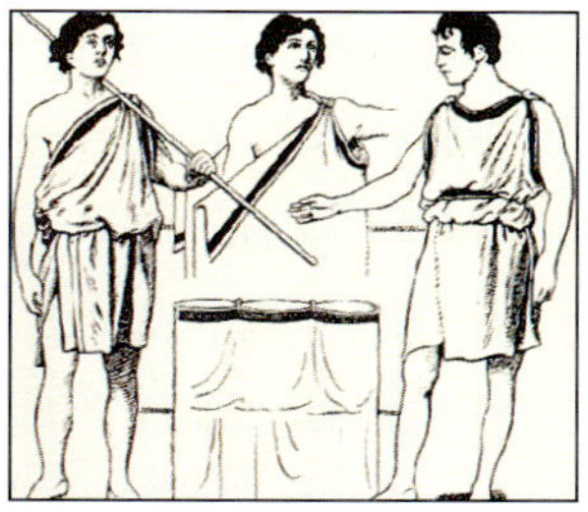

Im alten Griechenland trugen Männer wie Frauen den Chiton: ein rechteckiges Stück Leinen, das um den Körper drapiert und mit Spangen befestigt wurde. Zeichnung nach Mützel.

Frauen durften, wenn sie den Bildhauern Modell standen, den Chiton einseitig herunterkrempeln und freigiebig Busen zeigen. Generell aber wurde ihre erotische Anziehungskraft weniger hoch gewertet als die der Männer. Also verhüllte sich die Griechin, dem Faltenwurf zuliebe und um den Männern nicht die Schau zu stehlen.

Um ihre Konturen dennoch möglichst vorteilhaft unter den Gewändern sich wölben zu lassen, trug sie die Brustbinde, Strophium genannt (abgeleitet von Stróphos = Reif, Gürtel): ein handbreites, buntgefärbtes oder auch besticktes langes Band, meist aus Stoff, manchmal aus Leder, das stützend und festigend um die nackte Brust gebunden wurde. Für Athletinnen war das Band Vorschrift, Nicht-Sportlerinnen legten es nach freiem Gusto an. Gewiß wird es ihre Attraktivität in den Augen der Männer denn doch gesteigert haben, denn die Morgentoilette der Athenerin, nackt bis auf das Strophium, war ein beliebtes Vasenmotiv der Antike. Von mancherlei dramatischen Zweckentfremdungen des Bandes berichtet Max von Boehn in seiner „Kulturgeschichte der Mode". So soll es im Kreis um Sokrates eine des Komplotts angeklagte Frau gegeben haben, die während der Gerichtsverhandlung „plötzlich ihr Brustband nahm und sich mit demselben erdrosselte".

Das Ur-Korsett aus Kreta

Etwa 2000 Jahre vor der Zeitrechnung gab es auf Kreta bereits eine Frühform des Korsetts, die ganz offensichtlich dem Ideal der Wespentaille huldigte: Die berühmte Schlangengöttin aus Knossos, deren Statuette heute im Museum von Heraklion zu sehen ist, trägt ein prallenges Miederjäckchen, das den nackten Busen fest umschließt. Bei Ausgrabungen aus den Palastruinen des Königs Minos wurden Fayence-Figuren gleicher Machart gefunden, allesamt kaum größer als 35 Zentimeter, die neben Göttinnen auch Priesterinnen und Frauen der weltlichen Stände darstellen. Die Forschung geht davon aus, daß die brustfreien Mieder samt der dazugehörigen knöchellangen Volantröcke an hohen Festtagen getragen wurden.

Fascia und Subligaculum

Aus dem Chiton der Griechen entwickelte sich in Rom die Tunika als tagtägliches, direkt auf der Haut getragenes Gewand. Vorder- und Rückenteil waren an Schultern und Seiten zusammengenäht und wurden locker gegürtet. Männer legten die Toga darüber, Frauen je nach Jahreszeit und Anlaß eine zweite oder auch dritte Tunika unterschiedlicher Länge, die kürzeste obenauf. Die jeweils unterste wurde zur „Tunica intima".

Auch die Römerinnen trugen Brustbinden. Sie schnürten ihre Fascia noch enger als die Athenerinnen, denn kleine Busen galten als schön. Der römische Dichter Publius Terentius machte sich, etwa zwei Jahrhunderte vor unserer Zeitrechnung, lustig über „Mädchen wie die unsrigen, welche von ihren Müttern gezwungen werden, die Brüste zu schnüren, um eine schmale Figur zu bekommen: Man macht aus ihnen wahre Schilfrohre!" Auch die Zona trug dazu bei: ein Hüftband aus Bast zur Bändigung allzu üppiger Körperfülle.

Antike Abbildungen zeigen zur Brustbinde eine Art Slip, das Subligaculum: ein zwischen die Beine geschlungenes und an den Hüften geknotetes oder zusammengenähtes Stück Tuch. Die Frauen trugen es beim Sport und beim Baden, für Kommödiantinnen, Tänzerinnen und Sklavinnen zählte es zur Arbeitskleidung.

Regelrecht zur Unterwäsche machten es die Männer: wem die weichfließende Tunika zu weibisch war, trug es – und sonst nichts – unter der Toga. Man darf das Subligaculum also – nachdem der Stammbaum mit dem Schurz eröffnet wurde – getrost als jüngeren Ahn der Unterhose betrachten.

Die Brustbinde: „Strophium" im alten Griechenland, „Fascia" in Rom. Sie wurde vorrangig beim Sport, aber zuweilen auch unter dem Gewand getragen. Eine Erfindung der Römer ist das knappe Höschen: „Subligaculum". Das Mosaik der Athletinnen mit Hanteln und Diskusscheibe entstand um das Jahr 300. Es wurde bei Ausgrabungen der Kaiservilla Herkulia in Casale/Piazza Armerina auf Sizilien entdeckt.

Reine Männersache: Die „bruche“

Wir überspringen einige Jahrhunderte, aus denen zum Thema Wäsche kaum Nennenswertes überliefert ist. Wir landen im 12. Jahrhundert, der Zeit der Minnesänger. Längst war das alte Rom gestürzt, und die einst von den stolzen Senatoren verlachten Barbaren in ihren seltsamen Hosen waren die Herren der Zeit.

Trotz der veränderten Machtverhältnisse aber blieben Kultur und Kleidung nachhaltig geprägt von Rom: Im Lauf der Jahrhunderte hatte das Obergewand der Barbaren sich nach Vorbild der Tunika entwickelt und war immer länger geworden, die Hose – mittelhochdeutsch „bruche“ –, immer kürzer. In der Taille eingerollt und mit einer Schnur oder einem Lederriemen gehalten, bedeckte sie schließlich nur noch die Oberschenkel. Sie war aus schlichtem weißen Leinen für die höheren Stände, aus naturfarbener, oft kratzender Wolle für die – buchstäblich! – weniger gut Betuchten. Von unten bedeckten die aus Webstoff oder Leder genähten Strümpfe (mittelhochdeutsch „hosa“) das Bein, die mit Bändern an der “bruche“ befestigt wurden. Ab 1400 wurde sie immer knapper und sah schließlich aus wie eine neuzeitliche Badehose.

Im hohen Mittelalter sah die „bruche“ wie eine neuzeitliche Badehose aus. Federzeichnung um 1430 von Vittore Pisano, genannt Pisanello.

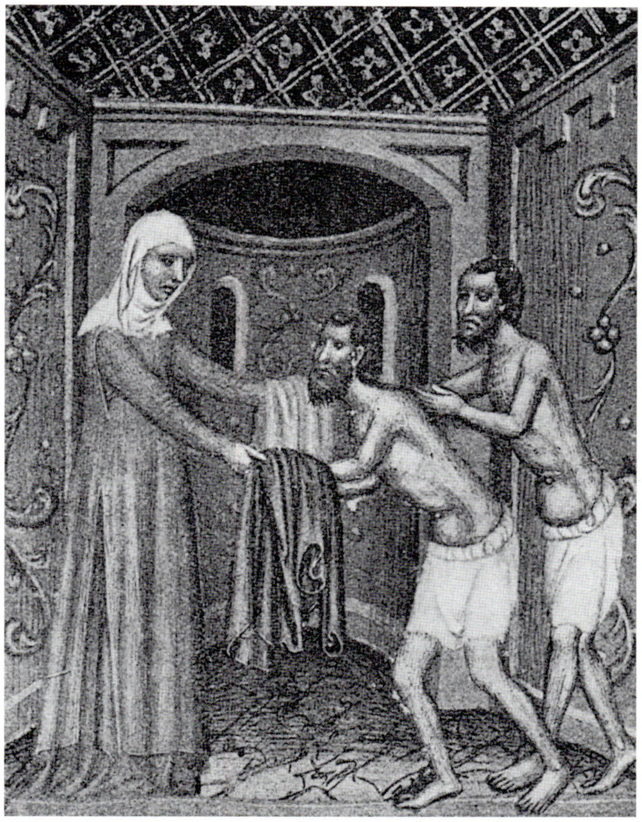

Weit und schlabbrig, in der Taille um eine zusammengebundene Schnur gerollt: die Hose, mittelhochdeutsch „bruche“, im 14. Jahrhundert. Klosterszene aus einem in der Pariser Bibliothèque Nationale befindlichen Psalter.

Das „niderkleit“ des Mittelalters

Vom frühen bis ins späte Mittelalter war das Hemd beider Geschlechter (mittelhochdeutsch „niderkleit“) äußerst schlicht geschnitten und spielte offensichtlich eine derart geringe Rolle, daß es in den Chroniken nur selten erwähnt wurde.

„Bis aufs Hemd ausgezogen“: Diese noch heute – allerdings in eher weltlichen Zusammenhängen – gebräuchliche Metapher symbolisierte zu Zeiten der Inquisition einen Zustand der aller weltlichen Gier entledigten Demut. Bei seinem berühmt gewordenen Gang nach Canossa im Jahr 1070 harrte

Ein dünnes Leinenhemd schützte die Haut vor dem Obergewand aus derbem Barchent: Ausschnitt aus dem Portinari-Altar (um 1477) von Hugo van der Goes, zu sehen in den Uffizien in Florenz.

Jahrhundertelang blieb der Schnitt des Frauenhemds fast unverändert: Schlicht, weit und wadenlang, diente es als Unterhemd und -rock sowie nicht zuletzt als Nachthemd. Rembrandt van Rijn malte die Badende im Jahr 1654. National Gallery London.

Kaiser Heinrich VI., um seine Absolution zu erbitten, drei Tage in bitterer Kälte vor der Burg des Papstes aus, barfuß und lediglich mit einem wollenen Hemd bekleidet. In den um 1385 entstandenen „Canterbury Tales" schildert der Chronist Chaucer, wie Ehebrecherinnen im bloßen Hemd in der Kirche Buße tun mußten. Auch die Pilger von Santiago de Compostella begaben sich nicht selten im Hemd auf den Weg der Büßer.

Das Hemd der Frauen war waden- bis knöchellang, das der Männer oberschenkellang und seitlich geschlitzt. Am runden Halsausschnitt war es zumeist mit einer eingearbeiteten Schnur versehen, die man zusammenziehen und -binden konnte. Auch der Fürspan war üblich als Hemdverschluß: eine kleine Spange nach Vorbild der römischen Fibel. Ab Mitte des 15. Jahrhunderts wurden Knöpfe eingesetzt.

Leinen, in großem Umfang vor allem in Holland, Belgien und Nordfrankreich hergestellt, war das Material der mittleren und höheren Stände. Das Landvolk begnügte sich mit selbstgesponnener Wolle oder Werg, einem Leinengewebe aus kurzfädigem Flachs- oder Hanfabfall. Als sich zu Beginn des 14. Jahrhunderts zunächst in Konstanz, später in Ulm, Augsburg, Leipzig und Chemnitz Baumwollspinnereien und -webereien ansiedelten, die bald den Reichtum der Städte begründen sollten, wurde der einseitig aufgerauhte Barchent (aus Leinenkette und Baumwollschuß) für die unteren Bevölkerungsschichten gebräuchlich. Nur an den Höfen wurde hier und da Seide eingesetzt, die über das Handelszentrum Venedig aus China oder Indien nach Mitteleuropa gelangte.

Nackt ins Gemeinschaftsbett

Das Hemd des frühen und hohen Mittelalters wurde rund um die Uhr getragen, auch nachts im Bett – so man eines hatte. Während Magd und Knecht sich nicht selten vollbekleidet hinter den Ofen oder unter den Treppenabsatz legten, ging die Familie des Arbeitgebers gemeinsam ins einzige große Bett des Hauses. Nur der Adel und reiche Bürger leisteten sich den Luxus einer eigenen Schlafstätte. Im späten Mittelalter ging man (um das Hemd zu schonen?) nackt ins Gemeinschaftsbett – auch in den Herbergen, wie etliche Chroniken es genüßlich und nicht selten unter Ausmalung wüster Ausschweifungen schildern. Dabei wurde es von den Mitschläfern als seltsam, ja verdächtig vermerkt, wenn ein Fremder sein Hemd anbehielt. In Chaucers „Canterbury Tales" wird ein Mann ausdrücklich in Hemd und Nachtmütze dargestellt und die Begründung gleich mitgeliefert: er hatte Malaria.

Im Barock wurde das Unter- zum Oberhemd und schmückte sich mit Smokbündchen und Fältelungen. Das Portrait eines unbekannten schwäbischen Meisters entstand um 1525 und ist heute im Frankfurter Städel-Museum sowie – als Ausschnitt und Braun-in-Braun – auf 50-Mark-Scheinen zu sehen.

Das Hemd in Renaissance und Barock

Im 15. Jahrhundert wurde das Männerhemd in die Oberbekleidung integriert und entwickelte sich zum Gegenstand regelrechter Prachtentfaltung: Der Halsausschnitt wurde gefältelt, gesmokt oder bestickt und mit Brokat- und Seidenbändchen oder einem Knopf geschlossen; die weiten Ärmel mußten mit Seidenbändern am Handgelenk gebändigt werden. Sie wurden besonders sorgfältig gearbeitet, als um 1480 das Obergewand über und über mit Schlitzen versehen wurde und die Blicke auf das „Drunter“ freigab.

Vom 17. Jahrhundert an wurden Hemden speziell für die Nacht angefertigt und mit bestickten Kragen versehen. „Der Kranke“ von Wolfgang Heimbach entstand um 1669.

Auch die Frauenhemden wurden zunehmend geschmückt mit Stickereien und Borten aus Gold- oder Silberfäden. Mal waren sie mit Ärmeln, mal lediglich mit Trägerbändern versehen. Die in den öffentlichen Badeanstalten von Prag arbeitenden Mädchen, von denen es etliche zeitgenössische Bilder gibt, trugen schlichte Unterkleider mit Achselträgern und bestickten Säumen.

Die für Männer ebenso wie für Frauen Mitte des 16. Jahrhunderts aufkommenden Stehkrägen waren mit zunächst winzigen Halskrausen eingefaßt, die ab 1575 größer und größer wurden. Die sogenannte „Mühlsteinkrause“ mit einem Durchmesser bis zu 60 Zentimetern machte es notwendig, Gabel und Löffel um zwei Handbreit verlängern zu lassen.

Während die Frauen des 17. Jahrhunderts sich mit eher schlichten Hemden zufriedengaben, schmückten die Männer sich mit einem Wasserfall von Spitzen an Halsausschnitt und Ärmeln. Bis ins 19. Jahrhundert hinein blieb das Hemd ein Zwitterwesen zwischen Unter- und Oberbekleidung.

Hochherrschaftliche Männerwäsche des 17. Jahrhunderts: links ein Hemd des Duke von Richmond (1612-55), rechts Hemd und Unterhose von König Charles II. (1660-85). Alle drei Teile befinden sich in der Westminster Abbey in London.

Eine Neuheit in den Wäscheschränken war im 16. Jahrhundert das Nachthemd. Adel und aufsteigendes Bürgertum gingen mit gutem Beispiel voran, ein weiteres Jahrhundert später hatte auch die Bauersfrau ihren „Herzschützer“, wie man es damals nannte. Der war ähnlich wie ein Tageshemd geschnitten, jedoch länger und weiter, mit besticktem Kragen oder Knopfleisten. Die unteren Schichten begnügten sich mit jenem schmucklosen Schnitt, der seit dem frühen Mittelalter üblich war und bis ins 20. Jahrhundert ohne große Veränderungen bestehen bleiben sollte: lang und weit, vorne mit Schlitz und Bändchen, weit ausgeschnitten in V-Form oder mit kleinem eckigen U-Ausschnitt.

„Weiberspeck“: Am spanischen Hof entstand die Mode der mit Hilfe von Steißrollen aufgepolsterten Hüften, die bald in ganz Europa Schule machen sollte. Zeichnung nach einem holländischen Gemälde um 1525.

Blickpunkt Hüften: Wulstenrock und Hänschen

Mit der Renaissance bahnte sich eine grundlegende Neuerung in der weiblichen Bekleidung an: Hatten im Mittelalter Busen und Bauch sich frei wölben können unter den weichfließenden Gewändern, rückten nun die Hüften ins Blickfeld und läuteten die Neumodellierung des Körpers ein.

Es begann mit einem Bauschen und Vermehren der Röcke, das seinen ersten Höhepunkt in den Wulstenröcken fand: Gleich unterhalb der Taille wurden die wurstförmigen „Steißrollen“ („Weiberspeck“, sagten die Männer respektlos) festgebunden, um so die darüberliegenden Röcke üppig ausbreiten zu können. Der Legende nach wurde das Prinzip des grotesk weiten Rocks von einer Mätresse am spanischen Hof ausgeheckt, um ihre Schwangerschaft so lange wie möglich zu verheimlichen - ein Nebeneffekt der Mode, der noch zweihundert Jahre später beim Reifrock und schließlich auch bei der Krinoline sehr geschätzt wurde.

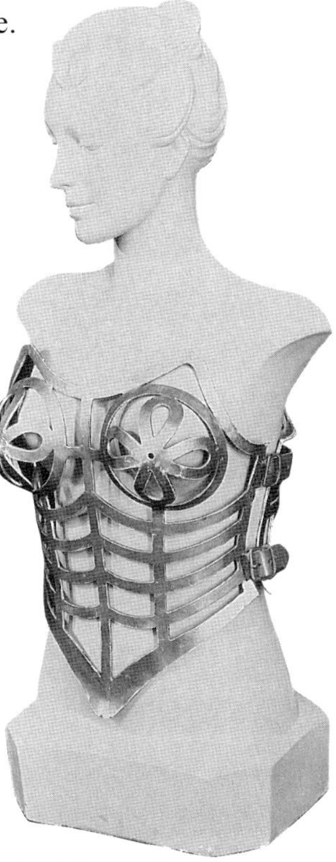

Spanischer Brustharnisch des 16. Jahrhunderts: das ursprünglich mit Samt ausgeschlagene Eisenmieder diente der gewaltsamen Haltungskorrektur. Zu sehen im Musée de Condé, Chantilly.

Bald reichten die Wulste nicht mehr aus, um einen weiteren Zweck zu erfüllen: Von den immer kostbareren und schöneren Seidendamasten und Brokaten, mit denen Venedig die europäischen Höfe belieferte, wollten die Frauen möglichst viel zeigen, und so mußte noch mehr Fläche her. Die Zeit des Reifrocks begann mit fünf bis sieben kreisförmig gebogenen und zusammengebundenen Weidenruten, die zunächst im oberen, ab Mitte des 16. Jahrhunderts in einem der unteren Röcke eingenäht wurden. Bald waren die Verstärkungen aus Holz, dann aus Eisendraht. Nach der Glocken- kam die Kegel- und schließlich die Tonnenform, wobei der Rock in der Taille fast horizontal abstand.

Um 1650 nahm er eine ovale, vorn und hinten abgeflachte Form an, an den Seiten aufgebläht bis zu drei Metern: Das war die Zeit, in der die Frauen seitlich durch die Tür gingen. All diese gewaltigen und kostbaren Kreationen waren eine typisch höfische Mode, die jede körperliche Arbeit unmöglich machte. Die einfache Bäuerin konnte selbstverständlich nur träumen von solcher Pracht, die aber nichtsdestotrotz im sinnenfrohen Rokoko als Modevorbild diente: Um 1720 kam der Reifrock in „Panier“-Form, abgeschaut vom Hühnerkorb, den die Landfrauen zu beiden Seiten der Hüften trugen. Bei dieser gemäßigten Form des Reifrocks konnten nun auch die Frauen des wohlhabenden Bürgertums mithalten. In Deutschland waren besonders die sogenannten halben Paniers beliebt, die lediglich bis zu den Knien reichten, „Hänschen“ oder „Springrock“ genannt.

Letzte Variante des Jahrhunderts zur Betonung des weiblichen Unterleibs war der “Cul de Paris“ mit seinen korkgefüllten Polstern. Dann brauten sich die Wolken der Französischen Revolution zusammen, die nicht zuletzt auch die Mode in ihren Grundfesten erschütterte. Aber vorher noch einmal zurück ins 16. Jahrhundert.

Lockvogel Schnürbrust

All diese üppigen Röcke wären nicht halb so schön gewesen ohne ihr kontrastreiches Gegenstück: die Schnürbrust. Mit dem Steifen der Leibchen hatte um 1500 die Modellierung des Busens begonnen. Flachbrüstig galt als schön, also wurden keine Mulden eingearbeitet, stattdessen Eisen-, Holz- oder Fischbeinstäbe, die den Busen regelrecht plattdrückten. Königlich gerade Haltung war unabdingbar.

Bald wurde das enge Oberteil vorn oder hinten aufgeschnitten und mit einer sichtbaren Verschnürung versehen. Vom Hemd darunter waren nur die Ärmel und die Säume des Ausschnitts mit dem zusammenziehbaren Bändchen zu sehen. Nach wie vor wurde gnadenlos eng geschnürt. Der Philosoph Michel de Montaigne

Flach wie ein Brett hatte die Holländerin des Barock zu sein: Gesteifte Leibchen schnürten den Busen weg. 1659 malte Jan Steen die junge Frau am Cembalo, deren Hemd im Nacken mit einer Schleife zugebunden wurde. National Gallery, London.

schrieb 1580 voller Mitleid: „Um eine schmale Figur zu erhalten, welche Höllenqualen litten sie nicht; eingeschraubt und eingepreßt von all den starken Stäben über den Rippen, bis zum rohen Fleisch. Ja, manchmal litten sie fast zu Tode".

Als ein Jahrhundert später der Busen von der Schnürbrust extrem hochgedrückt und schließlich fast freigelegt wird, ließ harsche Kritik nicht auf sich warten. In einem protestantischen Traktat von 1686 heißt es: „Was soll man nun von euch sagen, ihr liderlichen Hoffahrtsteufel und geilen Schwestern, die ihr euch mit Fleiß aufputzet und die Brüste aufmutzet. Wem kleidet ihr euch so nacket zu Gefallen? Euren Männern, das ist Torheit und Narrheit, die wissen's wohl, was euer Vorrat ist. So thut ihr's Fremden zu Gefallen. Ei, hole euch der Teufel!" Er holte sie nicht, im Gegenteil. In der Zeit des Rokoko liefen die Damen des Hofes ebenso wie ihre Dienstmägde, die Bürgersfrauen und sogar manche Bäuerinnen ständig und allgegenwärtig mit tiefem Dekolleté herum. Das weit geschnittene, mit dem Bändchen je nach Absicht mehr oder weniger zusammengezogene Hemd bot tiefe Einblicke nicht nur bei festlichen Gelegenheiten, sondern auch im Haus, auf der Straße und sogar in der Kirche. Der Schnürleib zwängte die Taille ein, drängte Schultern und Arme zurück und preßte den Busen einladend dem Betrachter entgegen. Kleine Brüste waren gefragt, der berühmte Vergleich mit den Äpfelchen beflügelte die Dichter zu immer neuen Versen.

Kunstwerk aus der Zeit um 1760: Schnürbrust aus zehn Teilen in Seide und Leinen mit Lederschuppen rund um die Taille. Geschnürt wurde im Rücken, zur Versteifung des Vorderteils wurde ein Holzscheit senkrecht in der Mitte eingeführt: der Blankscheit. Er endete in der sogenannten Schneppe, einer pfeilförmigen Lasche, die bis zum Bauchnabel reichte. Historisches Museum, Frankfurt.

Anprobe beim Schnürbrustschneider: ein delikater Moment, der Takt und Feingefühl erforderte. Kupferstich nach Pierre Anton Wille um 1780.

Reifrock als Geheimnisträger

Reifrock und Mieder in der Zeit des Rokoko: eine Mode, wie geschaffen für kokettes Geplänkel nach allen Seiten hin. Farbholzstich des 19. Jahrhunderts nach einem um 1775 entstandenen Kupferstich von Moreau le Jeune.

In seiner „Illustrierten Sittengeschichte" von 1914 kommt Eduard Fuchs dem Geheimnis der Beliebtheit des Reifrocks auf die Schliche: „Dank der Freizügigkeit der Sitten und des Herzeigens ihrer Brüste setzten sich die Frauen tagtäglich der Gefahr einer außerehelichen Schwangerschaft aus. Für sie war es im Interesse ihrer gesellschaftlichen Existenz höchst wichtig, daß sie ihren fatalen Unglücksfall auf dem Glatteis der Galanterie so lang als irgend möglich geheimhalten konnten. Vermochten sie dies, so war es für die mißtrauische Gesellschaft, die bei jeder Schwangerschaft immer erst zuletzt an den Gatten als Urheber dachte, nicht so leicht, die Legitimität dieses Zustandes ernstlich nachzuprüfen und auf die richtige Fährte zu kommen."

„Bscheißerle“ aus Flachs und Hanf

Im Gegensatz zur Schnürbrust war die Machart der Hemden schlicht genug, um zuhause geschneidert werden zu können. Bis ins 18. Jahrhundert hinein kamen Wäschestoffe vom Markt, das Nähen besorgten die Land- und Bürgersfrauen mit ihren Töchtern und Mägden, fahrende Händler und spezialisierte Näherinnen versahen das halbfertige Stück mit Spitzen und Stickereien.

Hemden waren wichtig genug, um in den Nachlaß- oder auch Beibringungsinventaren, die bei Tod oder Heirat angefertigt wurden, vermerkt zu werden. Wie Angelika Bischoff-Luithlen in einer Abhandlung über die Tracht der Schwaben („Der Schwabe und sein Häs“) vermerkt, hinterließ beispielsweise ein Pfarrer im württembergischen Ort Bernloch in der schwäbischen Alb im Jahr 1631 neben einem Mantel, zwei Hosen, zwei Wammes (Arbeitskittel), einem Paar Strümpfe und vier Taschentüchern auch „zwei Hembten“ mit vier Krägen. Ein Bauer im nahen Feldstetten besaß 1764 immerhin schon „sieben gute fläxene und zwei neue reustene Hembden“, seine Ehefrau „sechs mittlere Hembden“. („Flexin“ hieß das reine Leinen, „Reustin“ ein Flachs- und Hanfgemisch). Arme Leute mußten sich mit einem „abwerken“ Hemd aus Hanf- und Flachsabfällen begnügen. Bei den sogenannten „Bscheißerle“ waren nur die sichtbaren Teile aus reinem Leinen gearbeitet.

Im Durchschnitt kamen zu Beginn des 18. Jahrhunderts auf der schwäbischen Alb auf ein Inventar fünf bis acht Hemden und vier bis neun Paar Strümpfe. Es gab aber auch arme Leute, die mit ihrem einzigen Hemd begraben wurden, während andererseits eine reiche Bäuerin 30 gute Stücke in der Truhe hatte.

Weißzeughandel und Waschanstalt

In der zweiten Hälfte des 18. Jahrhunderts nahmen immer mehr Frauen den Handel mit Wäsche und kostbaren Spitzen und Besätzen an Hemden, Hauben und Manschetten in die Hand. Stets war ihren Läden auch eine Schneiderei angegliedert. Wie in der Enzyklopädie von Diderot und d'Alembert nachzulesen ist, mußten die „Meisterinnen im Weisszeughandel, in Zeug und Leinwand zur Genehmigung für einen Laden eine zweijährige Lehre nachweisen; verheiratete Frauen werden nicht zur Lehre zugelassen, und jede Meisterin kann nicht mehr als ein Lehrmädchen auf einmal haben. Sie verkaufen alle Sorten Waren aus Garn und Baumwolle; sie schließen Verträge ohne die Zustimmung ihrer Ehemänner; sie haben vier Geschworene, von denen zwei jährlich wechseln, die eine eine Frau, die andere eine Jungfer“. Die „Geschworenen“ wurden von der damals schon gutorganisierten Zunft des Gewerbes gestellt.

Weißzeughandel um 1775: Das lukrative Geschäft mit Spitzen und Bändern, Batist- und Leinenballen lag überwiegend in der Hand von Frauen.

Auch die Wäscherinnen machten sich zunehmend mit eigenen Wasch- und Bügelanstalten selbständig. Während die unteren Bevölkerungsschichten ihre Hemden einmal in der Woche mit einer Lösung aus Holzasche in den Flüssen und Seen wuschen, hatten der Adel und das aufstrebende, ihm nacheifernde Bürgertum allen Grund, ihre Wäsche fast täglich zu wechseln. In seiner Ende des 18. Jahrhunderts erschienenen „Oekonomischen Enzyklopedie“ bekennt Johann Georg Krünitz: „Wir, die wir unsere Hemden nicht ohne Ekel acht Tage lang tragen können, wir mögen jahrelang uns mit Abwaschung unserer Hände, unseres Gesichts, und mit einigen Fußbädern begnügen lassen, und mit einer Haut umhergehen, welche, wie die Schweizer Alpen mit Schnee, mit einem vieljährigen Kleister überzogen ist, und einem rohen Volke anekeln würde, welches an seinen täglichen Bädern durch keinen Schmutz behindert wird". Die Ärzte, die Krankheiten und Seuchen auf den haarsträubenden Mangel an Hygiene zurückführten, riefen immer vernehmbarer nach mehr Hygiene.

Malerisch, aber gewiß kein Freudenfest für empfindsame Nasen war „Die Orgie" im Jahr 1735: Männer wie Frauen begnügten sich mit einem täglichen Spritzer aus dem Parfumflakon. Gemälde von William Hogarth.

Der alte Fritz und das Kapitel Sauberkeit

Preussenkönig Friedrich II. führte bekanntlich strenges Regiment mit seinen Soldaten. In einem Erlaß aus der Zeit um 1775 ermahnte er sie wie folgt: „Bey der preußischen Armee wird mit größter Genauigkeit auch bey den gemeinen Soldaten auf gute und reinliche Wäsche gehalten. Wer in Ansehung der Wäsche gleichgültig ist, der verändert solche auch nicht zu gehöriger Zeit und die nächste Strafe des, in der Wäsche unordentlichen, oder unsauberen Menschen sind die Läuse. Und wer will gern lausischte Hausgenossen neben sich haben?"

Mediziner contra Schnürmode

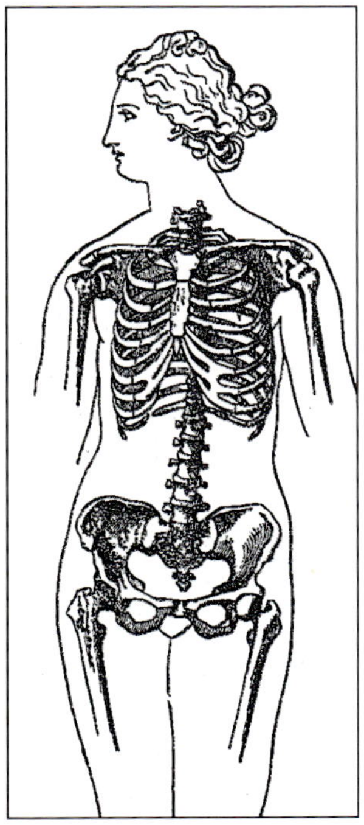

Ärgster Dorn in ihren Augen aber war und blieb das Schnürmieder. Es gab Todesfälle junger Frauen, die eindeutig auf das zu enge Schnüren zurückzuführen waren. Schwerste Deformationen und Quetschungen der Lungen, der Leber, des Magens und des Verdauungstraktes wurden registriert, ganz abgesehen von den Verformungen der Rippen.

Wenn sie abends in Gesellschaft gingen, fingen die Frauen nachmittags mit dem Schüren an: alle Viertelstunde mußte die Zofe ein wenig enger zurren, bis am Abend das angestrebte Taillenmaß erreicht war.

Selbst bei Schwangerschaften verzichteten die Frauen nicht auf ihr Mieder, im Gegenteil, sie schnürten umso enger. Früh- und Fehlgeburten waren nicht selten die Folge, und zum Stillen mußte eine Amme angeheuert werden. Es soll Neugeborene gegeben haben, die vom Abdruck des Blankscheits gezeichnet waren: „Schlachtopfer der Eitelkeit", empörten sich die Ärzte.

Zu den lautstärksten Kritikern gehörte der Anatom Samuel Thomas Soemmering (1755-1830). Anhand zahlreicher Untersuchungen konnte er nachweisen, daß der Oberkörper durch das Schnüren dauerhaft deformiert wurde. Bereits 1788 machte er in einem vielbeachteten Traktat darauf aufmerksam. Als im zweiten Jahrzehnt des 19. Jahrhunderts die Schnürbrust in Form des Korsetts ihr Comeback feierte, nahm auch er den Kampf wieder auf. Seine Erkenntnisse wur-

Fatale Spätfolgen der Eitelkeit: Verformungen des Brustkorbs mit Quetschungen von Lunge, Leber, Magen und Darmtrakt. Zeichnung nach Soemmering von 1778.

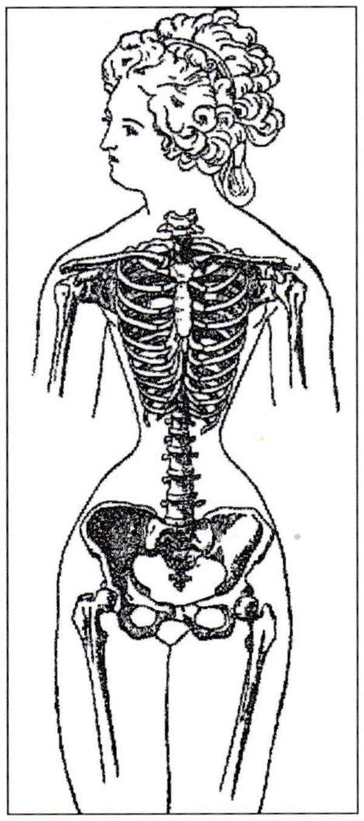

den unterstützt durch Obduktionen. Im Berliner Panoptikum ist noch heute das makabre Wachsmodell einer Frau mit deutlicher „Schürfurche“ in der Taille zu sehen, deren aufgeschnittene Brust die zusammengequetschten Organe zeigt. Das Demonstrationsobjekt für Medizinstudenten, Ende des 19. Jahrhunderts hergestellt, belegt, wie dramatisch der Schnürzwang noch vor wenigen Generationen war. Doch zunächst noch einmal zurück ins ausgehende 18. Jahrhundert.

„Zurück zur Natur!“

Mit seinem Protestruf „Schnürbrüste überall!“ hatte der Philosoph Georg Christoph Lichtenberg gegen Ende des 18. Jahrhunderts auf eine Formel gebracht, was die Aufklärung vorantrieb und schließlich zur Französischen Revolution führen sollte. Es war kein Zufall, daß Schnürbrust und Reifrock, beides Symbole des Ancien Régime, mit dem Nahen der Revolution zusehends aus der Mode kamen. Alle Welt blickte nach England, wo die vieldiskutierten Ideen der Demokratie herkamen und eine ganz neue Schlichtheit der Erscheinungsweise. Bald setzte sich die bürgerliche Mode aus London überall in Europa durch. Das steife Kostüm des Rokoko, das auch physisch als Zwangsjacke des fürstlichen Absolutismus empfunden wurde, flog in hohem Bogen in die Mottenkisten. Die Frauen kleideten sich in lose und bewegliche Formen, in weiche Röcke und Mieder, ein Fichu über dem Dekolleté. Darunter: das Hemd und ein oder zwei schlichte weiße Unterröcke. Selbstverständlich, wie seit eh und je: keine Hosen.

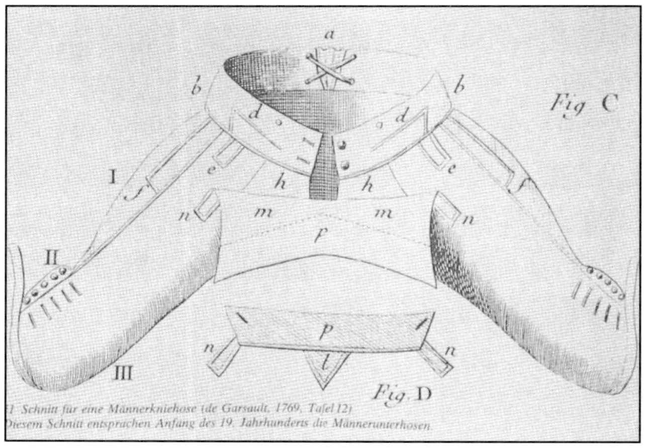

Schnittmuster für Männerunterhosen in Kniebundform, die der französische Adel der vor-revolutionären Zeit aus Leinen oder Seide fertigen ließ.

Die seidenen Kniebundhosen der Männer, Tracht des Adels, wurden zum Feindbild erklärt und durch die „volksnahen“, knöchellangen Hosen der Matrosen ersetzt. Knielang durften nur die Unterhosen sein – wenn sie denn getragen wurden: das Gros der Bevölkerung begnügte sich nach wie vor – und für weitere fünfzig, sechzig Jahre – mit dem knielangen, zwischen die Schenkel gewurstelten Hemd. Die Verwirklichung der so lange schon von Rousseau geforderten Losung „Zurück zur Natur!“ kam auch den Kindern zugute, die bislang wie Erwachsene gekleidet worden waren – samt Schnürbrust und Reifrock für die Mädchen! – und nun endlich eine einfachere, von Ballast befreite Tracht tragen durften.

La Chemise de la Reine

Es erscheint wie ein Hohn des Schicksals, daß ausgerechnet Marie-Antoinette sie in den letzten Tagen ihrer alten Welt getragen und dadurch auch für die neue Gesellschaft salonfähig gemacht haben soll: die Chemise, jenes hauchfeine Mousseline-Hemd nach Vorbild der Römerinnen, das die Ideale der demokratischen Antike wiederaufleben ließ.

Kaiserin Josephine führte – brandneu und skandalös! – Strumpfhosen aus fleischfarbenem Trikotstoff unter der Chemise ein und trug ein unversteiftes Brust-

Unter den Chemisen von 1800 hatte die Brust sich zierlich zu wölben. Wen die Natur vernachlässigt hatte, griff zu Kunstbusen aus Leder. Auch die Männer in ihren prallengen Trikothosen hatten allerhand zu zeigen.

leibchen oder, in Anlehnung an die Antike, eine Brustbinde. Madame Recamier, ihre Rivalin, ließ die Hüllen fallen und zeigte freimütig Busen. Wen die Natur vernachlässigt hatte, trug die Chemise hochgeschlossen und täuschte allerlei vor unter dem durchsichtigen Gewand: mit Hilfe von Kunstbusen aus fleischfarbenem Wachs oder Leder samt aufgezeichneten Hautunebenheiten und gar Äderchen. Sie kosteten ein Vermögen.

Im Jahr 1800, als die gröbsten Schrecken der Revolution schon verblaßten, berichtete das „Journal des Luxus und der Moden" aus der Seinemetropole: „Noch nie waren die Sitten zügelloser und die Vergnügungsjagd wüthender bey unseren Schönen, die Nacktheit ist größer denn je". Zwei Jahre später berichtete die „Elegante Welt" aus London, die Stadt sei voll von „halbnackten weiblichen Figuren; zwar weht ein schneidender Nordwestwind, Erkältung und Tod dringt auf den dünnbekleideten Körper ein – aber die Mode will es nicht anders".

Auch in Deutschland schmückten die Schönen sich nach altgriechischer Art – aber die Chemisen waren nicht gar so durchsichtig wie im Sündenbabel Paris.

Frei von jeglicher Schnürerei durfte die Frau des Klassizismus sich dem Maler präsentieren. Das Bildnis der Frau von Cotta konzipierte Gottlieb Schick 1802 als schwäbisches Gegenstück zu David's Madame Recamier. Staatsgalerie Stuttgart.

Das Korsett der Anstandsdame

Im Biedermeier war erneut die Wespentaille angesagt. Die Karikatur zeigt einen Patentvorschlag zur „Erleichterung" der gnadenlosen Schnürerei.

Die Liebe zur Nacktmode war innig, aber nicht von Dauer. Ob hinter der nun folgenden Entwicklung die arbeitslos gewordenen Schnürbrustschneider standen oder ob die Bereitschaft, sich erneut einschnüren zu lassen, ganz und gar freiwillig war – wer weiß. Auf jeden Fall war um 1820 wieder die Wespentaille angesagt, und jetzt nicht mehr nur für die Damen von Stand, sondern – der zunehmenden Demokratisierung entsprechend – auch für die Frauen des mittleren und bald sogar des Kleinbürgertums. Das Korsett war nun nicht mehr, wie einst die Schnürbrust, ein Instrument der Verführung, sondern des Anstands. Durchaus folgerichtig, lag seine Herstellung nicht in männlichen, sondern in weiblichen Händen: denen der Corsetières. Zart und zerbrechlich hatte die Frau des Biedermeiers auszusehen, die losen Sitten des Directoire und Empire wurden gleichsam mit dem Korsett erwürgt.

Wespentaille auch für Männer

Wenigstens hatten nun auch die Männer ein wenig zu leiden: Im romantischen Zeitalter sollten sie kaum minder zierlich gebaut sein wie die Damen, und so trugen die besonders Eitlen und Modebewußten breite Schnürgürtel, die ihre Taillen um einiges reduzierten. Honoré de Balzac macht sich über einen seiner Romanhelden lustig, den er, 50jährig, ein Korsett tragen läßt: „In diesem Alter wird das Liebesfeuer zu einem schorfigen Laster, das keine Anstrengung scheuen läßt, der schöne verführerische Mann zu bleiben". Neu war das alles nicht: Schon im 18. Jahrhundert hatten in Frankreich die Offiziere höherer Ränge sich – wegen der Haltung, sagten sie – in regelrechte Schnürbrüste gezwängt.

Das Korsett um 1860: aus schwarzem Leinendrell mit Metallhaken-Verschluß und verstärkt mit bis zu drei Dutzend Fischbeinstäben.

Die Korsetts des frühen 19. Jahrhunderts wurden fast ausschließlich im Rücken geschnürt. Sie waren weicher, nicht so panzerartig gearbeitet wie die Schnürbrust, und sie wurden – symptomatische Neuerung! – unter der Oberbekleidung getragen, führten also ein Leben im Versteck. Nichtsdestotrotz wurde beträchtlicher Aufwand mit ihnen getrieben, sie wurden bestickt, mit Seide verkleidet und mit allerlei Bändern und Schleifchen versehen. In der Taille eingesetzte Zwickel aus vulkanisiertem Gummi, die bis über die Hüften reichten, sorgten für einen Ansatz von Bequemlichkeit. Beliebtes Material war das robuste Baumwolldrell: es hielt auch der gewaltsamsten Schürung stand. Ab 1828 wurden die Schnürlöcher mit Metallringen verstärkt: geübte Hände konnten der Taille nun noch ein paar Zentimeter mehr abtrutzen.

Wer den Vormittag zuhaus zu verbringen gedachte, durfte entspannen in bestickten Matinées, langen Haus- und Frisierjacken, drunter nur das Kamisol, ein kleines, unversteiftes Miederjäckchen.

Kaum aber war Ausgang angesagt, triumphierte der Taillen-Kult. Mit den Krinolinen kamen farbige, auch schwarze Korsetts. Zu den Turnüren der 60er und 70er Jahre gehörte das Idealmaß von 45 Zentimetern Taillenumfang. Mit grotesk verbogener Wirbelsäule konnten die Frauen bald kaum noch gerade stehen, beim Festessen nur nippen am Acht-Gänge-Menü. Und zu jedem großen Ball gehörten ein paar Ohnmachtsanfälle, denen man mit Riechfläschchen beizukommen versuchte, statt das Korsett zu lockern.

1887 wurde in London das praktische und deshalb zukunftweisende Korsettmodell „Kingsonia" vorgestellt: erstmals mit senkrecht angenähten (statt einzeln um den Strumpf gebundenen) Strumpfbändern. Im gleichen Jahr begann in

Die ersten Korsetts vom Handwebstuhl

Der erste Handwebstuhl zur serienmäßigen Korsett-Herstellung stand um 1850 in der Fabrik von Jean Werly in Bar-le-Duc. Einige Jahre später wurden auch in Deutschland die ersten Korsettwebereien eröffnet: in Heubach 1859 die Firma Gottfried Schneider & Sohn (später: Susa-Werke), in Cannstadt 1865 die Firma S. Lindauer & Sohn (später: Meyer-Illschen, bekannt unter dem Markennamen Prima Donna), 1868 ebenfalls in Heubach die Firma Spiesshofer & Braun (heute: Triumph).

Auf dem Webstuhl – den ausschließlich Männer bedienten! – wurden die Hohlräume für die Fischbeinstäbe und Zwickel gleich miteingearbeitet: eine enorme Zeitersparnis. Geformt wurde das Korsett auf Kupferbüsten in Dampfsälen, das „Fertigmachen“ (Befestigen des Metallhakenverschlusses, Einschieben der Fischbeinstäbe, Besticken und Verzieren mit Bändchen) besorgten Frauen gegen Stücklohn in Heimarbeit. Um 1890 wurde die Fabrikation auf genähte Korsetts umgestellt: Mit Hilfe von Eisenschablonen und Bandmessern wurden Stoffe in 12-facher Lage zugeschnitten und – nunmehr überwiegend von Frauen – mit der Nähmaschine zusammengefügt. Zur rasant ansteigenden Produktion gesellte sich Reklame als Absatzförderer: Die Neuzeit der Industrie begann..

Paris der Couturier Worth, den Busen zum majestätischen Vorbau auszustopfen. Um die Jahrhundertwende ging sein Landsmann Gache-Sarraute noch einen Schritt weiter: Die von ihm propagierte Korsettform, die sich bald als „Sans ventre“ (ohne Bauch) durchsetzte, drückte Bauch und Hüften rigoros platt und den Busen zur gewaltigen Büste nach oben. Die S-Linie (mit Busen- und Po-Betonung) prägte die aufrechte Haltung der bis hoch zum Kinn zugeknöpften Damen bis in die letzten Tage des deutschen Kaiserreichs.

Taillenumfang: 39 Zentimeter! In extremen Fällen nahm die Schnürerei Formen von Fetischismus an. Das Foto enstand um die Jahrhundertwende.

Hemd und „Undergeseslein“

Während manche Hofdame sich Saison für Saison ein neues Korsett schneidern ließ, nähten die Landfrauen sich nach wie vor selbst ihre Hemden, die ein Leben lang zu halten hatten. Darüber trugen sie das mit der Zeit sich nur wenig wandelnde, der Tracht ihrer jeweiligen Heimat entsprechende Mieder oder Leibchen. Auch das Hemd veränderte sein Repertoire an Formen und Aufmachungen nur geringfügig: Mal war es mit rundem, mal mit eckigem Ausschnitt, mal mit kleinen Stickereien, mal mit Smok-Partien, mit Ziehbändchen an Ausschnitt und Ärmeln oder mit Knöpfen versehen. Es war nach wie vor das zwar wenig spektakuläre, dafür aber unentbehrliche Grundkleidungsstück schlechthin, für Frauen ebenso wie für Männer.

Letztere hatten das Hemd seit dem späten Mittelalter nie wieder als reine Unterkleidung getragen, sondern stets als Zwitter: Kragen, Ärmel und Brustpartie standen im Blickpunkt des Geschehens, nur die Rumpfpartie hielt sich versteckt. Eine Unterwäsche-Funktion kam dem Hemd allerdings insofern zu, als es bei der einfachen Bevölkerung über Jahrhunderte hinweg an Stelle der Unterhose um Hüften und Beine gewurstelt wurde. Erst in den 60er Jahren des 19. Jahrhunderts schaffte ein Patent der Firma Schiesser den sich bauschenden Stoffmengen Abhilfe, indem es die Hemdenzipfel durch die Beine von hinten nach vorn raffte und mit Knöpfen festhielt.

Männliche Unterhosen, selten erwähnt in alten Chroniken und noch seltener bildlich dargestellt, waren jahrhundertelang Privileg des Adels und des arrivierten Bürgertums. Als „Underhose" oder „Undergeseslein" wurden sie in der Zeit von 1500 bis 1600 in herrschaftlichen Nachlässen erwähnt. Knappe, shortsartig geschnittene Unterhosen aus Seide trugen im 17. Jahrhundert nur Angehörige der Fürstenhäuser. Im 18. Jahrhundert ließ der Adel sich Unterhosen nach dem Schnitt seiner Kniebundhosen anfertigen. Die Revolutionäre von 1790 trugen, aus Sympathie mit dem einfachen Volk, selbstverständlich nur Hemd, keine Hose. Und unter den hautengen Trikothosen der Napoleonischen Zeit war beim besten Willen kein Platz für ein noch so zartes Dessous.

Nachdem das Hemd jahrhundertelang locker um die Beine drapiert worden war und solchermaßen die Unterhose ersetzt hatte, erfand die Firma Schiesser um 1860 ein Patent zum Knöpfen.

Zu Beginn des 19. Jahrhunderts stellte das Einknöpfen eines Innenfutters eine neue Variante dar, bevor die Ära der neuzeitlichen „Unterbeinkleider" begann. Mit gestepptem Sattel, hinterer Schnürung oder Querriegel (der das Taillenmaß festlegte), Steg und Knopfverschluß wurden sie im Sommer aus Leinen, Barchent oder Nessel, im Winter aus Flanell gefertigt – bis in der zweiten Hälfte des Jahrhunderts die industriell hergestellte Trikotwäsche ihren Siegeszug antrat.

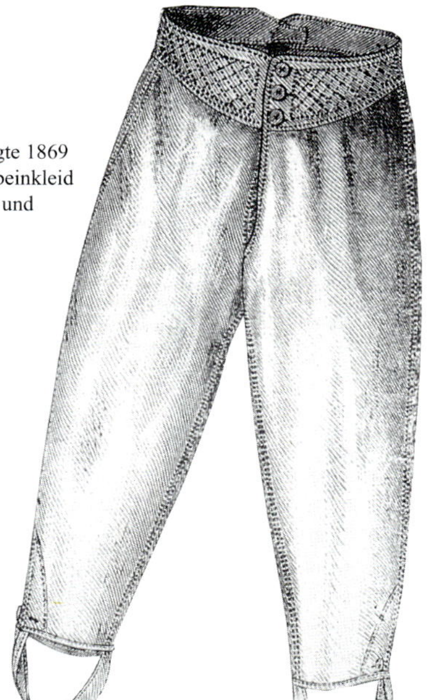

„Die Modenwelt" zeigte 1869 ein männliches Unterbeinkleid mit gestepptem Sattel und Stegen.

Die Männerunterjacke aus Flanell war im März 1864 in der Zeitschrift „Bazar" abgebildet.

Hosen für Frauen: Liebestöter?

Aus heutiger Sicht kaum verständlich, aber dennoch wahr: Bis ins 19. Jahrhundert hinein trugen Frauen – von ganz wenigen Ausnahmen abgesehen – keinerlei Unterhosen. Ihr im Lauf der Jahrhunderte immer wieder beanspruchtes „Recht auf Hosen" wurde beharrlich abgeschmettert. Hosen waren Symbol der Männlichkeit, und ein weibliches Vordringen in die männliche Domäne wurde mit gesellschaftlicher Ächtung, mit Hohn und Spott bestraft. Also gingen Frauen jahrhundertelang „unten ohne" und ließen sich von den vielen Unterröcken wärmen. Nur in sehr kalten Wintern waren pelzgefütterte Hosen unter dem Reifrock erlaubt.

Zwar hatten immer wieder mal Frauen der Oberschicht sich die Extravaganz einer verschämt unter dem Rock versteckten Hose erlaubt, was – vor allem beim Reiten! – hier und da geduldet wurde. Katarina von Medici führte sie Mitte des 16. Jahrhunderts aus Italien nach Frankreich ein, wo sie eine zeitlang in höfischen Kreisen Schule machte, ohne sich jedoch langfristig auf breiterer Ebene durchzusetzen.

Als erste durften kleine Mädchen sich zeigen in den langen, rüschenbesetzten „Pantalons": Endlich konnten sie ihrem Reifen hinterherrennen, ohne eine unziemliche Entblößung der Beine befürchten zu müssen.

Weshalb Männer sie verabscheuten, schildert Casanova in seinen Erinnerungen: Die zufällige Entdeckung, daß eine begehrenswerte Schöne sich hinter knielangen schwarzen Unterhosen „verbarrikadiert", nimmt er als höchstpersönliche Beleidigung seiner Männlichkeit – und vermag erst dann wieder seine Fassung zu finden, als die Schöne sich erobern läßt.

Nur Tänzerinnen durften (bzw. mußten per Gesetz) im 18. Jahrhundert auf französischen Bühnen knöchellange Unterhosen tragen, nachdem sie ihre Beine allzu freigiebig gezeigt hatten. Als später die Frauen unter den dünnen Chemisen die knallengen Trikothosen der Männer übernahmen, gab es wohl nur deshalb nicht mehr Protest, weil die Durchsichtigkeit der Hemden die Anstößigkeit der Hosen noch um einiges übertraf.

Wie sehr die Hose die Gemüter erhitzte, zeigt sich bereits in der Geschichte ihrer Benennung: Im 1807 erschienenen „Grammatisch-kritischen Wörterbuch der Hochdeutschen Mundart" erläutert Johann Christoph Adelung die Hose als „unanständige Sprechart". Sie wurde zum Beinkleid umgetauft.

Die ersten Unterhosen waren – und blieben jahrzehntelang! – offen im Schritt: äußerst praktisch für den Fall eines „Bedürfnisses".

Die Unaussprech-lichen

Als allerdings das weibliche Beinkleid (unter dem Rock) sich ab 1810 doch langsam durchzusetzen begann, weckte offensichtlich auch dieser Begriff allzu starke Assoziationen an das, was es zentral bedeckte. Und so wurden sie überall in Europa zu den „Unaussprechlichen". Um 1820 durften zunächst kleine Mädchen sie tragen, um sich beim Spielen in den öffentlichen Parks freier bewegen zu können. Ihre Unaussprechlichen waren knöchellang, am Saum gerüscht oder bestickt und in der Taille mit einem Band zusammengehalten. Weil ihr Schnitt dem der französischen Männerhosen so ähnlich war, wurden sie „Pantalons" genannt.

Als die Krinoline kam und allzuviel Bein freigab beim Treppen- oder Aus-der-Droschke-Steigen, wurde sie endlich selbst von den härtesten Moralisten auch für die Frauen gefordert: als Tugendwächter. Im Schritt offen, sozusagen aus praktischen Gründen – aber auch, um die traditionelle Symbolik der weiblichen Kleidung zu wahren: nach unten geöffnet zu sein. Aus welch vielfältigen, weit über die Empfindlichkeiten eines Casanova hinausgehenden Gründen das so zu sein hatte, hatte der Arzt Ch.T.E. Reinhart schon Mitte des 18. Jahrhunderts zum Ausdruck gebracht mit seiner Mutmaßung, Frauen stünden „beständig in Furcht, es möchten sich bey ihnen die überflüssigen Feuchtigkeiten ergießen. Trügen sie wie die Mannsbilder Hosen, so würden sie nicht nur immer naß sitzen, sondern wohl gar zu ihrem eigenen Unglücke bey lebendigem Leib in eine Fäulnis geraten".

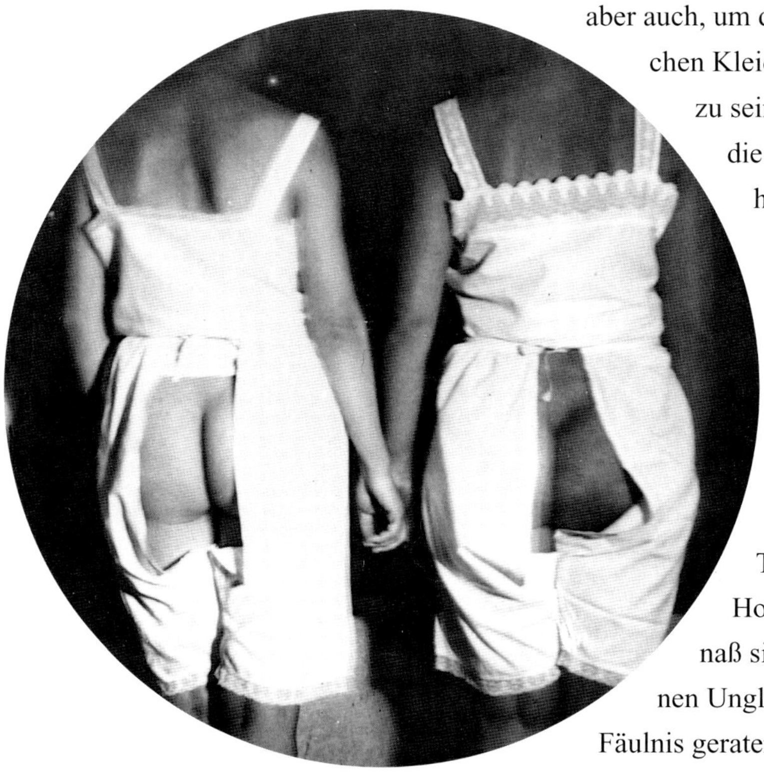

Als Frauen endlich Unterhosen tragen durften, dauerte es nicht lange, bis dieselben sich zur erotischen Attraktion entwickelten. Amateurfoto aus der Sammlung Eva Stille, Frankfurt.

Die Frauen vereinnahmten das Beinkleid – ohne krank zu werden! Um 1875 schrumpfte es sogar auf Oberschenkel-Länge. Seide, Wolle und Leinen sowie Batist und Mousseline waren die meistverwandten Materialien, statt Weiß kam Farbe auf: Scharlachrot war eine Zeitlang große Mode. Da nun immer weniger Männer die Beinkleider als Liebestöter empfanden, immer mehr dagegen sie ganz genau inspizieren wollten, wurden sie zunehmend mit allerhand Spitzen, Rüschen und Stickereien verziert: Die Unaussprechliche ist tot, es lebe die Reizwäsche.

Doch bevor wir uns in die nun immer luftiger werdende Neuzeit der Unterwäsche stürzen, muß zunächst das Kapitel „Krinoline" bewältigt werden.

Die Krinoline: Geliebt und gehaßt

Patentierte Alternative zur sperrigen Stahlreifenkrinoline: ein aufblasbares Gebilde aus Gummischläuchen. Foto um 1856.

Als „Rückfall in die absolutistische Vergangenheit der Völker" wertet Sittenkundler Eduard Fuchs das Comeback des geschnürten Ober- und des aufgebauschten Unterkörpers gegen die Jahrhundertmitte. Tatsächlich gingen Korsett und Krinoline einher mit einer konservativen, rückwärtsgerichteten Lebenshaltung, die die Frauen bis zum Knöchel verhüllte. Um die Hüften ins Blickfeld zu rücken, wurden sie etwa ab 1820 wieder zunehmend aufgepolstert: erst durch Vermehren der gestärkten Unterröcke, ab 1840 mittels einer Einlage aus Roßhaar (französisch: crin), verwebt mit Leinen, Seide oder Wolle. Letztere wurde von den Modejournalen bejubelt, da sie endlich die Falten des Oberstoffs glättete und für eine kuppelförmige Rundung sorgte.

1856 kamen in England die preiswerteren Stahlreifen-Krinolinen auf und wurden augenblicklich zum Gegenstand größten Interesses. In Deutschland hoffte die Zeitschrift „Bazar" zwar noch im gleichen Jahr, „das Gestell mit den Eisenreifen, das seine Trägerinnen zu wandelnden Festungen macht, möge an unseren Trottoirs gnädig vorüberziehen". Aber der Siegeszug der nun ungehemmt größer und größer werdenden Krinoline war nicht mehr aufzuhalten. Sie hatte bald eine Heerschar von Feinden. Selbst Schopenhauer ließ sich herab, zu wettern gegen „das Gepäck des Reifrocks, der die Breite der Weiber ihrer Höhe gleichmacht, eine Anhäufung unsauberer Evaporationen vermuten läßt, wodurch sie nicht nur häßlich und widerwärtig, sondern auch ekelhaft sind".

Die Karikaturisten machten sich in zahlreichen Varianten erdachter oder tatsächlich passierter Unfälle und Peinlichkeiten über sie her. Die Zeitungen berichteten von schrecklichen Stürzen und noch schrecklicheren Verbrennungen, die Frauen sich zuzogen, wenn ihre Krinolinen zu nah an ein offenes Feuer gerieten. Bis zu sechs Meter Saumumfang maß die Krinoline in ihrer – buchstäblich! – großen Zeit. Anders als der Reifrock des 18. Jahrhunderts, der sich auf eine kleine, dem süßen Nichtstun frönende Gesellschaft beschränkte, wurde die Krinoline nun von einer breiten Bevölkerungsschicht getragen. Im englischen Staffordshire beschwerte sich 1863 ein Porzellanfabrikdirektor über die wachsende Zahl von Brüchen, verursacht durch die umherschweifenden Krinolinen seiner Fabrikarbeiterinnen. In seinem Buch über „Die Modenarrheiten" schrieb Rudolf Schultze fünf Jahre später: „Von der Fürstin abwärts bis zur Dienstmagd wagt sich kein weibliches Wesen der Krinoline zu entziehen. Die Köchin prangt am Feuerherd wie am Wasserzuber in ihrem Ballon, und unter dem Kleiderumfang des Kindermädchens werden die auf der Erde spielenden Kleinen gänzlich begraben."

Französische Manufaktur für Stahlreifenkrinolinen um 1865.

Die Krinolinenproduktion wurde in der Zeit der aufkommenden Industrie zu einem blühenden Geschäft. Überall in Europa entstanden Fabriken. 1859 wurden allein in der englischen Industriestadt Sheffield Woche für Woche Stahldrahtgestelle für eine halbe Million Krinolinen hergestellt. Die metallurgischen Werke in Sachsen stellten in zehn Jahren 9,6 Millionen Stahlreifen-Krinolinen her. Pro Krinoline waren durchschnittlich 63 Meter Eisendraht erforderlich. 1869, nach einem Dutzend Jahren diktatorischer Herrschaft, war der Höhepunkt des Krinolinenspuks überschritten. Das Prinzip Untergestell blieb, schrumpfte aber zu neuen Formen und kleineren Dimensionen ein.

„Ächte Valencienner Spitze“

Das Besticken und Verzieren von Wäsche war im 19. und bis ins 20. Jahrhundert hinein eine Lieblingsbetätigung der Frauen jeder Altersklasse. Eine traditionsreiche Sitte, bei welcher sie sich die schönsten Ideen holen konnten, war die öffentliche Zurschaustellung herrschaftlicher Brautschätze vor großen Hochzeiten in den Räumen des jeweils dazugehörigen Schlosses. Ein denkwürdiges Ereignis im Jahr 1856: die Ausstellung des Brautschatzes von Prinzessin Louise, Tochter des späteren Kaisers Wilhelm I. Das Modejournal „Der Bazar“ schwärmte vom „blendend weißen Schimmer der kunstvoll gefertigten Leibwäsche, welche in 5 Monaten den Fleiß von 150 Arbeiterinnen in Anspruch genommen und zweitausend Ellen (1333 Meter) ächte Valencienner Spitzen benötigt hat. Aus zartestem Leinengewebe waren 292 Hemden und 96 Nachthemden genäht worden. Ferner je 24 Dutzend Nachtjäckchen, Nachthauben und Strümpfe, an Beinkleidern und Unterröcken je 12 Dutzend. Und 24 Corsets, worunter mehrere in reiner Seide“.

Turnüre und Cul de Paris: Po wird Mode

Nachdem die Hüften als Sexsymbol geradezu überstrapaziert worden waren, lenkten die Frauen die Blicke aufs Hinterteil: Um 1870 wurde eine schmale Silhouette mit rückwärts gerüschten „Steif-Röcken“ modern. Zunächst wurden Roßhaarrüschen umgeschnallt, später stoffbezogene Stahldrahtgestelle und künstliche Höcker, die von Saison zu Saison größer wurden. In den 80er Jahren wurde diese Mode mächtig ausgebaut: mit korbartigen Turnüren, die bei hautenger Vorderseite des Kleides den Hintern zum wiederentdeckten Cul de Paris (Pariser Hintern) aufbauschten, zum „falschen Steiß“, so Meyers Lexikon 1895. Turnüren wurden um die Taille gebunden oder geknöpft und vergrößerten den Popo um das Zwei- bis Dreifache. Sie hielten sich – in verschiedenen Ausmaßen und mal mit Schleppe, mal ohne – bis gegen Ende des Jahrhunderts und waren Sinnbild der weiblichen Unbeweglichkeit.

Bis zu vier Pfund Leibwäsche hatten die Frauen vor der Jahrhundertwende mit sich herumzuschleppen. Erst kam das Hemd. Dann dauerte es gute fünfzehn Minuten, bis eine geübte Hand das Fischbeinkorsett geschnürt hatte. Auch das Anziehen und Befestigen der schwarzen Seidenstrümpfe war eine kleine Prozedur für sich. Darüber das Leibchen, eine weit geschnittene Unterhose und bis zu fünf Unterröcke, der oberste aus raschelndem Taft und rundum mit Rüschen besetzt. Eduard Fuchs spottete über die Zeit seiner Jugend: „Die Philistermoral verlangte zahlreiche Röcke, die den Körper der Frau wie eine Festung mit mehreren Bollwerken umgürteten. Damit war die Frau gegen jeden Angriff gesichert und nach unten hermetisch abgeschlossen. Selbst der despektierlichste Windstoß brachte aus diesem Wust von Stoffen keinerlei körperliche Wirklichkeit zutage“.

Das Geheimnis der Turnüre: Drahtverstärkte Gestelle zur Po-Betonung.

Can-Can und Retroussée: Unterrock im Visier

Wo Prüderie herrscht, sucht Sinnlichkeit sich einen Ausgleich – und der hieß in der zweiten Hälfte des 19. Jahrhunderts: Cancan. Die europäischen Ehemänner, deren unterrockgepanzerte Ehefrauen keinen Sinn für Spaß hatten, drängten scharenweise nach Paris, um sich gütlich zu tun am Anblick der schwarzbestrumpften Tänzerinnen des Moulin Rouge. Wenn sie ihre Beine in die Höhe schnellen ließen, gaben sie den Blick frei auf einen Wust raschelnder Unterröcke – und nicht selten mehr. Die Männer waren hingerissen. „Der Unterrock ist das große Geschütz der weiblichen Verführungskunst, die erste Station auf dem Weg zum Paradies, zu der gewissermaßen alle Welt mitreisen darf", schrieb Eduard Fuchs. Der Begriff „Frou frou" (aus dem Französischen: Rascheln, Knistern) stand jahrzehntelang für eine ganz bestimmte Art der Weiblichkeit.

Motto: „Die Hochzeitsreise ist doch etwas Herrliches: Man amüsiert sich und bleibt dabei anständig!" Zeichnung von Ernst Heilemann aus „Die Berliner Pflanze", 1908.

„Mitzureisen ins Paradies" war trotz aller Prüderie nicht nur im Moulin Rouge möglich. Ein diskretes Signal der Koketterie war das Anheben der Röcke zwecks pikanter Einblicke: die Kunst des Retroussée. Selbst die einfachste Arbeiterin war auf vielerlei Unterröcke erpicht und nahm den geringsten Anlaß wahr, um anmutig zu „retroussieren": ein wenig vom Strumpf, vom Strumpfband gar, sehen zu lassen. Wahre Orgien der Verführung fanden da statt – die all das wettmachten, was die Moralheuchelei im öffentlichen Gebahren unterdrückte.

Kult des Unterrocks: Bei Bedarf wurden die Stoffmassen kokett gelüpft. Das Korsett wurde am zugkräftigsten mit Hand und Fuß geschnürt. Amateurfoto von 1902.

Die Anfänge der Trikotwäsche-Industrie

Mit dem Aufsteigen des Bürgertums und den Anfängen der Industrie entstand um die Jahrhundertmitte ein neues Körperbewußtsein, das sich im zunehmenden Interesse an Sport und Gesundheitsfragen äußerte. Mobilität war angesagt. Beweglichkeit war oberstes Gebot und stellte neue Anforderungen auch an die Unterwäsche. So läutete die Konstruktion der Grande Mailleuse (frz.: Große Strickmaschine) durch Honoré Frédéric Fouquet im Jahr 1856 eine neue Epoche ein: Durch diese Zusatzeinrichtung am Rundwirkstuhl wurde es möglich, auch härtere und sprödere Garne zu dehnbarer Trikot-Unterkleidung zu verarbeiten und damit einer breiten Bevölkerungsschicht zugänglich zu machen. Jetzt wurde in großem Stil die preiswerte und zudem saugfähige

Unverwüstlich: Die neue Trikotwäsche hielt jeder Zerreißprobe stand. Anzeige von 1905.

Baumwolle eingesetzt, die nach und nach die traditionelle Leinenwäsche zu verdrängen begann. Der Bedarf an Gebrauchswäsche wuchs. 1876 wurde die gesamte preußische Armee mit Trikotwäsche ausgestattet, die Trikotindustrie erlebte einen regelrechten Boom.

In Deutschland siedelte sie sich vor allem im Süden an, Schwerpunkt wurde der Raum Albstadt. Hauswirkereien, Manufakturen und mechanische Fabriken konnten den enormen Bedarf kaum decken. Allein in der Stadt Tailfingen waren im Jahr 1890 genau 113 Hausbetriebe, zehn Manufakturen und eine Fabrik verzeichnet (40 Jahre später: 60 Fabriken und drei Hausbetriebe). Erste Markennamen: „Amata" (zusammengesetzt aus: Martin Ammann, Tailfingen), "Bärenpelz", "Germanenhemd" und "Felsenhemd". 1889 etablierte die Trikotagenindustrie sich auch in Sachsen: In Taura wurde die noch heute unter gleichem Namen firmierende „Mechanische Trikotagenfabrik Taura Guido Unger GmbH" gegründet.

Anfangs gab es viele Zweifler an der Woll- und Baumwollwäsche. Für die Landbevölkerung war Leinen jahrhundertelang der Stoff gewesen, aus dem in solider Handarbeit die Hemden gefertigt wurden, die ein Leben lang hielten. Mancher argwöhnte, die neue Wäsche werde beim erstbesten Luftsprung in tausend Stücke reißen. Aber das Mißtrauen währte nicht lang, die Vorteile der Elastizität waren überwältigend.

Trikotwäsche wurde auf dem Land von fahrenden Händlern, in den Städten in den niedergelassenen Lingerie-Handlungen verkauft. Mey & Edlich in Leipzig etwa bot 1887 schon 18 verschiedene Trikot-Unterjacken und 20 Sorten Unterhosen an in Weiß, Grau oder Braun meliert. Daneben waren auch gewebte Untersachen zu haben. Das Angebot war hier ausschließlich auf Männer bezogen. Erst um die Jahrhundertwende wurde auch Frauenwäsche zunehmend aus Trikotware hergestellt.

Als in den späten 90er Jahren die ersten aus Amerika importierten Zickzackmaschinen eingesetzt wurden, die besonders strapazierfähige Nähte herstellten, rückte Unterwäsche aus Webstoff noch weiter in den Hintergrund. Das lag nicht zuletzt auch daran, daß Ärzte und Reformer sich vehement für die neue Art von dehnbarer, luftdurchlässiger und leicht zu pflegender Wäsche einsetzten und in einigen Fällen sogar mit eigenen Formen und Materialverfeinerungen Aufmerksamkeit erregten.

Plädoyer für die Gesundheit

Professor Dr. Gustav Jaeger, lautstarker Künder der Theorie, daß wollene Unterwäsche die Gesundheit fördere. Mit dem Verkauf seiner Ideen machte er Millionen.

Einer erhob seine Stimme besonders vernehmbar: Dr. Gustav Jaeger (1832-1917). Seine These: Wolle sei das für den Menschen gesündeste Material für Unter- wie Oberbekleidung. Er hielt zahlreiche, dank seiner rhetorischen Fähigkeiten vielbeachtete Vorträge und war sein eigener Werbeträger, nachdem die Stuttgarter Firma Benger Söhne 1879 die Konzession zu Herstellung und Verkauf von „Dr. Jaegers Normalhemd" erworben hatte: eine diagonal geknöpfte Hemdhose mit kleinem Stehkragen, langen Beinlingen und Ärmeln, die regelrecht Furore machte und hunderttausendfach verkauft wurde. Auch Unterjacken und -hosen sowie Schlafanzüge, alles aus ungefärbtem Trikot und versehen mit einem Echtheitsstempel gehörten zum „Wollregime" des Reformers. Binnen zehn Jahren wuchs die Firma Benger zu einer der bedeutendsten ihrer Art in Europa, Dr. Jaeger machte Millionen. Seine Vorschläge für Frauen – Wollhemd, Wollstrümpfe, Wollbeinkleid – blieben allerdings weit zurück hinter dem Erfolg seiner Männersachen.

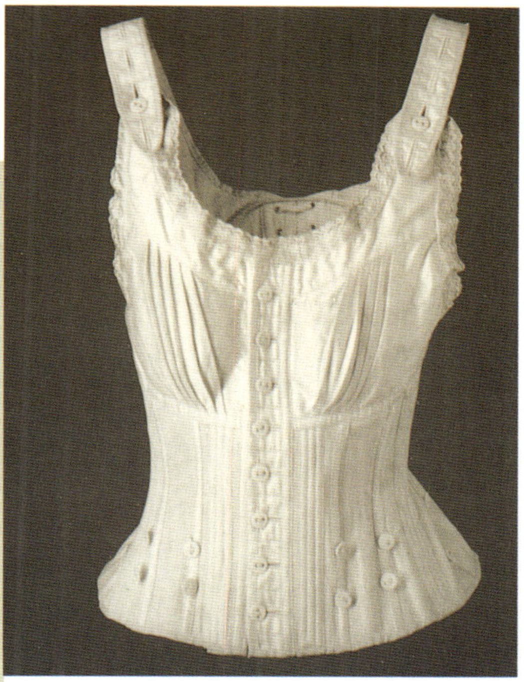

Reform-Leibchen: Ohne jede Versteifung durch Fischbeinstäbe präsentierte die Firma Triumph gegen Ende des 19. Jahrhunderts ihre Alternative zum Korsett.

Sein härtester, wenngleich weniger spektakulär für sich werbender Konkurrent war Heinrich Lahmann, ebenfalls Arzt. Seine Gegentheorie, Baumwolle sei das der Haut zuträglichste Material, setzte auch er zusammen mit der Industrie um: Ab 1886 fertigte die Reutlinger Firma Heinzelmann unter Einsatz automatischer Motor-Flachstrickmaschinen aus Sachsen sowie hochfeiner ägyptischer Mako-Langfasern Reformwäsche nach seinen Angaben an. Auch Dr. Lahmanns Wäsche setzte sich im In- und Ausland durch.

Reformerinnen contra Weibchen

Statt pfundweise Leinenwäsche: Praktische Reform-Trikots aus England. Werbung von 1892.

Das 19. Jahrhundert war eine Zeit größter technischer wie auch sozialer Umwälzungen, und so war es nur natürlich, daß die Frauen, als alles voranging, nicht steckenbleiben wollten in der Rolle des ewig lockenden Weibchens. Die Frauenbewegung begann sich zu formieren.

In den 50er und 60er Jahren machte die amerikanische Journalistin Amelia Bloomer von sich reden mit der Forderung nach Reformkleidung. Sie entwarf eine (später nach ihr benannte) Frauenhose, weit geschnitten und an den Knöcheln zusammengefaßt, die unter einem nur noch knielangen Kleid getragen wurde. Kein Korsett, keine Krinoline! Und das Beinkleid für alle Augen sichtbar! Das Bloomer-Kostüm wurde verlacht, verhöhnt, verteufelt. Eine Frauenrechtlerin, die im Jahr 1870 in „Bloomers“ durch die winterlichen Straßen von New York ging, wurde von Scharen gröhlender Kinder verfolgt und mit Schneebällen beworfen, bis sie Schutz bei einem Polizisten fand. Fünfzehn Jahre später, als in Amerika wie in Europa Radfahren große Mode wurde, durften Frauen zum ersten Mal Oberhosen tragen: unförmige Pumphosen, die erstmals die – selbstverständlich auch im Hochsommer schwarzbestrumpften! – Waden öffentlich zeigten.

Zwecks gewisser "Bedürfnisse": Reformhose mit knöpfbarer Klappe. Triumph-Archiv.

In Deutschland kämpfte die Frauenbewegung insbesondere für die radikale Vereinfachung der Unterwäsche. Der 1896 gegründete „Allgemeine Verein für Verbesserung der Frauenkleidung“ forderte die Verbannung des Korsetts zugunsten eines weichen Leibchens und die Abschaffung der vielen Unterröcke zugunsten einer Hemdhose. Immerhin konnte sie bewirken, daß die deutschen Behörden den Schulmädchen das Tragen des Korsetts beim Turnen als gesundheitsschädlich verboten.

Um die Jahrhundertwende kam eine Flut von weichen, unverstärkten Reformleibchen auf den Markt. Zwar hatten einige noch rückwärtige Schnürvorrichtungen zwecks Größeneinstellung – aber fast alle waren vorn geknöpft, bedurften also keiner helfenden Hand mehr. Das dazugehörige Reformbeinkleid (noch immer war das Wort „Hose“ verpönt) war im Schritt verschlossen, konnte aber zwecks Verrichtung „gewisser Bedürfnisse“ mittels einer rückwärtigen Stoffklappe geöffnet werden.

Das neue Duo: Büstenhalter & Hüftgürtel

Erst das Hemd, dann der Hüftgürtel: Gossard-Werbung von 1920.

Bereits in den frühen 80er Jahren des 19. Jahrhunderts sollen Pariser Corsetièren darauf gekommen sein, das Korsett in zwei Hälften zu teilen. Die Idee des Büstenhalters lag in der Luft. Eines der ersten Patente wurde 1891 an den böhmischen Industriellen Hugo Schindler vergeben, der ein „Brustleibchen" entworfen hatte. Hermine Cadolle reichte 1889 in Paris das erste BH-Patent ein. 1899 versuchte Christine Hardt aus Dresden, mit der Erfindung eines „Brustträgers" die Wäschewelt zu revolutionieren. Ernst Mueck in Danzig beklagte in seiner Patentschrift von 1902, bei den bisher gebräuchlichen Büstenhaltern sei „zu wenig Gewicht darauf gelegt worden, die Brüste vor Quetschungen durch den Apparat selbst zu schützen", und legte ein Modell mit Tragbeuteln aus weitmaschigem Stoff vor, das durch Riemen und Schnallen befestigt wurde.

Die ersten Büstenhalter hatten „flachmachende" eher denn erhebende Funktion: Modelle aus Baumwollspitze und -trikot von Prima Donna und Hautana aus den Jahren 1912 und 1920.

Im gleichen Jahr war in Frankreich bereits der aus dehnbaren Bändern gefertigte Brusthalter „Callimaste" zu haben. Ein Modell des schwäbischen Korsettmachers Wilhelm Meyer-Ilschen entstand 1904, und sein Cannstatter Kollege Sigmund Lindauer brachte 1912 die vielbeachtete Linie „Hautana" auf den Markt: aus Seidentrikot, ohne Versteifung direkt auf der Haut zu tragen. Der große Durchbruch ließ jedoch auf sich warten. Noch verlangte die Belle Epoque mit ihrem üppigen Stoffverbrauch ein Bauch und Hüften vollkommen wegschnürendes Korsett.

Erst die kühne Schlichtheit des Art Déco-Stils konnte dem wülstigen Pomp ein Ende bereiten. Als der Pariser Modeschöpfer Paul Poiret um 1910 eine neue Linie propagierte, die radikal brach mit der Vergangenenheit, begann die Neuzeit der Dessous. Seine schmal, aber gerade geschnittenen Kleider zwängten weder Busen noch Taille ein. Zwar war der zur neuen Linie gehörige „Humpelrock" so eng, daß die Frauen kaum gehen konnten – aber dafür schaffte Poiret das Korsett alter Machart ab und setzte sich vehement für die Verbreitung des Büstenhalters ein.

Natürlich mochten die wenigsten Frauen untenrum auf einen „Halt" ganz verzichten, und so wurden Hüftgürtel mit Strumpfbändern entwickelt, die eine Handbreit bis über die Taille reichten. Statt des Korsetts wurden nun Corselets angeboten: mit angearbeitetem Büstenteil, oberschenkellang und gerade geschnitten, aus weichem Trikot, Seidenbrokat oder mercerisiertem Batist. Der natürlichen Silhouette des Körpers taten sie kaum noch Zwang an. Unterdessen rutschten die Rocksäume bis zu den Waden hoch und gaben den Blick frei auf die mit Blumen und Ornamenten bestickten Seidenstrümpfe.

Spätestens als der Tango die mitteleuropäischen Großstädte eroberte und die Frauen begannen, sich Luft und Sonne auszusetzen, wurde klar, daß ihr Drang nach Freiheit und Beweglichkeit durch nichts mehr aufzuhalten sein würde.

Zwar brachte der erste Weltkrieg die modische Entwicklung vorübergehend zum Erliegen; mangels Rohstoffen wurden Dessous aus Papier hergestellt, die Mitarbeiter von Triumph beispielsweise klapperten sämtliche Gaststätten ab auf der Suche nach miedertauglichen Servietten und Tischtüchern. Aber nichts konnte die Frauen, die als Krankenschwestern, Schreibhilfen oder Munitionsarbeiterinnen an der „heimischen Front" gearbeitet und sich dabei schlicht und praktisch gekleidet hatten, nach Kriegsende dazu bringen, sich wieder einzuschnüren.

Kurz und kess: Die Hemdhose der 20er

Die Frauen der Nachkriegszeit befreiten sich Stück um Stück von den Fesseln stoffreicher Wohlanständigkeit: Wer noch als Mädchen kiloweise weiße Leinenwäsche hatten tragen müssen (Korsett, Leibchen, Beinkleid, Unterröcke), tanzte als junge Mutter – knabenhaft schlank und mit Bubikopf – den Shimmy oder Charleston mit gerade soviel Unterwäsche am Leib, wie in ein Handtäschchen paßte.

Da die neuen hautfarbenen Kunstseidenstrümpfe kaum noch Falten bildeten, war es nur logisch, daß jedermann Bein sehen wollte: Die Röcke wurden immer kürzer. Symbol der neuen Bewegungsfreiheit war die im Schritt mit Knöpfen verschlossene Hemdhose aus luftigem Batist, Seidenkrepp oder Kunstseidentrikot. Pastelle wie Rauchblau, Lindgrün, Flieder und Rosé verdrängten die Standardfarbe Weiß. Auch Hemdchen mit Spagettiträgern, spitzenbesetzte French Knickers und Unterröcke mit tiefem, waagerechten Dekolleté eroberten den Markt: als „Garnitur", eine Neuheit im Wäschedenken.

Farbige Damenwäsche im Jahr 1925: Werbeseite aus dem Katalog des Berliner KaDeWe (Kaufhaus des Westens).

Vorführung von Damenwäsche in einer New Yorker Hotelhalle um 1925.

Um möglichst wenig aufzutragen unter den glatten Hänger-Kleidern der Goldenen Zwanziger, wurde die „Schlupfhose" erfunden: ein unförmiges Schlabberding aus Kunstseidentrikot. Auch die neuen Büstenhalter sollten – gemäß dem Ideal der knabenhaft schlanken Figur – keinerlei Aufhebens machen von weiblichen Rundungen. Firmen wie Hautana, Triumph, Felina oder Mira brachten regelrechte Plattmacher aus Seide, Kunstseide, Leinen, Batist, Mousseline oder Trikot. Die „naturgemäße Verteilung der Brust, zumal bei übermäßiger Körperfülle", propagierte erbarmungslos der US-Miedermacher Warners 1927 in einer Anzeige. In Deutschland gab es zum Glück die Miederfirma „Ski: die Marke für die Starke", denn nur wenige Frauen hatten den Ephebenkörper, den die Zeit verlangte.

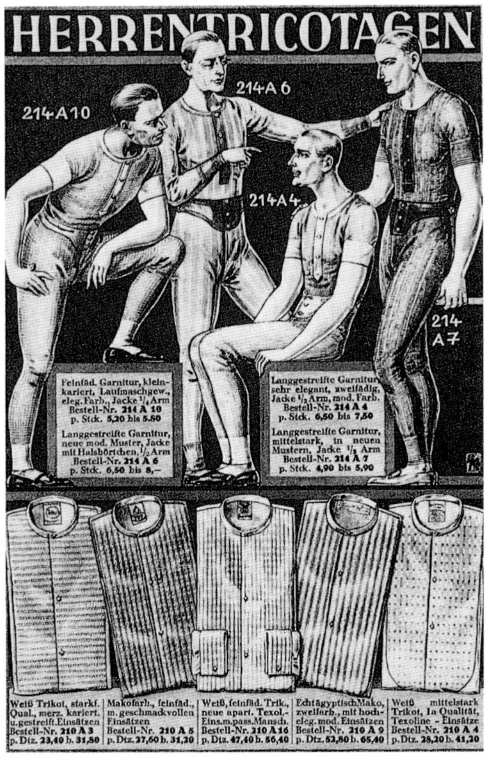

Unterwäsche für den Herrn: Gestreiftes aus schmiegsamem Baumwolltrikot. Anzeige von 1928.

1925 wurden die letzten Korsetts mit Stahlfedereinlagen und Rückenschnürung angefertigt: Adieu, Zeit der Großmütter! Längst schon hatten die immer geschmeidigeren Corselets, Büsten-, Hüft- und Strumpfhalter sich zu den Säulen des Geschäfts der deutschen Miedermacher entwickelt. Mehr und mehr wurde mit gummielastischen Einsätzen gearbeitet, vor allem nachdem es 1929 den Amerikanern gelungen war, dünnere Gummifäden herzustellen, Lastex genannt. Im gleichen Jahr stellten die Fachleute jenseits des Atlantiks fest, daß die bisherigen Büstenhalter-Maße nicht annähernd ausreichen, um der immensen Vielfalt von Körbchen- und Brustumfang-Größen gerecht zu werden. Firmenspezifisch begann eine Größendifferenzierung.

Pyjama contra Nachthemd

Mit der stoffreichen Unterwäsche brach in den 20er Jahren auch der Kult um die in monatelanger Handarbeit romantisch bestickten, gerüschten und spitzenverzierten Nachthemden, Häubchen, Morgenjäckchen und Frisierumhänge ein. Noch 1925 schrieb zwar das Hausfrauenblatt „Damenwäsche“: „Der Besitz von handgearbeiteter Leib- und Feinwäsche ist mehr denn je das Ideal unserer Damenwelt“. Zu diesem Zeitpunkt bevorzugte die Avantgarde jedoch längst eine schlichte, sogar männliche und manchmal auch exotische Note im Boudoir, zum Beispiel den Pyjama.

Mitte des 19. Jahrhunderts hatten Reisende ihn aus den Kolonien mitgebracht: „Pajdschama“ heißt die locker fallende Hose aus der persischen wie auch indischen Tracht. Im Wäscheschrank der europäischen Männer hatte der Pyjama lange ein Außerseiterleben gefristet – bis die Frauen ihn entdeckten. Er paßte vorzüglich ins androgyne Konzept der wilden 20er und zu den kurzen Bubiköpfen der auch im Schlafzimmer noch lässig mit der Zigarettenspitze jonglierenden Frauen. Natürlich waren ihre Pyjamas aus Seide, nicht wie im Herkunftsland aus schlichter Baumwolle.

Auch der üppig bestickte Seidenkimono war ein Mitbringsel aus dem Fernen Osten, das unter den städtischen Garçonne-Frauen alsbald seine begeisterten Anhängerinnen fand. Die Männer der 20er, die den Pyjama bislang als weibisch empfunden und ihn den Modegecken überlassen hatten, legten nun ebenfalls ihr großväterliches weißes Leinennachthemd zugunsten des elegant gestreiften und mit Kontrastpaspeln eingefaßten Zweiteilers ab.

Bereits um 1870 hatten Indienreisende den „Paidjama“ als Alternative zum Nachthemd mit nach Europa gebracht. In den 20er Jahren wurde er zum Liebling der Garçonne-Frauen.

Foto: Sammlung Eva Stille, Frankfurt am Main

Werktags in der Korsettmacherei, sonntags auf dem Fußballplatz: männliche Belegschaft von Prima Donna, Cannstatt, im Bodysuit von 1935.

Die 30er: Vom Vamp zum Dirndltyp

Ende der 20er Jahre wurde das schlanke Bubikopf-Mädchen vom Idealtyp des Vamps abgelöst. Aus Amerika kam der Begriff des Sex Appeal und lieferte Gesprächsstoff zum Thema Weiblichkeit. Ebenfalls in Amerika erfand der Zeichner Alberto Vargas das moderne Pin up-Girl und machte Männer in aller Welt zu Experten in Sachen Dessous. Marlene Dietrich zeigte Bein samt Straps und Strumpf im „Blauen Engel“, Jean Harlow reckte ihren Busen über die Kinoleinwand. Auch die deutschen Frauen wollten nun endlich wieder zeigen, was sie hatten: Der neue rundgeformte Büstenhalter schlug die Flachmacher der Charleston-Zeit in die Flucht.

Schlicht und elegant: Trikotwäsche für die ganze Familie von Benger-Ribana. Zeitschriftenwerbung von 1932.

Zurück kam auch die schlanke Taille. Röcke wurden länger, saßen aber hauteng und zeichneten mit Hilfe des Korsetts die Rundung von Hüften und Pobacken knubbelfrei nach: gute Zeiten für die Miedermacher, die nun zeigen konnten, was dank Lastex alles machbar war. Während die Hollywood-Diven sich in ihre buchstäblich atemberaubend engen Kleider einnähen lassen mußten, erleichterten Reißverschlüsse der europäischen Normalfrau den Umgang mit Hüfthalter und Korsett. Letzteres wurde jetzt mit Nachdruck Corselet genannt, um es von den geschnürten und pfundschweren Ahninnen zu unterscheiden. In Amerika kamen Corselets auf den Markt, die nur 70 Gramm wogen: Wäsche hatte nicht nur sexy auszusehen, sondern auch immer leichter zu sein.

Gegen Ende des Jahrzehnts kamen erstmals trägerlose Corselets auf den Markt, die dank gummielastischer Einsätze hielten, was sie versprachen. Dasselbe galt für die neuen Büstenhalter mit Vorderverschluß und verstellbaren Trägern. Hüfthalter reichten bis knapp unter die Brust. Noch knappere „Sportgürtel“, – nur für Schlanke! – , ließen die Taille frei. Neu waren Sportgürtel aus gummielastischem Miederwirktüll, die weniger formten denn als Strumpfhalter dienten. Neben der Standardfarbe Lachs entwickelte sich die Kombination von Rosé mit Schwarz zum Renner. Die Überzeugung, daß Frauen nicht nur für den Busen, sondern auch für Bauch und Hüften aus ästhetischer wie medizinischer Notwendigkeit zwangsläufig eine „Stütze“ bräuchten, nistete sich für die nächsten drei Jahrzehnte in den Köpfen ein: Der Hüft- und Strumpfhalter wurde zur unentbehrlichen Grundausstattung jeder, auch der noch so schlanken Frau. Kein Wunder, daß die Miederindustrie Aufwind bekam. In den Produktionsstätten wurde jetzt das neue automatische Bandmesser eingesetzt, das bis zu 72 Stofflagen auf einmal schaffte: dreimal soviel wie das alte Handmesser.

Gegen Ende der 30er Jahre wurde der Vamp vom Idealbild der natürlich-kameradschaftlichen Frau verdrängt – die bald den hausbackenen Dirndltyp nach Vorstellung des Nationalsozialismus neben sich zu dulden hatte. Selbstverständlich trug die brav-biedere deutsche Frau keine seidenen Corselets aus dem sündigen Paris, sondern über dem stramm sitzenden Büstenhalter lediglich eine Garnitur aus Baumwoll- oder Kunstseidentrikot.

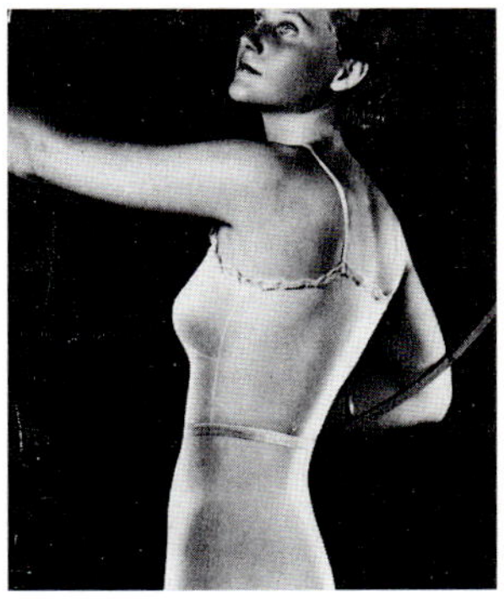

Dame in Heldenpose: „Original-Knüpftrikot“ von Schiesser aus den 30er Jahren.

Die 40er an der „heimischen Front“

Gestrickt aus den aufgeribbelten Fäden amerikanischer Zuckersäcke: weibliche Unterhose der späten 40er.

Die Kriegsjahre in den Städten waren von Mangel geprägt und zugleich von Erfindungsgabe: Es gab nichts, und doch konnte vieles irgendwie hergestellt oder ergattert werden. Zum Winter wurde Leibwäsche selbst gestrickt: Unterhosen mit langen oder kurzen Beinen, Leibbinden, Kniewärmer, Ärmelhemdchen und Socken. Es wurde gestopft, bis die Finger bluteten. Als es keine Wolle mehr gab, wurden alte Teile aufgeribbelt; so kamen abgetragene Pullover neu zu Ehren. Fertige Unterwäsche gab es im Tauschhandel oder auf Bezugsschein, fünf Punkte für einen Mädchenschlüpfer Marke Standard.

Unmöglich für die Mieder- und Wäschefabrikanten, an Rohstoffe heranzukommen. Die neuen Wunderfasern Nylon und Perlon, die Ende der 30er Jahre fast zeitgleich in Amerika beziehungsweise Deutschland entdeckt worden waren, wurden ausschließlich für kriegswichtige Güter wie Schwimmwesten oder Fallschirme eingesetzt. Einige Hersteller mußten ihre gesamte Produktion ein-, andere auf kriegsdienliche Produkte umstellen.

Als nach Kriegsende aus Amerika der erste Zucker kam, strickten flinke Hände aus dem aufgedröselten Baumwollgarn der Säcke Unterhosen, vier rechts, vier links und oben ein Gummiband. Nach dem Krieg nähten die Frauen Unterwäsche aus Fallschirmseide, und manches Kinderleibchen entstand aus den zusammengestückelten unifarbenen Partien der Hakenkreuzfahne.

Die amerikanischen Soldaten brachten nicht nur Zigaretten und Schokolade mit, sondern auch Nylons, die die Herzen der Frauen höher schlagen ließen. Ihre aus dem Krieg heimkehrenden Männer erstanden auf dem Schwarzmarkt die „american combinations“: Hemdhosen, die Brust, Gesäß und Beine durchgehend umschlossen. Auch bündelweise weiße und grüngraue T-Shirts aus Armeebeständen sowie die ersten Boxershorts, damals noch uni weiß oder allenfalls himmelblau, kamen mit den Soldaten aus Amerika.

Nachdem Liz Taylor als „Katze auf dem heißen Blechdach“ ihm zu weltweiter Berühmtheit verholfen hatte, wurde der kleine weiße Unterrock auch in Deutschland zum Verkaufshit.

Der New Look und die Sehnsucht nach Luxus

Während in Deutschland die Trümmerfrauen rund um die Uhr schufteten und froh waren, wenn sie eine Handvoll Kartoffeln hamstern konnten, brachte die amerikanische „Vogue“ es schon1946 auf den Punkt: „Der hübscheste Körper ist heute nicht bacchantisch, sondern damenhaft-zurückhaltend, ein wenig untertrieben. Jedenfalls brauchen Sie einen guten Hüfthalter“.

Die Spuren des Krieges waren noch lange nicht beseitigt, als Christian Dior 1948 in Paris seinen New Look vorstellte. Noch herrschte Knappheit an allem, und der üppige Stoffverbrauch für die weiten, schwingenden Röcke schien ein geradezu

Ein Traum in Schwarz: Nach den Schrecken des Krieges konnten Dessous nicht luxuriös genug sein. Ensemble von Prima Donna.

obszöner Luxus. Dennoch war alle Welt augenblicklich verzaubert. „Die unpraktischsten Kleider und Schuhe, die empfindlichsten Hüte und Strümpfe sind die elegantesten", beschrieb Simone de Beauvoir noch im Jahr1951 die Sehnsucht der Frauen nach verschwenderischer Eleganz.

Die Röcke des New Look brauchten den Kontrast der Wespentaille: neue Herausforderung für die Miederbranche. Schon 1943, mitten im Krieg, hatte Diors Kollege Marcel Rochas ärmellose Bustierkleider und dazu ein neues Korsett kreiert: die Guepière (frz. guèpe = Wespe). Sie ließ die obere Hälfte des Busens frei, war im Rücken tief ausgeschnitten und reichte nur grad eben bis über die Hüften. Ihre überaus feminine Aufmachung, nicht selten mit einem zarten Tüllröckchen über den Schenkeln, konnte jedoch nicht darüber hinwegtäuschen, daß das Prinzip das gleiche war wie eh und je: „Die Guepière will nichts", schreibt die Frauenzeitschrift „Chic" am 2. Dezember 1947, „als die Gürtellinie um 6 bis 8 cm reduzieren und verhindern, daß das neue Kleid in der Taille platzt, wenn die Trägerin einmal etwas heftig atmet". Wieder einmal heißt das: Brust raus, Bauch rein – und Luft anhalten!

Wurde die Guepière vorrangig unter dekolletierten Partykleidern getragen, waren tagsüber unter Rock und Pulli Hüft- und Büstenhalter angesagt. Stabilere Hüfthalter waren mit Bauchverstärkungen und Reißverschluß versehen; wer nur wenig einzuzwängen hatte, strappte sich einen Gummischlauch mit angenähten Strumpfhaltern über.

Zu Beginn der 50er Jahre waren Büstenhalter nicht rund, sondern regelrecht spitz geschnitten. Wer Busen hatte, zeigte ihn, seitdem Silvana Mangano in dem Film „Bitterer Reis" mit gutem Beispiel vorangegangen war. Auch Brigitte Bardot trug das Vorhandene so hoch wie nur möglich unter zumeist prallengem Pulli. Im Balconnet-BH aus Baumwolle mit Vichykaros schmollte sie sich in die Herzen der Nachkriegsgeneration. Die Firma Triumph – mittlerweile größter Miederwarenhersteller Europas – verkaufte allein 1952 rund 13 Millionen Büstenhalter, davon ein Großteil der mit Nähten übersäten „Rundstepper" aus gewebtem Perlon-Stoff.

Perlon macht's möglich: Wäsche wurde zugleich schön und pflege-leicht. Rundstepper-BH und Pettycoat von Triumph.

Perlon und Petticoats

Polyamide (Nylon, Perlon) waren die Offenbarung schlechthin für die Strumpf- und Wäschebranche. Im Februar 1953 stellte das Wäschejournal „Die Linie" fest: „Bei Strickern und Wirkern beanspruchen die Perlon-Modelle bis zu 50 Prozent der Gesamtmusterung". Die Miedermacher schwelgten in Perlon-Spitze und Perlon-Stickerei, Nachthemden waren aus Perlon-Maschenstoff. Die Wunderfaser, die sich im Nu waschen und trocknen ließ und nicht gebügelt werden mußte, machte vor keinem Einsatz halt. Perlon-Strümpfe galten als Synonym der Weiblichkeit, Pettycoats aus Perlon-Tüll wurden zum Symbol der neuen Backfisch-Generation.

Als Ende des Jahrzehnts aus Amerika die „Baby Doll"-Welle kam, bescherte sie Nylon und Perlon noch einmal eine Glanzzeit. Während Nachthemden und Tagesgarnituren aus Interlock oder Lavabel-Kunstseide bereits seit Ende der 40er Jahre in Pastellen und Streublümchen schwelgten, emanzipierten sich die Miedermacher erst Mitte der 50er vom plötzlich von aller Welt als Sanitärfarbe verhöhnten Lachsrosé. Das Londoner Magazin „Punch" ließ sich am 16. März 1955 zu einem Kommentar herab: „Die aktuellen Dessousfarben: Weiß, Schwarz, Mint und Bleu. Kein Lachsrosé, nicht in Paris zumindest. Über 30 Jahre dauerte die Regentschaft von Lachsrosé. Damit ist es jetzt vorbei."

Sex-Appeal der Rock'n Roll-Generation: rebellisch in Schwarz.

Vorbei war es gegen Ende des Jahrzehnts auch mit der Anpassung der Jugend an die Welt der Erwachsenen. Seit sie sich selbstbewußt Teenager oder herausfordernd Halbstarke nannten, erkannte die Industrie sie als eigene Zielgruppe des Marktes an und begann, sie entsprechend zu bedienen. Die ersten Wäschekollektionen für junge Mädchen kamen aus Amerika und England: Lily of France brachte „Lily for College Girls", Berlei kam mit „Teenform".

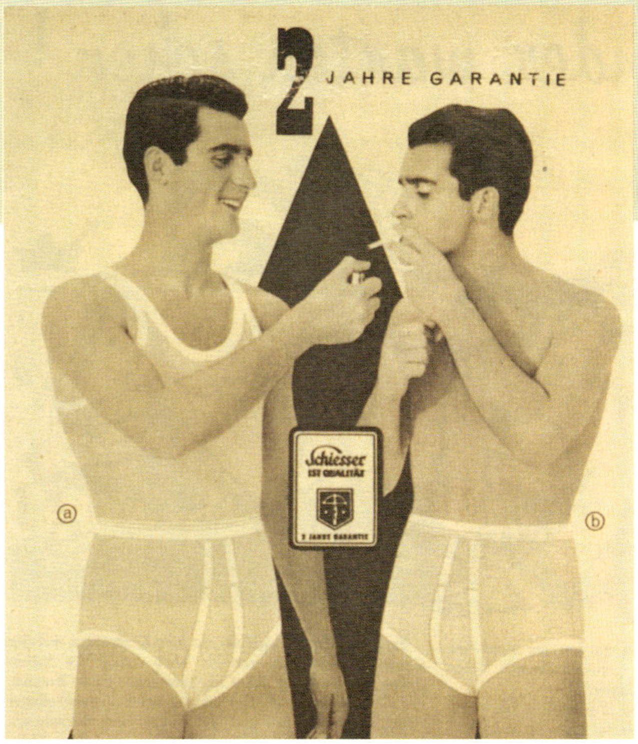

X- und Y-Schnitte in Baumwollripp, erstmals von Jockey in Amerika auf den Markt gebracht, setzten sich zunehmend auch in Deutschland durch. Schiesser-Modelle von 1958.

Wirtschaftswunder und Arbeitskräftemangel

Während in der damaligen Ostzone noch von allem zuwenig produziert wurde und die vom Ost-Berliner Institut für Bekleidungskultur für gut geheißene Unterwäsche vor allem „frei von zersetzenden kosmopoltischen Einflüssen“ sein mußte, hatte die westdeutsche Dessous-Industrie Anfang der 60er Jahre einen Aufschwung sondergleichen hinter sich. In der Miederwarenproduktion war 1963 zum ersten Mal seit Kriegsende die Zuwachsrate leicht rückläufig: 539 Millionen Mark betrug der Produktionswert, das entsprach einer Steigerung von „nur“ 15 Prozent im Vergleich zum Vorjahr (1962 hatte noch ein Plus von 22 Prozent gebucht werden können).

Rund 25.000 Beschäftigte zählte zu dieser Zeit die deutsche Miederwarenindustrie, die Hälfte davon bei Triumph in Heubach. Felina in Mannheim hatte 2000, die Susa-Werke, ebenfalls in Heubach, 1.500 Mitarbeiter. Rund 60 weitere Hersteller waren mittlere oder kleine Betriebe.

Im Jahr 1963 wurden in Deutschland rund 41 Millionen Büstenhalter, 14 Millionen Mieder und acht Millionen Strumpfhaltergürtel produziert. Exportiert wurde Unterwäsche für 40, importiert für fast 68 Millionen Mark. Im Vergleich zu 1962 war damit der Export um knapp 30, der Import um knapp 40 Prozent gestiegen.

Ein wesentlicher Grund wirtschaftlicher Schwierigkeiten war neben den vor allem aus Amerika stärker werdenden Importen (Agenturen etablierten bekannte US-Miedermarken auf dem deutschen Markt) der Mangel an Arbeitskräften, der bald zum massiven Anheuern von Gastarbeitern führen sollte. 1963 warnte die „Textil-Wirtschaft“: „Die Entwicklung der deutschen Miederindustrie steht stark im Zeichen des Arbeitskräftemangels. Weitere Rationalisierungen in Produktion und Vertrieb sind deshalb notwendig.“ Die Miederindustrie gehörte zu den ersten, die mit der Produktion ins Ausland gingen: nach Jugoslawien.

Wäsche-Parade 1963 auf dem Champs Elysées: mit Nylonnachthemden und -morgenmänteln, einer knielangen Variante des Baby Doll sowie BH und Pettycoat im Romantik-Look.

Die 60er: Neuerfindung des Büstenhalters

Das Jahrzehnt begann ganz harmlos: eine junge Frau namens Farah Diba bestieg den Pfauen- und damit den internationalen Modethron, von Kiel bis Konstanz steckten die Mädchen sich das Haar zum hochtoupierten Knoten auf. Triumph setzte verstärkt auf Mieder/Wäsche-Sets, Felina brachte Stretch-Serien. Die neue Wunderfaser Lycra, 1959 öffentlich und mit großem Tamtam in Amerika präsentiert, berechtigte die Branche zu den kühnsten Hoffnungen. Noch sah es recht ordentlich aus in den weiblichen Wäscheschränken: BHs und Slips, Hüft- und Strumpfbandgürtel, Unterhemd, Unterrock und – neu! – nahtlose Strümpfe. Doch während die Welt noch staunend die Gründe des deutschen Wirtschaftswunders zu enträtseln versuchte, während die ersten Strumpfhosen (im Winter 64/65) dem ein Jahr zuvor von Mary Quant in London vorgestellten Minirock zum Durchbruch verhalfen, brodelte es bereits unter der mitteleuropäischen Oberfläche: Die Jugend verschrieb sich dem Protest, gegen die Mode unter anderem. Mit den Studentenrevolten kam Aufbegehren gegen das unerbittliche Diktat der Frauenrolle: Der Büstenhalter, vermeintlicher Unterdrücker der freien Weiblichkeit, wurde zum Feind erklärt, amerikanische Frauenrechtlerinnen organisierten öffentliche BH-Verbrennungsaktionen in den Colleges, deutsche Unis zogen nach.

Stretch-BH: bis auf die Körbchen vollkommen elastisch. Modell von Lovable, 1964.

Wie intelligent sind Sie? Im Vorfeld der Studentenunruhen war das die Frage aller Fragen. Die Titelschöne der „Twen“ vom Juni 1967 schaut klug und macht kein Aufhebens von Slip und Bügel-BH.

Diese Entwicklung hatte ihre Vorgeschichte, in deren Verlauf die Kreativen der Miederindustrie alles andere als untätig gewesen waren. Zwar konnten sie nicht verhindern, daß der BH-Umsatz weltweit zurückging – aber Not macht erfinderisch, und die Neuheiten der 60er trugen Früchte bis weit ins nächste Jahrzehnt.

Bereits 1964 hatte der österreichstämmige Amerikaner Rudi Gernreich seine „Oben ohne“-Idee samt Monokini lanciert und wenig später für die nicht ganz so Mutigen den „No-bra bra“ („Kein BH-BH“): nur ein Hauch von Nylon-Tüll und dennoch stützend. In seiner extremen Leichtigkeit und Transparenz wurde das Modell richtungsweisend für die gesamte Branche. Auch die 1965 von Gernreich für die Marke „Exquisite Form“ entworfene Linie hauchzarter BHs aus Nylon-Trikot in Weiß, Schwarz und Hautfarben fand dies- und jenseits des Atlantiks Beachtung. Zahllose Frauen umgingen das BH-Tabu, indem sie auf die auch hierzulande bald auf den Markt gebrachten superleichten Modelle umstiegen, die unter dem Schlabberpulli Nacktheit vortäuschten.

Wie um ein fröhliches Signal zu setzen, schickte Paco Rabanne in Paris seine Mannequins in metallenen Büstenhaltern und Schurzen auf den Laufsteg: medienwirksam, aber weit entfernt von der Wirklichkeit, die – zumal immer mehr Ärzte Frauen mit größerem Busen vor der BH-Abstinenz warnten – nach weiterer

Sportwäsche entwickelte sich zunehmend zum Topthema. Das Ski-Ensemble von 1967 wies bereits in die Richtung künftiger Pisten-Dessous.

unmerklicher, aber effizienter Verbesserung von Form und Halt verlangte. Da durchaus nicht alle Frauen willens waren, ihren Busen zu verstecken (schließlich präsentierte der „Playboy" unbeirrt weiter seine Häschen in hocherotisierenden Dessous), brachte Gossard 1968 den „Wonderbra" mit stark unterfütterten Cups.

Die „Textil-Wirtschaft" betrachtete im Juni des gleichen Jahres mit Besorgnis die Wäschegepflogenheiten der jungen Generation: „Die offensichtliche Gleichgültigkeit dieses wichtigen Verbrauchers ist ernst zu nehmen". Auf der Basis einer Meinungsumfrage stellt das Branchenblatt fest: „Die 18- bis 25jährigen ziehen nur noch BH, Slip oder Schlüpfer, Miederhose oder Hüfthalter an – und aus!" Kein Hemd mehr! Es galt als altmodisch und überflüssig. Und seit immer mehr Röcke gefüttert wurden, trugen nur noch 37 Prozent ab und an ein Unterkleid. Immerhin waren 60 Prozent der Befragten bereits im Besitz von Strumpfhosen, darunter schon etliche in den bunten Knatschfarben, die bald Furore machen sollten. Auch Miederhöschen und Hosencorselets gehörten zu den Aufsteigern der Zeit.

Mitte der 60er Jahre präsentierte der Amerikaner Rudi Gernreich sein Prinzip des federleichten „No-bra-bra" („Nicht-BH-BH"). Hier ein 1970er-Modell seiner kurios, aber einprägsam benannten Linie.

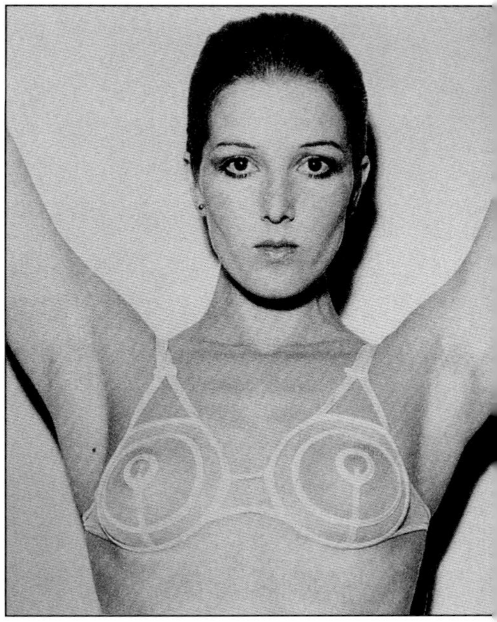

Ende des Jahrzehnts setzten sich zunehmend die knappen Höschenformen nach Vorbild des (schon 1946 erstmals in Frankreich vorgestellten) Bikinis durch. Als die Hosenbünde bis unter den Nabel rutschten, trugen Frauen wie Männer kaum noch etwas anderes als schlichte kleine Baumwollslips in allen nur erdenklichen Farben. BH-Unterkleider in bunten Blümchendrucken oder weiß im Kleinmädchen-Stil gehörten zu den wenigen aufwendiger konzipierten Highlights in den Wäscheschränken.

Die 70er: Unisex mit Blümchen

Nachdem die 60er Jahre das Ende der Frivolität verkündet und der Vergangenheit mit ihren feminin-verführerischen Materialien eine unzweideutige Absage erteilt hatten, fing nun alles noch einmal ganz von vorne an: Die Kindfrau war das Ideal der Zeit, ein Mannequin namens Twiggy machte Weltkarriere mit Unschuldsmiene und unüberbietbarer Rundum-Plattheit. „Täubchen-Mieder für die schönen schlanken Mädchenfrauen" präsentierte der Faserhersteller DuPont 1970 in einer Anzeige: hautfarben-transparente Gebilde aus Stretchtrikot mit Lycra. Der Gedanke des ultraleichten BHs fand einen weiteren Höhepunkt in den ersten BHs mit nahtlos vorgeformten Cups.

Parallel zur Linie der äußersten Einfachheit gab es eine romantische Welle in der Wäsche, mit viel Lochstickerei für die Kindfrau, selbstverständlich in Baumwolle und in Weiß: Wenn nicht sexlos-alternativ, wollten Frauen unschuldig-romantisch sein. Zarte Batist-Nachtwäsche gehörte zu den Umsatzbringern. Der Modefotograf David Hamilton verkaufte millionenfach seine verträumten Mädchen-in-Dessous-Poster.

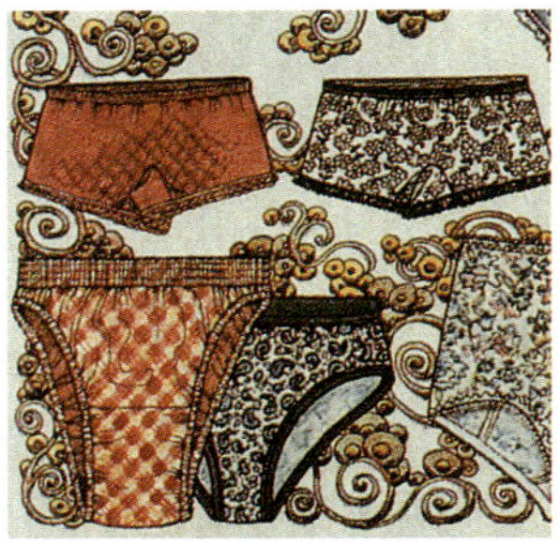

Unisex: Bunte Blümchen-Slips bot das Londoner Kaufhaus Marks & Spencer im Partner-Look an.

Eine kurze Weile lang hielt sich der Bodystocking, jenes transparente Nichts, das zwar die Illusion völliger Nacktheit unter T-Shirt und Jeans erweckte, es aber nötig machte, sich sämtlicher Kleidung zu entledigen zwecks noch so kleiner „Bedürfnisse".

Die Frauen atmeten auf, als die ersten halterlosen Strümpfe kamen; allerdings sollte erst mit den Silicon-Hafträndern der 80er Jahre die Gefahr ihres beständigen Herunterrutschens gebannt sein.

Als die Rocksäume auf Midi- und Maxilänge fielen und die Hippiemädchen in ihren langen Folklorekleidern aus Kathmandu den Straßenstaub aufwischten, als Elefantenhosen und Hot Pants aufkamen, war nicht Schönheit Maßstab aller Dinge, sondern das Schrille, „Ausgeflippte". Bunte Papierslips für den einmaligen Gebrauch und Höschen mit batteriebetriebener „Verkehrsampel" auf dem Schambein gehören ebenso zu den typischen Geschmacksverirrungen der Zeit wie aufblasbare, größen-

Bunt, noch bunter: Büstenhalter, Hüftgürtel, Strümpfe und Kräuselkrepp-Strumpfhosen setzte der Fotograf Sacha um die Wende des Jahrzehnts für die Zeitschrift „Elle" in Szene.

erweiternde BHs. Letztere verschwanden allerdings schnell wieder vom Markt, nachdem bekannt geworden war, daß sie die fatale Tendenz hatten, im Flugzeug jenseits der 10.000-Meter-Grenze mit lautem Knall zu platzen.

Die jüngste Vergangenheit hatte mit allen Kleiderkonventionen gebrochen, auch die Wäsche mußte neue Wege suchen. Sie hatte schlicht, praktisch und pflegeleicht zu sein, Chemiefasern hatten in den frühen 70ern leichtes Spiel. Zahlungskräftige Amerika-Reisende brachten die schrill-bunten, grafisch gemusterten Nylonslips von Emilio Pucci mit, 27 Dollar pro Stück. 1973 wurde aus Brasilien der Tanga „importiert“: zunächst für Strandbikinis, dann als modische Slipvariante.

Für Männerslips wurden, wenn nicht Karos oder Blümchen, zumindest Streifen eingesetzt. Modelle von Esge aus dem Jahr 1979.

Korsetts und Corselets hatten ihre traurigste Zeit seit den ebenfalls „haltlosen“ 20er Jahren: Nur wer es wirklich nötig hatte, schaffte sich Einzwängendes zum Formen und Korrigieren an. Die Umsätze der Miederindustrie stagnierten. Den Trikotagen-Herstellern bescherte die Unisex-Welle leichten Aufwind: Buntgeblümte Baumwollslips waren Mitte der 70er „für sie und ihn“ zu haben, im Partner-Look. Probleme bekamen die Nachtwäsche-Hersteller: Beide schliefen im T-Shirt, sonst nichts – oder benutzten allenfalls einen einzigen Schlafanzug: er die Hose, sie die Jacke. Doch die Branche wußte aus dem Zeitgeist ihren Nutzen zu ziehen: Das T-Shirt wurde Wegbereiter einer neuen Nachtwäsche-Generation, bunt bedruckt oder wäschig-geschmückt.

Zur gleichen Zeit bahnte sich eine neue Lust auf Luxus an, die in den 80ern zum wohl innovativsten Wäsche-Jahrzehnt des Jahrhunderts führen sollte. Es begann mit den French Knickers, die seit ihrer Glanzzeit in den 20er Jahren in Vergessenheit geraten waren: 1977 liefen sie, einigermaßen überraschend für die Industrie, den gängigen schlichten Slips davon und bildeten den Auftakt zur neuen femininen Welle.

Männerwäsche: Knappe Minis in Lavendel

Mit hohen Beinausschnitten und breiten Gummibünden revolutionierte der Grieche Nikos Mitte der 80er Jahre die Welt der Männerwäsche. Schwarz holte er aus der Erotik-Ecke heraus und machte sie zur Modefarbe.

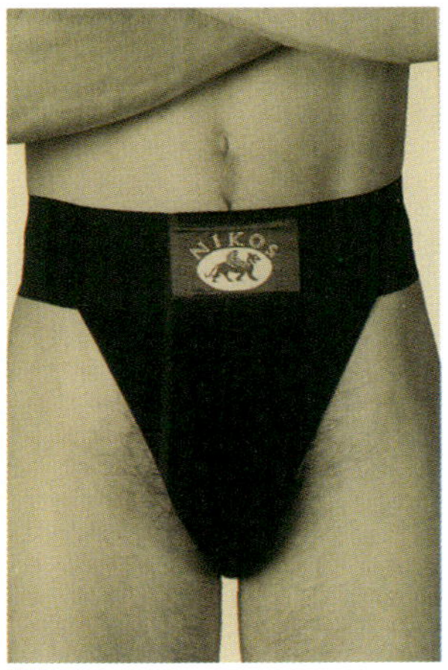

In der Männerwäsche öffneten die wilden Siebziger die Schleusen der Innovationslust. Nachdem jahrzehntelang nur eben die Wahl bestanden hatte zwischen X- und Y-Modell, Netzhemd und T-Shirt, langer und kurzer Hose, Blütenweiß und allenfalls Himmelblau, kam nun endlich frischer Wind in die Sortimente: mit knappen Minis in Lavendel, V-Slips in Bordeaux, Gürtel- und Taillenslips in Marineblau und den jeweils dazugehörigen Stretchhemden, vorzugsweise ärmellos und tief ausgeschnitten.

Das ganze breite Farbspektrum ergoß sich in die Männerwäsche, Lila nicht ausgenommen. Die Firma Eminence brachte eine erfolgreiche Anzeigenserie unter dem Motto: „La ruée vers la couleur“ (Der Drang zur Farbe). Zweifarbiges mit kontrastierender Einfassung gehörte eine Zeitlang zu den Umsatzbringern, in den typischen Kombinationen wie Orange/Braun und Braun/Beige. Jede Menge Muster kamen, bunte grafische Drucke, Streifen, Karos und Pepita.

Vom Gebrauchsgut zum Prestigeartikel

Das alles, bemerkenswert zwar, war jedoch nur der Auftakt zu einer revolutionären Erneuerung und Vielfalt der Männerwäsche in den 80ern. Das Motto des neuen Jahrzehnts stand im September 1980 in der „Textil-Wirtschaft": „Über geschickte Produkt-Innovation aus dem schlichten Gebrauchsgut Wäsche einen hochpreisigen Prestige-Artikel machen!" Die neue Wäscheära begann zeitgleich mit der Fitneßwelle. Daß der Körper des Mannes in allererster Linie dazu bestimmt sei, seinen Kopf zu tragen, glaubten plötzlich selbst hartgesottene Intellektuelle nicht mehr. Sie gingen – zunächst verschämt, dann immer selbstverständlicher – ins Fitneßcenter, um die Muskeln zu trainieren. Der Körper wurde zum Statussymbol.

Boxershorts wurden Anfang der 80er zum meistbeachteten Männer-Dessous. Nach den wilden frühen Jahren mit ihren Ulk- und Comic-Dessins wiesen Ende des Jahrzehnts klassische Streifen in eine dezentere Richtung. Modell von Cadars.

Nostalgischer Ringelpiez: Neben Slip und T-Shirt behauptet sich Großvaters Hemdhose mit oberschenkellangem Bein. Modelle von Eminence.

Vom Umsatz her betrachtet waren Boxershorts (die nach Kriegsende, als die Amerikaner sie zum erstenmal nach Deutschland brachten, ihren Durchbruch verpaßt hatten) das vermutlich bedeutendste Thema der 80er. In edlen Hemdstreifen oder Krawattendessins und bald mit allen nur denkbaren und bis dato undenkbaren Mustern versehen, waren sie das humor-umflorte Lifestyle-Attribut des Yuppies (Young urban professional). Dank der immer weitergesponnenen Mustervielfalt entwickelten sie sich zum Mitbringsel für alle Gelegenheiten: hoppelnde Hasen zu Ostern, radelnde Nikoläuse unter dem Christbaum. Der Baumwollslip sah alt aus im Vergleich. Das Material Feinripp, assoziiert mit hängendem Po und ausgeleiertem Eingriff, wurde zum Inbegriff des Liebestöters. X- und Y-Modelle gerieten ins modische Aus.

Zeichnet die Muskeln nach: Hautnaher Body aus Baumwolle mit Lycra von Amman.

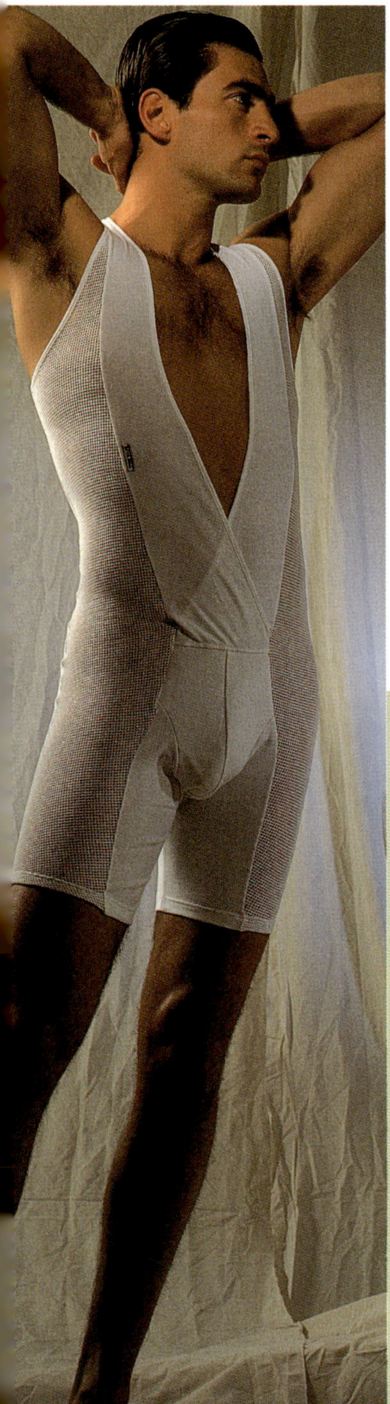

Aber dann kam der – bis dahin in der internationalen Modewelt völlig unbekannte – Grieche Nikolaos Apostolopoulos und gab der Branche Zündstoff: Aus Feinripp mit Lycra machte er Hemden mit tiefen Brust- und hohen Beinausschnitten, prallsitzende Bodysuits tunkte er in Schwarz. Alle Welt fand das sofort hocherotisch, und „Nikos“ wurde 1985 buchstäblich über Nacht zum Star: Abends hatte er in Paris seine Kollektion vorgeführt, am nächsten Tag schon waren die Zeitungen voll des Lobes.

Auch der Amerikaner Calvin Klein brachte Feinripp – allerdings der mehr sportlichen Art. Bemerkenswert war weniger seine Schnittführung als vielmehr seine aufsehenerregende Anzeigenkampagne, die erstmals den Mann in Slip und Shirt als laszives Sexobjekt darstellte. Kleins modische Botschaft hatte zwei charakteristische Merkmale: Graumeliert als Alternative zu Weiß, Designername im breiten Elastic-Bund. Beides machte weltweit Schule: Graumelé zog sich Ende der 80er durch sämtliche Feinripp-Kollektionen, Markennamen wurden immer selbstbewußter plaziert.

Bodies und Boxershorts vom Stardesigner

Nachdem das Thema Männerwäsche aus dem Dornröschenschlaf erwacht war, machten überall in Europa neue, junge Läden auf mit Konzepten, die sich an ebenso interessierte wie informierte Verbraucher wandten. Kaum ein Designer ließ das Wäschethema aus: Armani, Byblos, Versace, Valentino, Missoni, um nur einige zu nennen. Jean-Paul Gaultier brachte eine Reihe bizarrer Vorschläge: Bodysuits aus weißer Spitze, Boxershorts mit Einblicke gewährenden Transparenz-Partien. In eine neue Richtung wiesen Ende der 80er die in Shortsform geschnittenen Trikothosen des italienischen Modemachers Nino Cerruti.

Nichts zu lachen hatten in all diesen Jahren die Hersteller von Nachtwäsche. Dem geringen Bedarf zum Trotz (Devise: alle zwei Jahre ein Neuer) kämpften edle Paisley-Pyjamas aus mercerisierter Baumwolle, Opas Streifenhemden aus Flanell und Schlafbodies aus buntem Baumwolljersey gegen die leidige Gewohnheit der Männer an, entweder nackt zu schlafen oder in Boxershorts und T-Shirt.

Feinripp-Slip und weißes T-Shirt: Zwei Klassiker für die Ewigkeit. Modelle von Eminence Paris, 1993.

Warten auf die Kernmannschaft der Männer

In den 90er Jahren setzt sich der Trend zum wohlverpackten Sportsmann fort. Unterhosen heißen jetzt Pants und sind in allen Beinlängen zu haben. Schwarz hat sich aus der Erotik-Ecke heraus und zur gesellschaftsfähigen Farbe für Slips und Athleticshirts (vulgo: Achselhemd) entwickelt. Punkte und Streifen, Ringel und grafische Dessins sind in der ersten Hälfte des Jahrzehnts die häufigsten Musterungen. Elastic-Bünde mit Namenszug haben sich auf breiter Basis durchgesetzt. Jeansige Wäsche, in Originalfarbe mit Flatlock-Nähten, ist eines der zahllosen speziellen Angebote an ein junges Publikum; Knopfleisten-Shorts und Bodysuits im Altherren-Look wenden sich an die Nostalgiker. Aufsehenerregende Slips in Schlangenhaut-Dessin und bis zum Nabel ausgeschnittene Bodies sorgen dafür, daß das Thema Männerwäsche seitenweise die Modemagazine füllt. Aber wie so oft in der Mode, sind die Appetitmacher bunt – gegessen wird dagegen trocken Brot. Die Käuferschicht für Extravaganz ist klein, dank des erweiterten Angebots wird zwar mehr, aber nicht unbedingt mehr Mode gekauft. „Das Gros bedient sich immer noch mit rippigem Einheits-Look oder bleu-pastelligen Wäschedrucken", stellt im Februar 1994 die „Textil-Wirtschaft" fest und resümiert: „Bei einem Pro-Kopf-Verbrauch von 2,5 Slips im Jahr warten wir bei der Kernmannschaft der Männer noch auf das gestiegene Körperbewußtsein".

Flower-Power: Tops und Corsagen mit üppigen Blumendessins zeigten sich im Sommer 1986 unter Blazern oder Cardigans. Modell von Jeune Europe.

Die 80er: Comeback des Luxus

Als die Frauen endlich erreicht hatten, was sie wollten: Beruf und Familie, zeitgleich oder eben alles zu seiner Zeit, fingen sie an, die Welt wieder spielerisch-entspannt zu sehen. Die Heftigkeit, mit der sie sich in den späten 60ern und frühen 70ern aufgelehnt hatten gegen die männliche Zumutung frivoler oder auch nur femininer Unterwäsche, löste sich in Wohlgefallen auf. In Amerika meldete das Textilfachblatt „Women's Wear Daily" im Juli 81: „Sexy Tageswäsche rückt immer mehr in den Vordergrund. Über 65 Prozent der Einzelhändler haben ihre entsprechenden Sortimente bereits erweitert". Auch in Deutschland frohlockte die Branche. Das Fachblatt „Fashion" schrieb 1982: „Immer häufiger werden schicke, modische Dessous auch an ältere und molligere Damen verkauft, die sich früher mit unscheinbaren Standards zufriedengaben".

Anfang des Jahrzehnts war es vor allem das Thema Romantik, das Umsatz brachte mit weißer Baumwollstickerei. In der sportlichen Linie hieß das Erfolgsmotto: Transparenz. Hohe Beinausschnitte erregten Aufsehen, bevor sie sich in die Reihe der Standards eingliederten. Französische und italienische Hersteller wurden zu Wegbereitern fröhlich-bunter Blumendrucke für die gesamte Angebotspalette an Dessous. Das Marylin Monroe-Revival bescherte einen Run auf tiefdécolletierte Bügel-BHs. Ganz leicht formende Bodies mit Lycra und Höschen aus Elastic-Spitze begleiteten Mitte des Jahrzehnts die Lust auf schmale Maschenkleider. Als neue, kaufkräftige Zielgruppe entdeckte der Markt die „aktive, karrierebewußte Frau“, die nichts mit romantischen Schnörkeln anfangen konnte, wohl aber gewillt war, sich für den harten Arbeitstag mit feinsten Materialien in edel-schlichter Aufmachung zu entschädigen.

Mit Standard-Dessous wollten mollige Frauen sich in den 80er Jahren nicht mehr zufriedengeben. Wie auch andere, reagierte die Firma Bleyle mit einer attraktiven Kollektion für große Größen.

Auf Männerfang mit String und Straps

Fernseh-Seifenopern wie „Dallas“ und „Denver“, in denen die Damen in mattschimmernden Seidentops und extravaganten Homewear-Kreationen zu Männern und Millionen kamen, beeinflußten die Massen ebenso wie die deutsche Fernsehserie „Tutti Frutti“. In der Stripper-Schau kamen Strapse wieder zu Ehren, und nach jeder Sendung wurde das auf dem Bildschirm Gesehene von Itzehoe bis Ingolstadt im Handel verlangt: spitzenbesetzte Hemdhöschen und Corsagen, Camisoles und Tanzgürtel, Torselets und Teddies mit plissierten Röckchen sowie knappe Höschenformen bis hin zu Strings, Tangas, Stretch-, Rio- und Triangel-Slips. Die modische Farbskala reichte von Opal und Amethyst bis hin zu Mango, Krokantbraun, Altrosé, Marmortürkis und Champagner. Und Schwarz natürlich, viel Schwarz.

Innerwear/Outerwear: Der Body, vielleicht wichtigste Dessous-Erfindung der 80er Jahre, ist Mitte der 90er unvermindert aktuell. Modell von Triumph.

In der funktionellen Tages- und Nachtwäsche setzte sich der Trend zur edlen Naturfaser durch: reinseidene Jerseys und glanzveredelte Baumwolle gingen zu Lasten des seidigen Chemiefaser-Bereichs, der trotz neuer Materialentwicklungen weiter an Terrain einbüßte. Auch Schurwolle machte 1987 mit Hilfe einer breit angelegten Werbekampagne des Internationalen Woll-Sekretariats „Weg vom Kratz-und-Beiß-Image, hin zum Luxus!" auf sich aufmerksam. Die Wäsche-Avantgarde mixte Wolle mit Cashmere oder Seide und setzte modische Wollspitze ein; selbst die Firma Medima veredelte Angora mit Seide. Neben Naturweiß setzen sich Schwarz und auch kräftige Farben im Wollbereich durch.

Mit der Fitnesswelle entwickelte sich der sportliche bis androgyne Wäschestil. Baumwollripp, dank Elastan nunmehr elastisch, präsentierte sich als neuer alter Partner des aerobic-gestylten Körpers. Neben Weiß und Schwarz kamen Graumelangen, wie in der Männerwäsche. Der Jogging-Anzug wurde zum Homewear-Renner. Meilensteine des Jahrzehnts waren die Leggings und die dem Radsport abgeschauten Radlerpants: Zwitterwesen zwischen Dessous und Freizeitkleidung, hatten sie von den späten 80ern bis Anfang der 90er Jahre ihre große Zeit. Auch die Bustiers, Tops und Bodies, anstelle von T-Shirts und Blusen unter dem Blazer zu tragen, waren – und sind nach wie vor – im Dessous- ebenso wie im DOB-Geschäft zu finden.

Mächtige Verdienste für die Branche erwarb sich Pop-Star Madonna. Seit sie sich in den frühen 80ern auf ihren Plattencovers im Corselet präsentiert hatte, ließ das Dessous sich auch hierzulande immer selbstbewußter sehen. Als sie gegen Ende des Jahrzehnts in Jean-Paul Gaultiers rundgesteppter Goldcorsage um die Welt tourte, war das Bustier- und Body-Prinzip schon derart verbreitet, daß sie es bald vorzog, sich in nonnenhafter Verhüllung von den Massen abzusetzen.

Alles in allem ein hochinteressantes Wäsche-Jahrzehnt – für die Verbraucherin. Für die deutsche Industrie sah es nicht immer rosig aus: 1981 ging die Produktion von Unterbekleidung um 10 Prozent, von Miederwaren gar um 20 Prozent gegenüber dem Vorjahr zurück. Kontinuierlich stiegen dagegen die Importe. Italienische Miederkollektionen mit besonders modischen Produkten eroberten den Markt.

Luxus pur: schwarzer Spitzen-Body von La Perla aus der Sommerkollektion 94.

Die 90er: Luxus auf die stille Art

Die Mode der 90er hat sich abgewandt vom demonstrativen Show off der 80er. Luxus: ja – aber dezenter. Das gilt für Dessous ganz besonders. Mag sein, daß die Frauen bis zur Jahrtausendwende stärker auf Klassisches, Bewährtes einschwenken werden. In Zeiten knapper Mittel ist die Hinwendung zum Soliden nicht abwegig.

Zwei Tendenzen der 80er setzen sich fort. Die eine ist spitzenselig, zum Teil sehr elegant und sexy. Die andere ist pur und klarlinig, sportlich bis maskulin und setzt die Innerwear/Outerwear-Idee fort.

Neu bei Miedern ist die Welle der „Push ups" im Stil der 50er und 60er Jahre: BHs mit deutlich hebendem Charakter. Verstärkt in den 90ern ist das zunehmende Interesse der Verbraucherin an naturbelassener Baumwolle mit Öko-Anspruch. Ungefärbtes steht vor allem bei den jungen Konsumentinnen hoch im Kurs.

Gewiß ist, daß etliche Ideen des vergangenen Jahrzehnts in den 90er Jahren erst richtig verarbeitet und durch Variationen ausgeschöpft werden können.

Sehr sportlich und ein bißchen maskulin: junge Baumwollwäsche der amerikanischen Firma J. Grew im Sommer 94.

Foto: Barbara Aurelia / Picto

Foto: Dos-y-Dos

Foto: Fürstenberg

Foto: Triumph

Foto: Hom

Foto: Bleyle Lingerie

Wäsche heute – zwischen Schmückendem und Funktion, zwischen Eleganz und Unbekümmertheit. Für den Mann: mit modischer Power.

Foto: Cerruti

Foto: Mey

Foto: Rösch

Foto: Simone Pérèle

WAREN

WARENKUNDE

KUNDE

W A R E N K U N D E

Foto: Klosseck

Das ABC der Wäsche

Ajourgemusterter Bustier/Slip-Set . (Tricosi)

A

Ajour

Lochmüsterchen in gewirkten oder gestrickten Wäschestoffen, die durch Umhängen von Maschen auf benachbarte Nadeln entstehen. Zum Beispiel klassische Hemdchen/Slip-Musterungen.

Antistatisch

Durch Behandlung mit Chemikalien verhinderte elektrostatische Aufladung von Chemiefaserstoffen (wie Nylon), die sonst beim Tragen knistern und leichte „Schläge“ verursachen können.

Applikation

Aufgenähte oder aufgebügelte (spezielle Verklebung) schmückende Motive. Dagegen Inkrustation: in den Stoff eingearbeitete (Spitzen-)Motive.

Außenträger-BH mit Bügel-Cups sowie passendem Slip. (Ballet)

B

Batist

Feinfädiges, leinwandbindiges Gewebe, hauptsächlich aus Baumwolle, das für Wäsche und Blusen (Taschentücher) verarbeitet wird.

Bandeau-BH

Einem schmalen Brusttuch ähnliche, glatte oder zwischen den Brüsten leicht zusammengefaßte BH-Form.

Baumwolle

Ist der für Wäsche am meisten verarbeitete Rohstoff. Das hängt mit den Eigenschaften wie hautsympathisch, gut zu pflegen (kochbar), weich, saugfähig zusammen. Baumwolle wird in über 70 Ländern der Welt angepflanzt, die Qualitäten sind unterschiedlich. Qualitätsmerkmale sind Faserlänge, Feinheit, Gleichmäßigkeit, die Baumwollgarne und die daraus gearbeiteten Endprodukte maßgeblich beeinflussen. Die beste Baumwolle kommt aus Ägypten, dem Sudan, den USA und Peru.

BH

Büstenhalter, der je nach Schnittform unterschiedliche Funktionen erfüllt und Dekolletélinien erzielt: BHs ohne und mit Bügeln (besserer Stützeffekt).

Kurze BHs mit Mittel- oder leicht zur Schulter versetzten Trägern als klassische Schnittformen.

Außenträger-BHs (meist auch trägerlos zu tragen) mit 3/4-Cups und oft mit Fiberfill-Unterlegung, um Brust und Dekolleté zu betonen (auch Balconnet genannt).

BH-Hemdchen: Wäschehemdchen, meist mit gemoldeten Cups (auch mit Naht-Cups und mit Bügeln).

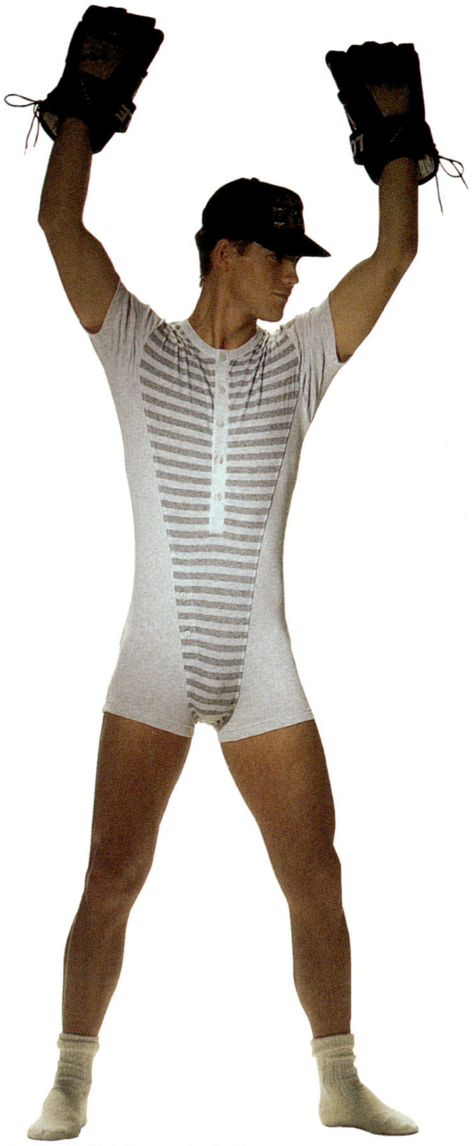

Der Body für Männer, eine in den letzten Jahren wiederentdeckte, vor allem junge Wäscheform. (Mäser)

BH-Einlagen

Als fest verarbeitete Unterlegungen in den vollen Cups, in den unteren Cup-Hälften der BHs oder als herausnehmbare Kissen (Pads), auch seitlich in den Cups angebracht. Zur Stützung der Brust von unten oder der Seite sowie zum Ausgleich der Büstenform. In A-Cups als volle Unterlegung, um die Brust optisch zu vergrößern. Verwendet wird Fiberfill. Contourschalen sind festere nahtlose in „Kontur" vorgeformte Schalen, die wie alle Einlagen unsichtbar in die Cups eingearbeitet werden.

Eleganter Body mit Outerwear-Charakter. (Irma la Douce)

Body

Eigentlich Bodysuit („Körperanzug"). Ausgehend vom Corselet, dem Mieder-Einteiler, ist der Body die modische Weiterentwicklung aus leichten Elastic-Stoffen oder auch aus gewirkten Wäschestoffen ohne Elastan. Der Body ist sowohl Dessous als auch Oberbekleidung, zum Beispiel wenn er Ärmel hat, hochgeschlossen und nicht aus einem typischen Dessous-Stoff gearbeitet ist. Wäschebodies sind auch aktuell in der Herrenwäsche. Hier vor allem aus Wäschestoffen ohne Elastan.

Pullibody aus leicht elastischem Melangejersey. (Medima)

Bodydress

Als modischer Artikel ein „Kleid" aus elastischem Material, das Unterkleid- oder Innerwear/Outerwear-Charakter hat. Modischer Artikel ferner der elastische Halbrock mit eingearbeitetem Slip.

Bodydress, ein ganz elastisches Unterkleid. (Anja D.)

Boxershorts

Männerunterhosen mit kurzen geraden Beinen, vor allem aus gewebten Stoffen. Abgeleitet von den Shorts der Boxer. In den 20er Jahren in Amerika entwickelte bequeme Unterhosenform. Seit Jahren beliebte Form auch in der Nachtwäsche oder als Home- und Beachwear, oft mit lustigen Drucken, besonders saisonal zu Weihnachten und Ostern. Die Form gibt es auch in feminin variierten Schnitten für Frauen.

Klassische Boxershorts. (Taubert Uomo)

Bustier

Leibchenartiges Oberteil in halblangen oder etwa taillenlangen Variationen, hochgeschlossen oder ausgeschnitten. Ohne oder mit Büstenschnitt, aber ohne BH-Funktion, sondern hemdchenartig. In den modischen Variationen auch mit ausgearbeiteten Cups und Bügeln als sichtbar zu tragendes Oberteil.

Wäschiges Bustier und Slip. (Sawaco)

C

Camisole

Als moderne und international verständliche Bezeichnung für Untertaille übernommen. Etwa hüftlanges, fast immer gerades Trägeroberteil. Inzwischen auch in den ganzen Bereich der „Tops“ eingeordnet, die unterschiedlich geschnitten sein und sichtbar getragen werden können.

Typisches Camisole. (Habella)

Charmeuse

Ein für Wäsche klassischer Maschenstoff aus Chemiefasern (auch aus reiner Seide). Die Kettenwirkware zeigt auf der nach außen verarbeiteten Seite ein glattes Rechtsmaschenbild, auf der linken Seite eine Art feinstes Zickzackmuster. Charmeuse ist maschenfest.

Cityshirt

Hochgeschlossenes Oberteil mit oder ohne Ärmel, das sich als modische Variante der Hemdchen entwickelt hat und sichtbar (zum Beispiel unter dem Blazer) getragen wird. Ist als modischer Artikel in seiner Bedeutung modeabhängig.

Cityshirt. (Nina v.C.)

Corsage im Set mit Slip. (Felina)

D

Denier/Dezitex

Denier (den) gibt an, wieviel Gramm 9000m eines Garnes wiegen. Beispiel 30 den = 9000m wiegen 30g. Dezitex (dtex) gibt an, wieviel Gramm 10000m eines Garnes wiegen. Beispiel 30 dtex = 10000m wiegen 30 g.

Dessous

Im neueren Sprachgebrauch für Miederwaren und Tageswäsche übernommene Bezeichnung („dessous" im Französischen = darunter), die in Ermangelung eines weniger bieder klingenden deutschen Begriffes dem modischen Wandel der gesamten Wäschemode gerechter wird.

Doppelripp

Ist eine klassische Wäsche-Maschenware. Gestrickt auf Rundstrickmaschinen sind abwechselnd zwei rechte und zwei linke Maschen sichtbar. Für Damen- und Herrenwäsche einsetzbar. In die Kategorie der Rundstrickmaschinen gehören inzwischen elektronisch gesteuerte Maschinen, deren Musterungsmöglichkeiten ganz neue Perspektiven eröffnen.

Corsage

Taillenlanges, trägerloses Oberteil mit auf Bügel gearbeiteten, meist unterlegten 3/4 Cups und Stäbchen. Speziell unter Abend- und Brautkleidern getragen und hauptsächlich in sehr femininer Spitzenverarbeitung. Dagegen: BH mit etwa taillenlangem Ansatz als funktioneller Miederartikel.

Corselet

Mieder-Einteiler aus elastischem Stoff, der zugkräftig, also stärker figurformend sein kann oder leichter und dann nur sanfter modelliert. Als offenes Corselet mit Strumpfhaltern, als Panty-Corselet mit Schrittverschluß (Slip- oder Langbeinform).

Crepe de Chine

Taftbindiger fließender Stoff aus Crêpegarnen, die aus reiner Seide oder Polyester sein können.

E

Elastic-Stoffe

Alle Stoffe (gewebte und Maschen-Stoffe), die durch Mitverarbeitung von Elastan-Garnen Elastizität bekommen. Bi-elastisch: Stoffe, die in Längs- und Querrichtung elastisch sind, also in beiden Richtungen mit Elastanfäden gearbeitet werden, was sie qualitativ hochwertiger macht.

Sanft modellierendes Corselet. (Felina)

F

Feinripp
Der Wäschestoff ist ebenfalls ein Klassiker. Hergestellt auf Feinrippmaschinen, zeigt er auf beiden Warenseiten rechte Maschen. Nur bei Dehnung sieht man den Wechsel von rechter und linker Masche. Feinripp ist besonders dehnfähig und schmiegt sich dem Körper gut an.

Fiberfill
Aus Chemiefaser-Spezialtypen hergestellte „Watte" mit geringem Gewicht und Bauschverlust, hoher Schmiegsamkeit, dauerhafter Luftdurchlässigkeit und problemloser Waschbarkeit.

Flatlocknaht
Gehört in die Reihe der Flachnähte. Sie wird auf der Flatlocknähmaschine genäht, ist eine elastische Verbindungsnaht und deshalb für Maschenstoffe gut geeignet.

French Knickers
Taillenhohe Höschenform mit weiteren, halblangen Beinen aus gewebten oder feinen Maschenstoffen. Meist zum Camisole kombiniert. Aus dem Englischen übernommene Bezeichnung (= französischer Schlüpfer). In den 30er Jahren waren French Knickers und Camisoles ganz typisch für die Wäschemode.

G

Gasieren
Das Baumwollgarn oder der Baumwollstoff werden durch Absengen der kleinen abstehenden Faserenden geglättet.

Größenbezeichnungen
Normen für Wäsche und Mieder, denen durch Reihenmessungen ermittelte Durchschnittslängen- und Breitenmaße zugrunde liegen. Mit S, M, L werden doppelte oder dreifache Konfektionsgrößen bezeichnet, zum Beispiel: S heißt Konfektionsgröße 34-36 oder 38.

Für Mieder geben die Größenbezeichnungen entsprechende Körpermaße der Trägerin an. Die Maße, aus denen eine weitgehend verbindliche Maßtabelle entwickelt wurde, ergeben sich aus dem Verhältnis von über der Brustspitze und unter dem Brustansatz gemessenem Maß. Die Unterbrustmaße werden mit Ziffern wie 65, 70, 75 etc. benannt. Die über die Brustspitze gemessenen Maße werden mit Buchstaben wie A, B, C angegeben und beziehen sich auf die Cup-(Körbchen-)Tiefe.

Als die industrielle Herstellung von Miedern begann, wurde eine bestimmte Größeneinteilung nötig. Sie war zunächst nicht allzu präzise und auch von Firma zu Firma (oder Land zu Land) verschieden. 1967 kam die „Europäische Kommission Korsettindustrie" zusammen, der Herstellerverbände von 12 Ländern angehören, um die Größenbezeichnungen von Miedern zu vereinheitlichen. Selbst wenn es noch immer individuelle Paßformunterschiede gibt und auch unterschiedliche Bezeichnungen, zum Beispiel in den USA, beibehalten wurden, ist doch die Norm der Maße weltweit übereinstimmend.

Die Maßtabelle geht zwar nur bis Cup D; inzwischen bieten einige Hersteller jedoch auch Größen bis Cup E, F, G an. Doppelgrößen-Cupbezeichnungen wie DD oder GG bedeuten größere Cuptiefe bei entsprechender unveränderter Unterbrustweite.

Maßtabelle BHs und Corselets

USA	30	32	34	36	38	40	42	44
Italien	1	2	3	4	5	6	7	8
Frankreich	80	85	90	95	100	105	110	115
International	65	70	75	80	85	90	95	100
Unterbrustweite von-bis cm	63-67	68-72	73-77	78-82	83-87	88-92	93-97	98-102
Brustweite von-bis cm								
Cup A	77-79	82-84	87-89	92-94	97-99	102-104	107-109	112-114
Cup B	79-81	84-86	89-91	94-96	99-101	104-106	109-111	114-116
Cup C	81-83	86-88	91-93	96-98	101-103	106-108	111-113	116-118
Cup D			93-95	98-100	103-105	108-110	113-115	118-120

Quelle: Lovable

Maßtabelle Miederhosen und Slips

Frankreich	small	medium	large large	X large	XX large	XXX large	XXXX
Italien	2	3	4	5	6	7	8
International	60	65	70	75	80	85	90
Taille von-bis cm	58-62	63-67	68-72	73-77	78-82	83-87	88-92
Hüfte von-bis cm	86-90	90-94	95-99	99-103	104-108	109-112	113-117

Quelle: Lovable

Maßtabelle Männerwäsche

US-Maßeinheit	Small		Medium	Large		X-Large
Deutsche Wäschegröße	3	4	5	6	7	8
Deutsche Konfektionsgröße	46	48	50	52		54

Eine allgemein verbindliche Größentabelle für Herrenunterwäsche gibt es nicht. Bei den verschiedenen Herstellern gibt es oft Unterschiede zwischen den gleichen Größen, und wegen dem Einlauffaktor bei reiner Baumwolle rät der versierte Verkäufer bei einigen Marken dem Kunden gleich dazu, eine Größe größer zu nehmen. Durch das Revival der Bodies ist eine weitere Schwierigkeit, die Körpergröße, dazugekommen. Eine 98er Größe, also schlank und schmal, trägt zwar vielleicht beim Slip eine Größe 5, bräuchte aber in der Länge einen Body in Größe XL.

H

Häkelgalon
Auf der Häkelgalonmaschine hergestelltes Band für Besätze und Träger. Im Typ gehäkelter Spitze.

High tech-Produktion (s. Kasten)

I

Innerwear/Outerwear
Heißt soviel wie „drunter und drüber“ zu tragen. Aus dem Amerikanischen übernommen für Modelle, die im Charakter zwischen Dessous und Oberbekleidung liegen.

Interlock
Feinmaschige, doppelflächige Rundstrickware, die aus Garnen in mehr oder weniger allen Rohstoffen (wie Wolle, Baumwolle, reine Seide) gestrickt werden kann. In der Oberbekleidung ein bekannter Jerseytyp. Der glatte Interlock zeigt auf Vorder- und Rückseite rechte Maschen, die auf der Rückseite den Eindruck von einseitig leicht „abgekippten“ Maschenschenkeln erwecken. Unterschiede zu Feinripp ergeben sich u.a. aus dem Herstellungsprozeß auf unterschiedlichen Maschinentypen.

High tech-Produktion

Die Verwirklichung vieler kreativer Ideen hat stets in engem Zusammenhang mit technischen Entwicklungen gestanden. Mit der Computerisierung der Produktion sind nicht nur qualitative Schnitt- und Verarbeitungsverbesserungen erreicht worden. Die elektronische Steuerung der Nähmaschinen zum Beispiel erleichtet die Arbeit der Näherinnen und sichert gleichbleibende Produktgüte. Der Computer ist für die Kreativen ein Werkzeug geworden, mit dem sich Ideenvariationen schneller als früher sichtbar machen lassen. Erst recht ist er es für präzise Schnitterstellungen und -vergrößerungen und die Vorherbestimmung eines möglichst effizienten Stoffverbrauches. Das gilt für fortschrittliche Miederproduktionen ebenso wie für die Herstellung hochwertiger Wäsche.

Computergestützte Verfahren helfen bei der präzisen Erstellung der Schnitteile und bei der Optimierung des Schnittlagenbildes.

Vollautomatische Stanzen schließen Schnittabweichungen aus.

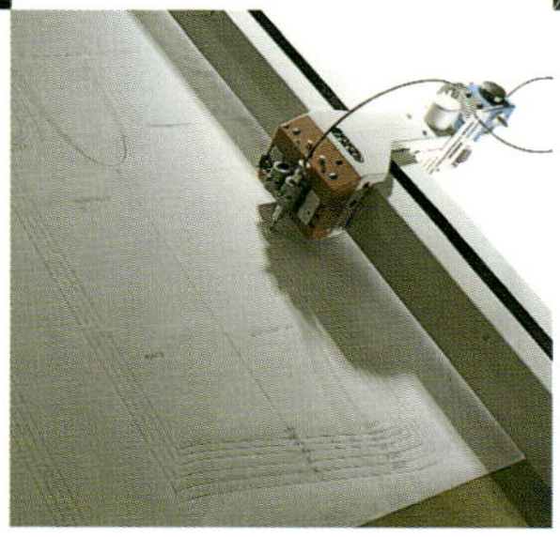

Die Fotos entstanden im modernen Lautlinger Werk der Gebrüder Mey KG, „Mey feine Wäsche“.

J

Jock

eigentlich Jock-Strap, wegen der zwei Elasticbänder, die den als Beutel geformten Slipteil halten. Ein amerikanischer Standardwäscheartikel, der vor allem von Sportlern beispielsweise unter Shorts mit weitem Bein getragen wird. Als modischer Artikel sehr beliebt, da die um die Pobacken verlaufenden Elasticbänder den Po heben und runder wirken lassen.

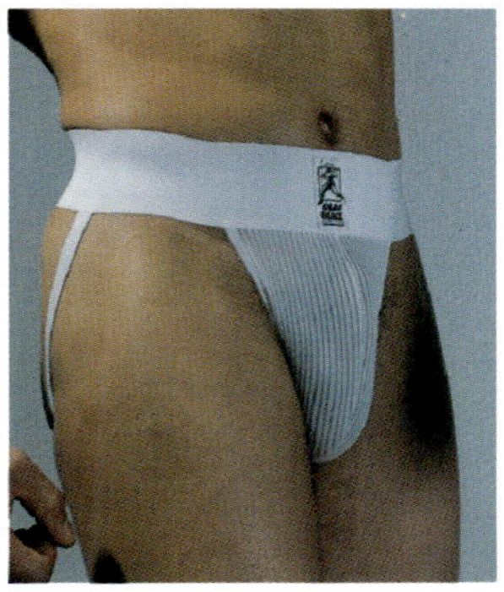

Body Shape Jock. (Olaf Benz)

K

Krumpfen

Schrumpfen oder einlaufen. Diesem Vorgang unterliegen alle Wäscheartikel aus Baumwoll-Maschenstoffen, vor allem je feiner sie sind. Solange Wäsche traditionell an der Luft trocknen konnte, war das kein wesentliches Problem. Das tauchte erst auf durch die „Übertrocknung" in Tumblern. Inzwischen haben die an der Herstellung von Baumwoll-Maschenwäsche Beteiligten zusammen mit dem Institut für Textil- und Verfahrenstechnik (IVT) Richtlinien ausgearbeitet. Nach dem ITV-Prüfverfahren gelten nun Maschenwäsche-Artikel, die weniger als 11% einlaufen, als Tumbler-geeignet. Dieser Krumpfwert (bis 11%) beeinträchtigt die Paßform nicht. Daran halten sich generell Hersteller, die Wert auf Produktgüte legen. Bei Billigartikeln ist damit zu rechnen, daß es bei Tumbler-Trocknung zu einem Einsprung von mehr als zwei Konfektionsgrößen kommen kann.

L

Long John

Unterwäsche-Einteiler mit langen Beinen für Männer, mit Knopfleiste bis zum Schritt. Stammt aus der „Frühzeit" der Maschenunterwäsche für Männer, ist des öfteren in Western-Filmen zu sehen und inzwischen zu einem modischen Wäscheartikel avanciert.

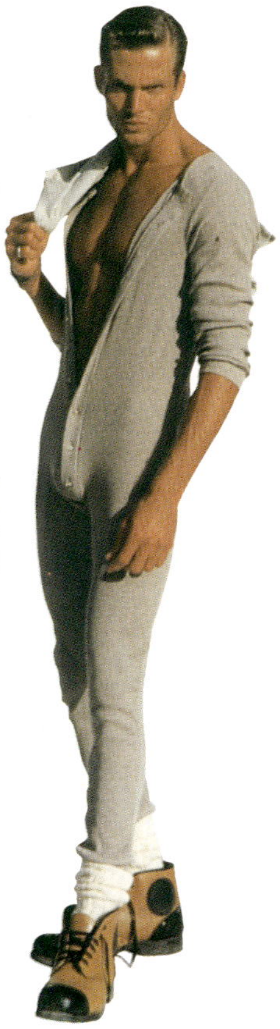

Vergangene Westernromantik: Der Long John wird heute als Kleidungsstück zu Jeans oder als „Strampler" fürs Bett getragen. (Dos y Dos)

M

Mercerisieren

Vor rund 150 Jahren entdeckte der britische Chemiker John Mercer, daß mit konzentrierter Natronlauge behandelte Baumwolle in satteren Farben gefärbt werden kann und dauerhaften seidigen Glanz bekommt. Mercerisiert werden (gespannte) Baumwollgarne und Gewebe/Jerseys. Und wie bei vielem: die besten Ergebnisse werden erzielt, wenn es sich um hochwertige Baumwolle handelt.

Microfasern

Sind feinste Chemiefasertypen, vor allem aus Polyester und Polyamid, aber auch aus Viskose, die seit 1990 auch für Maschenstoffe auf Rundstrick- und Kettenwirkmaschinen verarbeitet werden. Die Stoffe aus oder mit Microfasern sind schmiegsam und seidiger als alle sonst üblichen Polyester- oder Polyamid-Stoffe zuvor.

Miederhose (Panty) mit langem Bein. (Warner's)

Miederhosen

In der englisch/amerikanischen Bezeichnung: Panty. Je nach Zugkraft des Elasticstoffes und je nach Schnitt (spezielle Abflachung des Bauches oder der Oberschenkel) stärker oder leichter formend. Ohne Beine als Slippanty, mit Beinen als Langbeinpanty. Sie setzten sich immer stärker durch, je mehr Frauen Strumpfhosen trugen. Das auch, weil durch ein Panty der anfangs noch nicht so perfekte Sitz der Strumpfhosen ausgeglichen werden konnte. 1937 wurde in den USA schon für ein elastisches Panty mit kurzem geradem Beinschnitt geworben.

Modal

Modifizierte Viskose-Spinnfasern. Durch verschiedene technische Verfahren mit unterschiedlichem Charakter, zum Beispiel der Baumwolle ähnlich. Deshalb ist die Verbindung von Baumwolle mit Modal günstig. Vorteile des Modals bei Wäschestoffen: gute hygienische Eigenschaften, hohe Formbeständigkeit im naßen Zustand, gute Anfärbbarkeit, Pflegeleichtigkeit.

Molden

Ist die thermoplastische, nahtlose Formung von Cups. Die Maschenstoffe aus Chemiefasern werden zwischen metallene Positiv/Negativ-Formen eingeklemmt und bis kurz vor dem jeweiligen Schmelzpunkt aufgeheizt. Dieser Verformungsvorgang ohne Rückbildung erfordert bei Maschenstoffen aus Baumwolle zuvor eine Spezialappretur des Stoffes, die bei der Erhitzung auskondensiert, danach erhärtet und die „gebogenen" Fasern an der Rückbildung hindert. In Deutschland richtete die Hutfabrik Mayser, Lindenberg, 1973 den technischen Bereich Molding ein. Die Möglichkeit, Baumwolljersey zu molden, entwickelte Mayser vor 15 Jahren.

„Precious Little“ hieß der dünne hautfarbene BH (mit entsprechendem Slip) mit gemoldeten Cups, für den Maidenform 1970 warb. Mit diesen Modellen verbunden war auch ein ganz anderes Körpergefühl, sozusagen „wie nichts“. Maidenform sagt denn auch „You'll dream you're not even wearing your underwear“.

Molden – eine Technik, die Furore machte

Mitte des Jahres 1958 stellte die New Yorker Firma Liberty ein patentiertes Verfahren vor, nach dem es möglich war, Nylon-Stoffe nahtlos zu verformen. Es dauerte allerdings noch etliche Jahre, bis das Verfahren ausgereift war. 1966/67 kam Triumph International mit einem BH mit gemoldeten Polyester-Cups auf den Markt. Zu Beginn der 70er Jahre, auch im Zusammenhang mit der Entwicklung dünnerer Elasticstoffe, stellten amerikanische und deutsche Firmen in größerem Umfang BHs mit gemoldeten Cups vor.

1971 gründete die Hutfabrik Mayser, Lindenberg, einen technischen Bereich, der sich mit thermoplastischen Verformungen beschäftigte. 1973 folgte der Bereich Molding. Noch in diesem Jahr kam Ski-Mieder, Köln, mit ihrer ersten, in Zusammenarbeit mit Mayser entwickelten, gemoldeten BH-Serie heraus. Vor rund 15 Jahren gelang es, auch Baumwolljerseys zu molden.

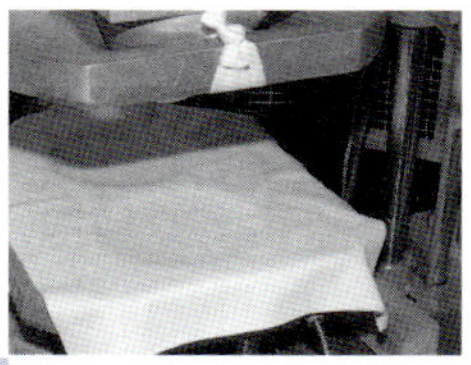

Der Zuschnitt wird nach Maß (es sind für die unterschiedlichen Cupgrößen jeweils andere Cup-Positivformen nötig) in die Form gelegt.

Das Klemmrad hält den Zuschnitt fest. Die Positiv-(Cup)Form fährt in die Negativform ein.

Fotos: Mayser, Maidenform Museum

Nach der Hitzeeinwirkzeit öffnet sich die Form.

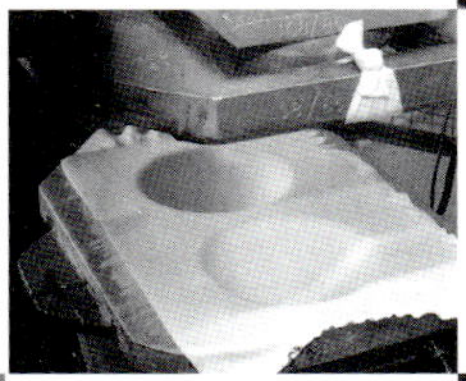

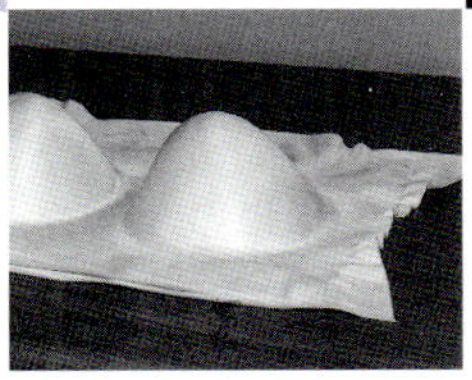

Das verformte Cup-Paar wird aus der Form genommen und abgekühlt.

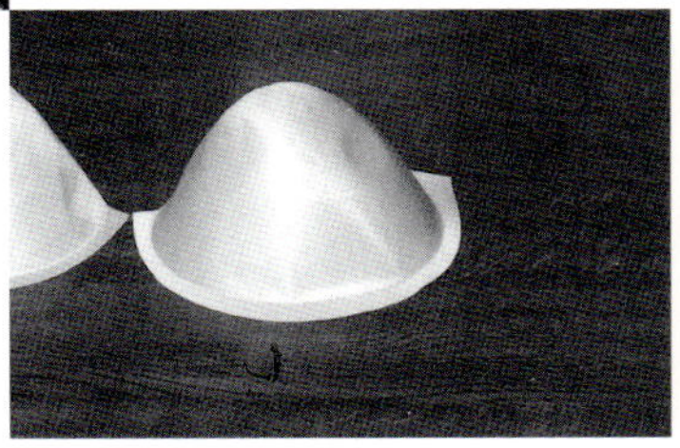

Die Cups werden in die zum BH-Nähen nötige Form geschnitten.

Nahtlos

Sind ohne Seitennähte gearbeitete Hemdchen, die auf Rundstrick- oder Rundwirkmaschinen hergestellt sind, deren Durchmesser genau dem Körperumfang der Menschen entspricht.

Nicki

Samtiger Maschenstoff, als Henkelplüsch auf Rundstrickmaschinen hergestellt. Die kleinen Henkel (Schlingen) werden aufgeschnitten und samtartig geschoren (deshalb auch Scherplüsch). Henkelplüsch mit nicht aufgeschnittenen Henkeln: Frottee. Dagegen: Samt und Frottier sind Gewebe. Unter dem Namen „Nicky“ sind in Deutschland in den 50er Jahren Pullis aus Scherplüsch bekannt geworden, nachdem sie schon zuvor weltweit verkauft worden waren. Der Mailänder Nicky Chini, der auch hochwertige Krawatten, Schals, Morgenmäntel produzierte, hatte sie kreiert und schon 1938 warenzeichenrechtlich schützen lassen. Inzwischen ist Nicki (mit veränderter Schreibweise) die allgemein gängige Bezeichnung für den samtigen Maschenstoff geworden.

O

Ökologie

Viele Hersteller, besonders in der Dessous/ Wäscheindustrie, haben mittlerweile von sich aus viele Dinge im ökologischen Sinne geändert, ohne das besonders herauszustellen. Dazu gehören vor allem nickelfreie Häkchen/Ösen-Verschlüsse an Dessous, der Verzicht auf Chlor bei der Bleiche oder die Verarbeitung ungebleichter Stoffe, der Verzicht auf Formaldehyd bei der Ausrüstung der Stoffe und beim Molden, das Krumpfen ohne chemische Zusätze und die Verarbeitung handgepflückter Baumwolle, wodurch der Einsatz von Chemikalien zur Entlaubung der Baumwollpflanzen vor der maschinellen Ernte vermieden wird.

Der Punkt ist, eine allgemein verbindliche und akzeptierte Norm zu finden, die dem Verbraucher Sicherheit gibt, daß das Produkt, das er kauft, nicht gesundheitsgefährdend ist.

Zur Zeit ist viel von „Öko-Tex Standard 100“ die Rede. Diese Norm wurde für humanökologische Prüfungen von acht europäischen Forschungsinstituten entwickelt (in Deutschland: Hohensteiner Institute). “Öko-Tex 100“ enthält die allgemeinen Bedingungen für die Vergabe der Berechtigung zur Kennzeichnung der Produkte mit „Öko-Tex“. Insgesamt gibt es momentan 15 Standards für unterschiedliche Produktbereiche. Die Kennzeichnung: „Textiles Vertrauen schadstoffgeprüft nach „Öko-Tex Standard 100“ sagt aus, daß das textile Produkt „auf die in einem normativen Dokument festgelegten Kriterien und Schadstoffe geprüft wurde und diese nicht oder nicht über das festgelegte Ausmaß enthält“.

Aus vielen einzelnen kleinen Schnitt- und Zubehörteilen entstehen BHs generell. Aus 46 Teilen setzt sich der Push up-BH „Ultrabra“ von Gossard zusammen. (Gossard)

P

Petticoat

Ein Halbrock aus versteiften Perlon- und Nylon-Stoffen, bauschig-weit, mit Rüschenstufen, der in den 50er Jahren unter langen, weiten und taillenbetonten Röcken getragen wurde. Aus dem Petticoat der Rockn’roll-Ära entwickelten sich gemäßigte Halbröcke aus Batist mit Stickerei-Saumrüschen.

Pflegesymbole

Die Symbole der Pflegekennzeichnung finden international Verwendung und entsprechen bestimmten, hierfür aufgestellten Richtlinien (s. Tabelle). Aus der Tabelle werden die Symbole auf dem Einnähetikett eines Bekleidungsstückes zusammengestellt, die für das betreffende Material infrage kommen.

Plattieren

Zwei nicht miteinander verzwirnte Garne aus unterschiedlichen Rohstoffen wie Baumwolle und Viskose, werden auf Wirkmaschinen so hergestellt, daß auf einer Warenseite das eine Garn (zum Beispiel Baumwolle auf der „Hautseite“), auf der anderen das andere Garn liegt (zum Beispiel die Viskose auf der „Schauseite“, die dann seidigen Glanz hat).

Push up-BH

Stark die Brust nach oben hebender Außenträger-BH mit Bügeln und Unterlegungen, die diesen Effekt unterstützen.

ARBEITSGEMEINSCHAFT PFLEGEKENNZEICHEN FÜR TEXTILIEN IN DER BUNDESREPUBLIK DEUTSCHLAND

Frankfurter Straße 10-14 · 65760 Eschborn · Telefon (06196) 966-0 · Telefax (06196) 42170

Symbole für die Pflegebehandlung von Textilien

Stand 1993

WASCHEN (Waschbottich)	95	95	60	60	40	40	40	30		
	Normal-waschgang	Schon-waschgang	Normal-waschgang	Schon-waschgang	Normal-waschgang	Schon-waschgang	Spezial-Schon-waschgang	Schon-waschgang	Handwäsche	nicht waschen

Die **Zahlen** im Waschbottich entsprechen den **maximalen Waschtemperaturen,** die nicht überschritten werden dürfen. – Der **Balken** unterhalb des Waschbottichs verlangt nach einer (mechanisch) **milderen Behandlung** (zum Beispiel Schongang). Er kennzeichnet Waschzyklen, die sich zum Beispiel für pflegeleichte und mechanisch empfindliche Artikel eignen.

CHLOREN (Dreieck)	Cl	
	Chlorbleiche möglich	Chlorbleiche nicht möglich

BÜGELN (Bügeleisen)				
	heiß bügeln	mäßig heiß bügeln	nicht heiß bügeln	nicht bügeln

Die Punkte kennzeichnen die Temperaturbereiche der Reglerbügeleisen.

CHEMISCH-REINIGUNG (Reinigungstrommel)	A	P	P	F	F	
						keine Chemischreinigung möglich

Die **Buchstaben** sind für den Chemischreiniger bestimmt. Sie geben einen Hinweis auf die in Frage kommenden **Lösemittel.**
Der **Balken** unterhalb des Kreises verlangt bei der Reinigung nach einer **Beschränkung** der mechanischen Beanspruchung, der Feuchtigkeitszugabe und der Temperatur.

TUMBLER-TROCKNUNG (Trockentrommel)			
	Trocknen mit normaler thermischer Belastung	Trocknen mit reduzierter thermischer Belastung	Trocknen im Tumbler nicht möglich

Die Punkte kennzeichnen die Trocknungsstufe der Tumbler (Wäschetrockner)

Radlerhosen, von der aufkommenden Bikerlust übernommene Sportform. (Skiny)

Radlerpants

Auch Velopants oder nur Pants genannt. Aus der Sportmode übernommene, eng anliegende und etwa handbreit über dem Knie endende Elastichosen mit Innerwear/ Outerwear-Charakter. Für Frauen und Männer.

Reine Seide

Für feine reinseidene Garne kann nur ein Teil des aus dem Kokon des mit Maulbeerblättern ernährten Seidenspinners gewonnenen Seidenmaterials verwendet werden. Reine Seide ist hautsympathisch und geschmeidig, wirkt klimaausgleichend, hat Glanz und hohe Festigkeit, läßt sich gut einfärben, knittert in Maschenstoffen wenig. Speziell bei gewebten reinseidenen Stoffen gibt es große Qualitätsunterschiede, die zum Beispiel auch darin bestehen können, daß die Stoffe durch Behandlung ein höheres Gewicht bekommen (Seidenbeschwerung) und ihnen „Dichte" gegeben wird, die sie eigentlich nicht haben. MM oder m/m (Momme) ist eine Gewichtsangabe. 1 MM bedeutet: 4,3 g pro Quadratmeter eines Seidenstoffes. Ursprünglich in Japan für Seidentücher/ Schals gebräuchlich.

Klassische Sportslipform von Eminence.

Tanga von Playboy.

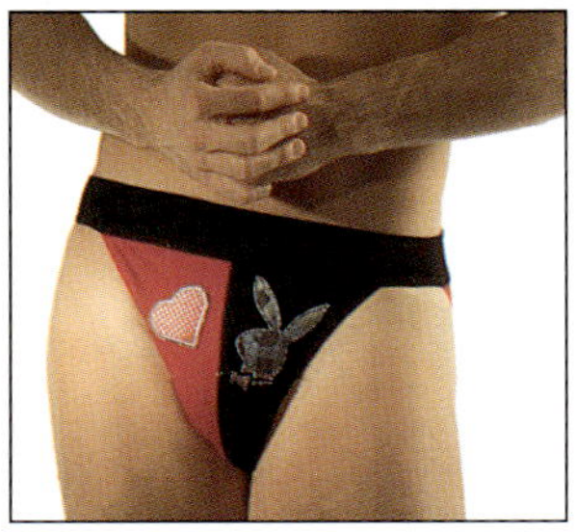

S

Satin
Der für Wäsche verarbeitete gewebte Satin ist ein Crêpe Satin mit stumpfer feinkreppiger linker Seite und dichter glatter Glanzseite (beide Seiten nach außen verarbeitbar). Aus reiner Seide oder Polyester. Wirksatin ist dagegen eine Kettenwirkware mit „Satin"-Bindung in glatter, satinartiger Optik.

Schurwolle
Für hochwertige Wäscheartikel werden Garne aus hochfeinen Wollhaaren des Merinoschafes verarbeitet. Das Internationale Wollsiegel „Reine Schurwolle" besagt, daß es sich um erstmals verwendetes Wollhaar lebender Schafe handelt. Merino-Schurwolle hat ausgezeichnete Eigenschaften, die besonders in Maschenwaren zur Geltung kommen. Sie hält den Körper warm und trocken, wirkt temperaturausgleichend, hat eine natürliche Elastizität.

Sportiver Set aus Single Jersey-Melange. (Hanro)

Set
BH und Slip, die in Material und Verarbeitung aufeinander abgestimmt sind. Auch BH und Slip mit Halbrock und Camisole als Mieder/Wäsche-Set.

Silicon
Wird als glasklarer Film innen auf Beinränder von Langbeinpanties und BH-Dekolleteränder aufgetragen, um Hoch- oder Verrutschen zu verhindern.

Single Jersey
Auf Rundstrickmaschinen gestrickter feinmaschiger Jersey mit rechten Maschen auf der einen und linken Maschen auf der anderen Seite. Verarbeitet werden Garne aus unterschiedlichen Rohstoffen wie Baumwolle, Wolle, Seide.

Modischer Stringtanga. (Habella)

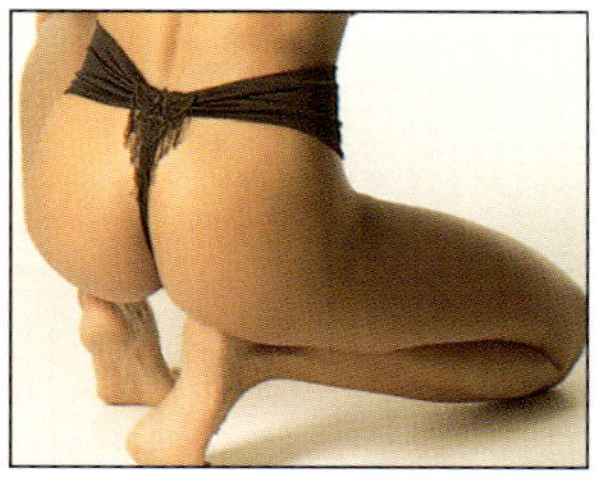

Slip
In der klassischen Form ein taillenhohes Wäschehöschen mit leicht abgeschrägt-gerundeten Beinausschnitten. Slips mit geraden Beinausschnitten werden Pagenslips genannt. Die Bezeichnungen für andere Slipformen leiten sich aus verschiedenen Herkunfts-, Mode- oder firmenspezifischen Gegebenheiten ab.

Tanga (knappe, etwa hüftknochenhohe Schnittform mit ganz schmalen seitlichen Verbindungsstegen) und Bikinislip (in Hüftknochenhöhe gerade abschließende Form) haben ihre Entsprechungen bei den Badezweiteilern.
Der Rio-Slip ist eine modische Slipvariante mit V-förmig vertieftem Bund. Jazzpants sind Taillenslips mit sehr hohem Beinschnitt, die aus der Gymnastik/Tanz-Bekleidung kommen.
Die Culotte bezeichnet eine Slipform mit nicht anliegendem, geradem oder leicht abgeschrägtem Beinschnitt (entschieden kürzer als French Knickers).
Stringtangas („string" englisch=Band): knappeste Slipform mit einem schmalen Band oder Steg im hinteren Schrittbereich. Unter engen Hosen getragen, zeichnet sich hier nichts ab. Tangas und Strings sind auch in der Herrenwäsche gängige Slipformen.

Culotte-Variation. (Lovable)

Spitze

Hat sich aus der Stickerei entwickelt, für die es Zeugnisse aus der Antike gibt. Man geht davon aus, daß der Ursprung der Spitze in Italien um das Jahr 1500 herum liegt, handgearbeitet, äußerst kunstvoll, ein Luxusartikel. Man unterschied im 16. Jahrhundert zwischen handgenähter und handgeklöppelter Spitze. Bezeichnungen wie Venezianische oder Brüsseler Spitzen haben sowohl mit den Orten, an denen sich ihre Herstellung konzentrierte, als auch mit bestimmten Mustern und Herstellungsarten zu tun. Im 19. Jahrhundert entwickelte sich die maschinelle Spitzenherstellung. Der Engländer Leavers erfand die Bobinetspitzenmaschine. Diese Webspitze heißt noch heute Leaversspitze. Die jetzt am häufigsten verwendeten Spitzen mit unterschiedlichem Qualitätsniveau und entsprechend unterschiedlichen Preisen kommen von Spitzenraschelmaschinen. Sie gehören zur Kategorie der Kettenwirkmaschinen.

Eine neue Generation von Spitzenraschelmaschinen kann viel differenzierter arbeiten. Sie sind mit elektronischer Mustersteuerung ausgestattet. In den 80er Jahren begann die Produktion elastischer Spitzen. Jacquardtronicspitzen, bei denen nur Fachleute feststellen können, ob es sich um gewebte oder gewirkte Spitzen handelt, setzten sich schnell durch, Comfortronic-Spitze mit hohem Baumwollanteil wurde entwickelt. Bei Textronicspitzen werden die filigranen Fonds und die reichhaltigen Motivgestaltungen geschätzt. Nach dem „Textronic-Verfahren" werden mittlerweile hochwertige Spitzen in allen Teilen der Welt hergestellt (Karl Mayer Textilmaschinenfabrik).

Aus elastischer Spitze der BH zum Slip in Shortsform. (Stylmagica)

Sport-BH

Speziell für Frauen entwickelt, die Sport betreiben. Meist mit gemoldeten Cups. Funktionell geschnitten, so daß zum Beispiel die Träger in der Bewegung nicht verrutschen können, die Brust sicher umschlossen ist und nicht wippt. Weitere Kriterien: Schulterblatt-Freiheit, volle Bewegungsfreiheit auch bei Leistungssport, kein Hitzestau. Deshalb Materialentwicklungen, die für guten Feuchtigkeitstransport sorgen.

Stäbchen

Werden heute aus flexiblem Plastikmaterial gemacht, Formbügel fast immer aus plastiküberzogenem dünnen Metall. Das Metall ist nötig, weil die Körperwärme Formbügel aus reinem Plastik „verformen" würde. Die wenigen Plastik-Formbügel, die gelegentlich verwendet werden, sind relativ dick, um dem Einfluß der Körperwärme standhalten zu können.

Guipure-Stickerei in den Dekolleté- und Beinabschlüssen des Spitzen-Sets. (La Perla)

Stickerei auf dem leicht elastischen Material des Bodys. (Imec)

Stickerei

Kann im Prinzip auf jedem Stoff maschinell ausgeführt werden, mit durchbrochenen (Lochmuster) Partien oder mit dekorativen Materialien (Perlen, Muscheln, Metallplättchen etc.), in ganz verschiedenen Sticktechniken und mit unterschiedlichen Garnen. Die Stickerei, aus der sich die Spitze entwickelte (s. dort), gehört zu den ältesten textilen Erzeugnissen. Im 19. Jahrhundert begann die Herstellung auf Stickmaschinen. Noch um 1900 ging man allerdings davon aus, daß Frauen nicht nur ihre Haus- und Leibwäsche handarbeiteten, sondern auch alle Verzierungen mit der Hand stickten. Typische Wäschestickereien sind zum Beispiel: Cambricstickereien, Lochstickereien, die nach dem ursprünglich verwendeten Baumwoll-Cambricstoff als Stickfond benannt sind.
Guipure-Stickerei mit typisch plastischem Bild, die bisher ausschließlich durch das Wegätzen des Stoffonds zwischen den Motiven entstand. Neu ist jetzt ein von der Schweizer Stickereifirma inter-spitzen entwickeltes Verfahren, nach dem der umweltverträglich behandelte Stoff nach dem Besticken mit Glanzpolyester-Garn mit warmem Wasser ausgewaschen wird.

Breiter T-Slip von Götzburg.

T

T-Slip

Der T-Slip ist eine aktuelle Männerslipform mit geradem, etwa hüftknochenhohem Bundabschluß und schmalem Vorderteilschnitt. Aus dem Gesamtschnitt ergibt sich optisch eine T-Form.

Tüll

Ist ein feines netzartiges Gewebe, das auf Bobinetmaschinen hergestellt wird. Vereinfacht ausgedrückt, werden die Kettfäden von den Schußfäden umschlungen. Nach dem Spannen und Ausrüsten des Stoffes entstehen die sechseckigen tüll-typischen Öffnungen. Stoffe mit Tülloptik können heute auch auf anderen Maschinen hergestellt werden. In den Jahren 1802 bis 1808 erfanden Engländer das System der maschinellen Tüllherstellung. Ursprünglich war er handgeklöppelt und nach der französischen Stadt Tulle benannt. 1808 ließ sich der Nottinghamer John Heathcoat die erste Bobinetmaschine patentieren.

V

Viskose

Ist eine Spinnlösung aus Zellulose von Hölzern und Pflanzen, die durch Düsen gepreßt wird. Es entstehen Endlos- oder Filamentgarne. Viskose-Qualitäten sind weich und schmiegsam, lassen sich gut färben und bedrucken, haben ein hohes Feuchtigkeitsaufnahmevermögen. Viskose gehört zur ersten Generation der Chemiefasern, deren Anfänge Ende des 19. Jahrhunderts liegen. In den 80er Jahren unseres Jahrhunderts hat Viskose neue Bedeutung, auch unter modischen Gesichtspunkten, erlangt.

Z

Zweite Haut

Je dünner und schmiegsamer die elastischen Dessous-Stoffe wurden, desto mehr ähnelten Dessous einer „zweiten Haut“. Dieser Begriff wurde für Dessous übernommen. In der modernen Männerwäsche bezeichnet „zweite Haut“ oder „Pfirsichhaut“ Slips und Bodies aus einem extrem elastischen, hauchdünnen Material. Für diese Modelle sind keine Verschlußlösungen mehr nötig.

Zweite Haut, extrem elastisch und figurbetont (Tendenze)

Die Elastan-Story: Von straffer Power zum Schmeichel-Stretch

Elastan

Wer ertappt sich nicht dabei, Elastisches automatisch mit Gummi in Verbindung zu bringen? Gummiband ist halt geläufiger als Elastanband. Dabei hat textile Elastizität tatsächlich nur noch wenig mit dem natürlichen Rohstoff Kautschuk zu tun. Als 1962 die Elastanfaser „Lycra" auf den Markt kam, begann eine neue Ära der elastischen Textilien.

Gemessen an der Zeit der „Entdeckung" des Milchsaftes des Kautschukbaumes ist die der Verwendung für textile Zwecke relativ kurz. Mit dem Milchsaft, Latex genannt, konnte man ohnehin erst richtig etwas anfangen, nachdem der amerikanische Chemiker Charles Goodyear 1839 das Vulkanisieren und 1852 die Herstellung von Hartgummi erfunden hatte. Nach dem Vulkanisieren wurde der Gummi dünn ausgewalzt und in dünne Streifen geschnitten. Es entstanden eckige, ziemlich dicke Fäden. Erst 1931 gelang es in Amerika, Gummi in flüssigem Zustand durch Düsen zu pressen und dadurch runde und auch feinere Gummifäden herzustellen, bekannt geworden unter der Bezeichnung Lastex.

Die Elastizität des Gummis wurde für Dessous offensichtlich sehr zögerlich genutzt. Korsettmacher vor dem 1. Weltkrieg sahen darin überhaupt keinen Nutzen. Das hatte sicherlich mit der Mode, aber auch mit einem erstaunlichen Beharrungsvermögen zu tun. Allerdings: es mangelte an verwendbaren Stoffen und Zutaten. Im historischen Mieder-Fundus tauchen um 1900 schon mal Reitkorsetts mit elastischen Bändern auf. Aber erst nach dem 1. Weltkrieg änderte sich einiges. In der Dessousmode entstanden Hüfthaltergürtel und BHs. Um 1920 herum gab es dann kaum noch Mieder, die nicht mit Einsätzen aus gummi-elastischen Stoffen gearbeitet gewesen wären. Paßformverbesserungen und Bequemlichkeit beim Tragen sind Merkmale, die Frauen dann zunehmend zu schätzen wußten.

Nach und nach verbesserte und vergrößerte sich die Auswahl gummielastischer Stoffe. Vor dem 2. Weltkrieg wurde ein Wirktüll mit Gummifäden entwickelt, dessen Besonderheit in der fast absolut sicheren Einbindung des umsponnenen Gummifadens im Tüll lag. Dieses Material kann als Meilenstein in der Entwicklung gummielastischer Miederstoffe gelten, die, verfeinert, bis weit in die 60er Jahre verwendet wurden. Die bequemsten und fortschrittlichsten Hüfthalter waren schließlich nahtlos, aus gummielastischem Schlauch, gearbeitet. Auch für Corselets dominierte inzwischen Elastizität. Unelastische Einsätze hatten den Zweck abzuflachen. Den Bauch beispielsweise.

Der Natur auf der Spur

Um 1900 liegen die Anfänge chemischer Grundlagenforschung, um auf die Spur der Bausteine von in der Natur vorhandenen Stoffen zu kommen, von Kautschuk, Seide, Zellulose beispielsweise. Und das in Europa und Amerika.

Ein Ergebnis dieser Forschung war, daß man 1909 die Bausteine des Kautschuks zu entschlüsseln begann. „Isopren“ war ein erster Versuch von synthetischem Gummi. Schon verbessert war ein Produkt, das 1936/37 in Deutschland als „Buna“ auf den Markt kam. In Amerika hatte DuPont frühzeitig in zukunftsorientierte, industrielle Forschungsstätten investiert. Dort stellte man etwa um die gleiche Zeit „Neopren“ als ersten kommerziell nutzbaren synthetischen Kautschuk vor.

Diese Entdeckung war auch insofern bedeutsam, als sie unabhängig von den Unwägbarkeiten machen konnte, die im Geschäft mit Kautschuk steckten. Kautschuk kam (und kommt) hauptsächlich von Plantagen im südostasiatischen Raum. Politische Instabilität der Regionen, wetterbedingt schwankende Kautschuk-Mengen und damit zusammenhängende Preisentwicklungen beeinträchtigten nicht nur die Lieferungen. Natürlich hatte dabei das Modegeschäft die geringste Bedeutung.

Moderne Zeiten für Dessous

Der 2. Weltkrieg unterbrach zunächst einmal in Europa alle Weiterentwicklungen von Chemiefasern. „Buna“ durfte nach 1945 in Deutschland auf Anordnung der Besatzungsmächte nicht mehr hergestellt werden. In Amerika gab DuPont 1958 die Entwicklung der Elastomer-Faser „K“ für elastische Textilien bekannt. Im Oktober 1959 wurde sie unter dem Markenzeichen „Lycra“ im Markt vorgestellt. 1962 begann die Produktion in großem Umfang. 1964 kam die Elastanfaser „Dorlastan“ von Bayer, Leverkusen, auf den Markt.

Neben DuPont und Bayer, die mit den Marken „Lycra“ und „Dorlastan“ für moderne Elastizität stehen, bieten auch andere Hersteller Elastanfasern an, mit Marken ohne Breitenwirkung oder namenlos, hauptsächlich in Italien und asiatischen Ländern. Das erforderliche Know-how zur Herstellung hochwertiger Elastane hat die Zahl der Anbieter letztendlich weltweit niedrig gehalten.

Foto: Playtex

Als Lycra schon erfunden war und nicht lange, bevor die Produktion in großem Umfang begann, kam Playtex mit „trimline“ auf den Markt, einem vollelastischen Hüfthalter auf Gummibasis mit „Lüftungsperforierung“. „New Freedom“ verheißend, versprach er auch Umfangreduzierung um einige Zentimeter. Vermarktet wurde „trimline“ in einer langen schmalen Dosenverpackung, etwas sehr Neues in den Jahren 1959/60.

„Lycra“ – Synonym für moderne Elastizität

Wie das so ist bei revolutionierenden Entdeckungen – das erste Produkt, das sich im Bewußtsein der Verbraucher verankert, wird zum Synonym für die Gattung. So war es mit Nylon für Strümpfe und Wäsche, die ein bißchen Glamour mit ungeahnter Pflegeleichtigkeit verband, und so ist es auch mit „Lycra“.

Auch für „Lycra“ in Dessous hatte man Erfahrungsvorsprung auf dem amerikanischen Markt. Wie die Annalen verzeichnen, wurde dort erstmals schon 1959 für einen Hüfthalter mit „Lycra“ geworben.

Worin die revolutionierenden Vorteile von Elastan liegen, war Fachleuten relativ schnell klar: größere Feinheit der Fäden gegenüber den Naturgummifäden, hohe Lebensdauer (Gummi altert und zerbröselt), Scheuer- und Biegefestigkeit, Widerstandsfähigkeit gegen Schweiß, Öle, Meer- und Chlorwasser. Elastane sind bedruck- und färbbar, außerdem kochfest. Sie sind leichter als Gummi.

Trotzdem waren nun nicht schlagartig alle gummielastischen Stoffe aus der Dessousmode verbannt. Schon deshalb nicht, weil zunächst gar nicht genügend „Lycra“-elastische Stoffe zur Verfügung standen. Erst die erhebliche Erweiterung der Elastan-Produktionskapazitäten schuf dafür die Möglichkeit. Um 1970 enthielt der Hauptteil amerikanischer und europäischer Mieder Lycra.

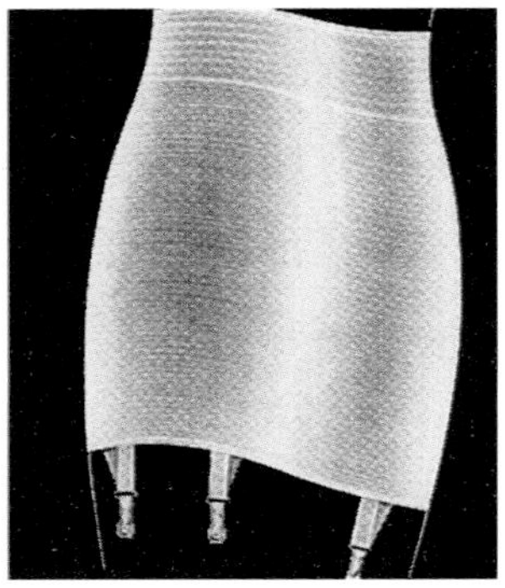

Foto: Triumph

Gummielastische nahtlos gewirkte Hüfthalter waren gegenüber den genähten Stoffhüfthaltern mit gummielastischen Einsätzen schon jugendlich-modern. Sie waren noch bis in die späten 60er Jahre am Markt. Das Triumph-Modell hieß „Rollex“.

Elastizität „neu erfunden“

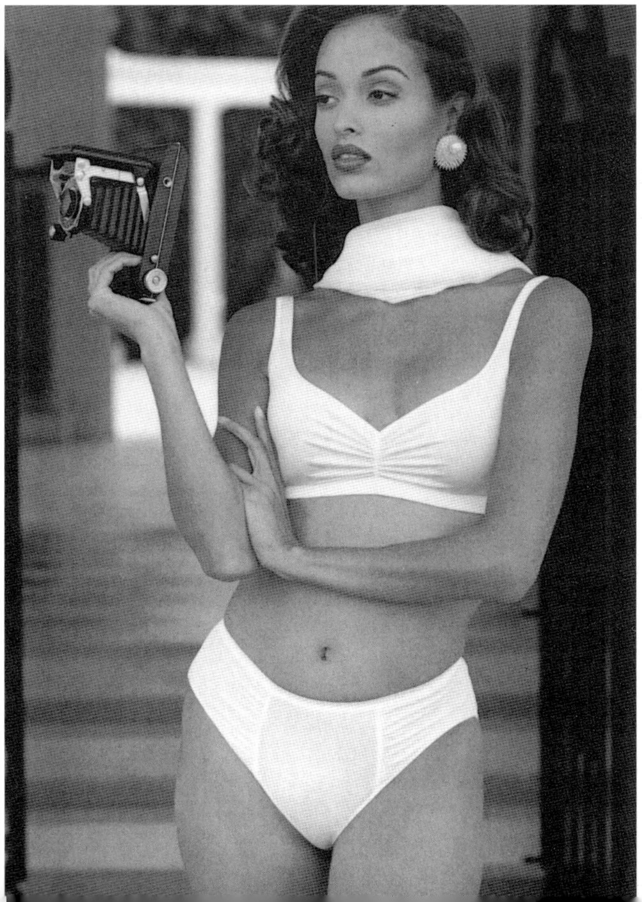

Eine in Feinheiten differenzierte Lycra- und Dorlastan-Faserpalette und moderne Stoff- und Spitzenmaschinen machten neue, zuvor nicht herstellbare Elastic-Stoffe möglich und damit auch andere Produkttypen: Wäschiger Set aus reinseidenem Jersey mit Lycra. (Hanro)

Chemisch gesehen und vereinfacht ausgedrückt sind Elastane Filament-(Endlos-)Garne, die aus mindestens 85 Gewichtsprozent segmentierten Polyurethans bestehen. Segmentiertes Polyurethan setzt sich aus weichen, flexiblen und harten, starren Segmenten zusammen. Dieser Molekülverband stattet Elastan mit hoher Dehnfähigkeit und Rücksprungkraft aus. Polyurethane entstehen durch Polykondensation von Diisocyanaten mit Polyätherglykolen beziehungsweise Polyesterglykolen. Bayer stellte in Deutschland 1937 erste Ergebnisse in der Entwicklung von Polyurethan vor. Unterschiede, die zwischen Elastanen bestehen und zum Beispiel den Vergilbungsgrad oder die Anfärbbarkeit betreffen, hängen auch mit dem Naß- oder Trockenspinnverfahren zusammen. Bei anonymen Elastanen entspricht oft die Elastizität nicht den Standards, die die Markenprodukte wie „Lycra“ und „Dorlastan“ gesetzt haben.

Torselet aus einem Elastic in Satinoptik. (Lovable)

Die Entwicklung von Elastics, wie wir sie heute kennen, setzte voraus, daß Elastane in unterschiedlichen Garnstärken und Garntypen vorhanden waren. Diese Entwicklung erfolgte nach und nach. Es gibt mattierte, transparente und glänzende Elastane. Die „Lycra"-Garnpalette umfaßt heute 11 - 1500 dtex, die „Dorlastan"-Palette 22 - 1280 dtex. Sie wurde in den Jahren zwischen 1975 und 1982 entwickelt.

Elastane werden nie alleine verarbeitet. Deshalb kann man auch nicht von „Lycra"- oder „Dorlastan"-Stoffen reden, sondern immer nur von Stoffen mit „Lycra" oder „Dorlastan" beziehungsweise Elastan. Elastane werden nackt mit anderen Garnen kombiniert oder als „ummantelte" (umwundene) Garne verarbeitet. Wichtige Gründe für die Ummantelung des Elastanfadens liegen im Schutz vor Beschädigung und Abrieb bei der Verarbeitung sowie in der Erhöhung der Festigkeit zur Abdeckung der Elastankomponente im Stoff.

Die Herstellung neuer Elastics war nicht nur von der Entwicklung und Verbesserung differenzierter, auch auf bestimmte Verwendungszwecke zielender Garntypen, sondern auch von der Modernisierung der Maschinen zur Stoff- und Spitzenherstellung abhängig. Ende der 60er/Anfang der 70er Jahre dachte man an feinere Deniers schon im Hinblick auf Strumpfhosen. Für Dessous entwickelte der New Yorker Stoffhersteller Stevens etwas Sensationelles Anfang der 70er Jahre: einen dünnen, transparenten Elasticstoff, aus dem die „Glossies" entstanden, die Gossard noch heute mit viel Erfolg verkauft. Nicht ganz so hauchfein, aber mit Sparklingeffekt und völlig schmucklos war um diese Zeit auch eine Serie von Warner's, die im übrigen 1963 einen fast vollelastischen BH mit elastischen Trägern entwickelt hatten.

Body aus dünnem Baumwoll-Elastic. (Nikos)

Zu den ersten hauchdünnen Lycra-elastischen Stoffen gehörte die vom New Yorker Stoffhersteller Stevens entwickelte Qualität, aus der die „Glossies" gearbeitet sind. Seit über 20 Jahren sind sie am Markt und werden von Gossard verkauft. Nie uninteressant geworden, liegen sie jetzt wieder besonders im Nachfragetrend.

Body aus ausdrucksvoller Elasticspitze. (Schiesser)

Modern way of (Dessous-)life

DuPont und Bayer unterhalten enge Kontakte zu Stoff- und Dessousherstellern, um technische Unterstützung zu bieten, Neues zu initiieren und modische Anregungen zu geben. Das DuPont-Fashion Center arbeitete schon 1970 im Bereich der DOB mit den DuPont-Fasern Dacron und Orlon und mit Lycra für Dessous und Bademode. Die „Body Fashion Trends" gibt es offiziell seit 1978. Viele der beeinflussenden Trends entstanden durch diese Arbeit. 1978/79 zum Beispiel kam der Durchbruch strukturierter Dessous-Stoffe. Etwa 1979/80 begann die Welle der elastischen Baumwollstoffe für Dessous. Auch die Innerwear/Outerwear-Idee hat DuPont kräftig propagiert. „Body Fashion" statt Mieder – ein Begriff, den DuPont frühzeitig verwendete und damit auch den modischen Wandel der Dessousmode zum Ausdruck brachte. Dieser Wandel wurde im übrigen ganz stark durch Dessousmode aus Italien ausgelöst. Italienische Miederhersteller waren es, die ganz unkonventionell Elastics verarbeiteten, die bis dahin für Dessous untypisch waren, die elastischen Nickis etwa oder Stoffe aus der Bademode.

In den 70er Jahren begannen veränderte Lebensgewohnheiten Einfluß auf die Dessousmode zu nehmen. Gymnastik- und Fitneßprogramme wurden zum Hit, „Bodywear" ein Thema. Die 80er Jahre standen, modisch gesehen, im Zeichen des Bodys. Ein sportliches Lebensgefühl und der Siegeszug der Jeans veränderte nicht nur bei jungen Leuten die Vorstellungen von Dessous. Viele wollten es modern-funktionell, wollten nicht mehr Power-, sondern Schmeichel-Stretch, beeinflußt ebenso der Fitneßmode wie vom Herrenwäsche-Styling. Die Trennungslinien zwischen Wäsche und Mieder und eben auch zwischen Dessous und DOB haben sich teilweise verwischt. Möglich geworden ist das durch moderne Stoffentwicklungen mit Elastan-Elastizität.

Foto: Olga

Nachdem Elastan-elastische Miederstoffe schon in größerem Umfang zur Verfügung standen, dauerte es mit den (Träger-)Bändern etwas länger. Es mußten erst neue Band-Wirk- oder Häkelgalon-Maschinen auf den Markt kommen, auf denen die langzügigen feinen Bänder produziert werden konnten. Deshalb lieferten Ausstattungen mit Elastan-elastischen Trägern gute Verkaufsargumente und Gründe, die Artikel zu bewerben. Ein BH von Olga aus den 60er Jahren.

Zeichnung: Bayer

Trendmodelle 1995 aus dem Trend & Styling-Katalog von Bayer.

Zeichnung: DuPont

Modelle der Body Fashion Trends für 1995 von DuPont.

Zeichnung: DuPont

WÄSCHE & EROTIK

Später dann, im viktorianischen England, war die lange, spitzenbesetzte Pumphose, die verlockend am Knöchel unter dem Kleid hervorblitzte, Inbegriff der Erotik. Auf erotischen Postkarten der Jahrhundertwende sucht der heimliche Voyeur Herunterrutschendes, Heraufrutschendes und nackte Tatsachen mit leichten Verpackungen. Die 50er Jahre brachten die Pin-ups, deren erotische Wäsche gerade deshalb wirkte, weil sie dem Betrachter ein anderes Bild als den üblichen Brustpanzer der Zeit bot und mit knappsten Oberteilen die Hoffnung weckte, im nächsten Moment würden Stoff oder Träger reißen. Heutige Pin-ups, inzwischen Playmates genannt, bedienen sich immer noch der Wäsche, um den Reiz zu steigern.

Foto: Slg. Werner Bokelberg

Pin-ups: „Die Erotik im Einweckglas, verfügbar wie Marmelade. Pin-up-Girls sind schwerlich die Frauen, die Geschichte machen; die Männer, die ihre spärlichen Träume an sie verschwenden, tun es allerdings auch nicht. ... Das Peep-Show-Personal und -Publikum von heute hat ihr trauriges Erbe angetreten.“ (Zitat Michael Naumann, Vending Machine Cards)

Die Kunst der Verpackung

Verhüllen, aber nicht verstecken: das ist der Sinn reizvoller Wäsche. Spitze, Chiffon oder transparente Stoffe lassen erahnen, was sich darunter verbirgt. Das Durchsehen, ohne gleich nackte Tatsachen präsentiert zu bekommen, erinnert an den Voyeur am Schlüsselloch. Die Distanz dazwischen – räumlich oder stofflich – steigert die Vorfreude auf das Berühren, das Auspacken. Und um das Auspacken langsam und genüßlich zu gestalten, sind bei Corsetts und Corseletts Haken, Zipps und Schnüre gern verwendete Schleifchen am Geschenkpaket.

Die historischen Corsetts, im Rücken auf Figur zu schnüren und vorne per Häkchen selbst zu öffnen, stehen hier Patin für moderne Dessous. „Besonders reizvoll: Freche Schnürung“, dichtet der Quellekatalog zu einem Corsagen-Set. Auch der Mann darf übrigens aufgeschnürt werden – nach althergebrachter Methode mit Bändchen, mit modernem Zipp oder auch schon mal mit Haken und Ösen.

Anders der Reiz, wenn die Form den Inhalt verrät. Zweitehaut-Stoffe, die sich wie ein dünner Film jeder Erhebung anpassen, oder Netzstoffe und Transparentes zeigen ähnlich wie die Folie beim Blumenstrauß: Man weiß schon, was drin ist, aber man darf trotzdem noch Auspacken. Knistern tut beides.

Feine Erotik mit tiefen Einblicken: edler Habella-Body.

Das Auge ißt mit – kleine Farbenlehre

Farb- und Typberatung, in der Mode gängige Methode, um die Menschen in vier Rubriken aufzuteilen, denen dann passende Farben und Stile zugeordnet werden, gibt es für erotische Wäsche nicht. Hier entscheiden persönliche Vorlieben und farbliche Assoziationen. Die Wäsche richtet sich auf erotischem Gebiet nicht nach der Haarfarbe.

Alles zum Öffnen: Slip ouvert und BH ouvert.

Die Farbenlehre der Reizwäsche ist einfach zu entschlüsseln. Rot mit Schwarz steht für verrucht und erweckt in der Aufmachung mit Rüschen und Schleifchen oft Assoziationen an Bordellszenen aus dem Anfang des Jahrhunderts. Weiß ist die Unschuld und Reinheit, die naiv und keusch mit viel Spitze reizt oder im Opa-Rippenstil durch das Understatement, eben keine erotische Wäsche zu tragen, wirkt. Schwarz ist die Farbe der Verführenden, die aktiv ihre Wünsche äußert, ob durchsichtig, in Spitze verhüllt, sportlich streng oder hochgeschlossen. Pink oder Lila, übrigens immer in Kombination mit Schwarz, meist mit schwarzer Spitze, versetzt den Betrachter in das Paris Toulouse Lautrecs. Schwere und überladene Boudoirs fallen einem dazu ein.

Daneben werden Akzente durch Muster oder Material gesetzt. „Süße Früchtchen“ heißen die Modelle im romantischen Blümchendesign, das mit der jugendlichen Unschuld (vom Lande) kokettiert. Auch wäschige Lochstickereien werden als Lolita-Modelle auf unschuldiges Mädel getrimmt. Die „Raubkatze“ im Leopardenmuster verheißt Schärfe und Wildheit. Die Lack- oder Latexdomina hingegen Strenge, Unterwerfung und Unantastbarkeit, was das wenig kuschelige Material unterstreicht. Aktiv und passiv, gut und böse, wild und zahm; Attribute, mit denen Frauen gerne kategorisiert werden, signalisieren hier die Farben.

Beim Blick auf die männliche Hose ist das Farbenspiel nicht so eindeutig. Schwarz als männliche Farbe, auch gemischt mit Rot und Weiß im Playboy- oder Marlboro-Look, liegt vielleicht ein wenig in Führung. Sonst ist die Farbpalette breit gefächert und reicht von rosa, grün, blau, türkis bis zu Blümchendrucken. Und auch hier gern gesehen: der Raubtierlook, der den Mann zum Tiger macht.

Fotos: Beate Uhse

Zwischen Lackdomina und süßem Marylin-Monroe-Sex, die Schwarz-Weiß-Malerei in der Erotikwäsche.

Welches Dessous-Teil törnt Sie in welcher Farbe am meisten an?

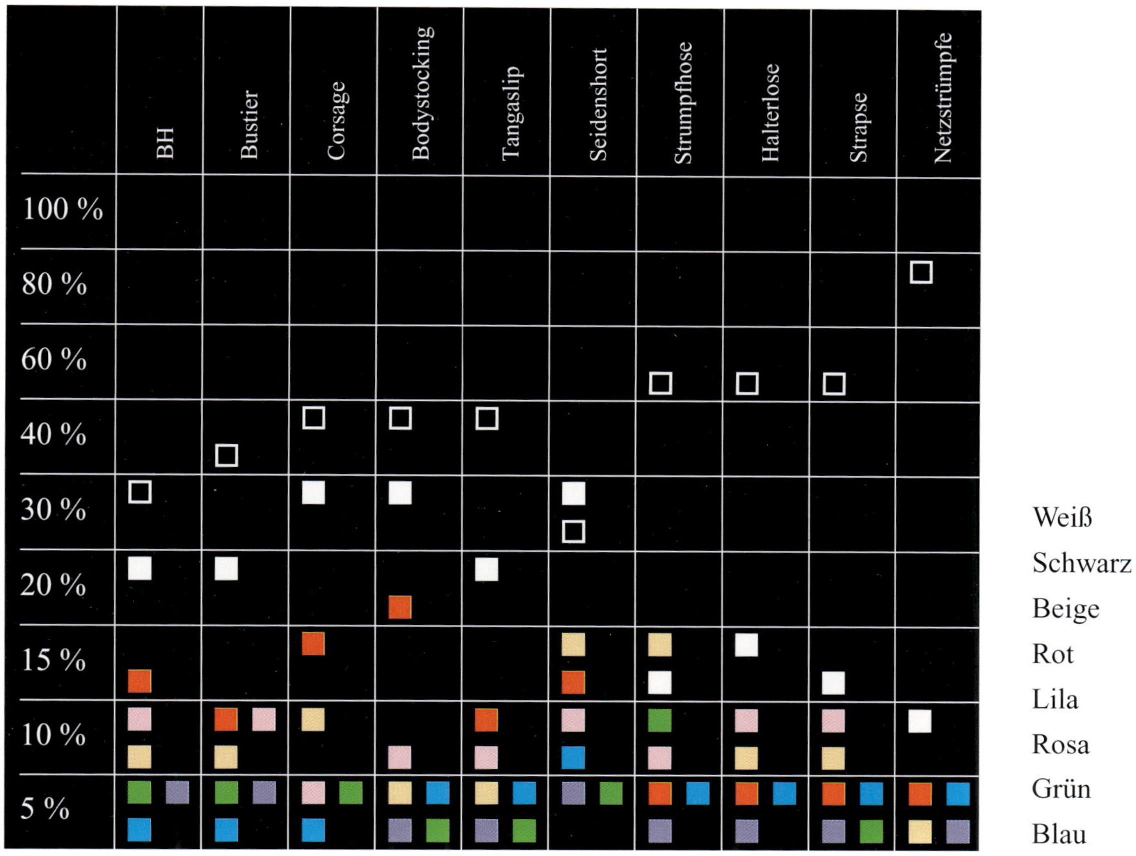

Tabelle: Playboy 12/93 / Wickert Institute.

Form und Funktion oder die Kunst, aus wenig Stoff viel Erotik zu schaffen

Neben Farbe und Verzierungen wie Rüschen, Schleifen, Ösen ist die Form von großer erotischer Bedeutung. Besonders das, was sie umrahmt: die Ausschnitte. Ob Dekolleté, Rücken oder hohes Bein, das Spiel zwischen Stoff und Haut ist das, was den Reiz ausmacht.

Spitzenreiter im kleinstmöglichen Verhüllen ist der String. Gleichermaßen beliebt bei Frauen und Männern, gilt er inzwischen längst nicht mehr als „Schweinkram", sondern ist gesellschaftsfähig geworden. Alle führenden Wäscheanbieter haben ihn in ihre Kollektion aufgenommen. Der Wunsch, seinen – hoffentlich knackigen – Po unverhüllt zur Schau zu stellen, geht scheinbar durch alle Alters- und Gesellschaftsklassen.

Einblicke, Durchsichten und Öffnungen sind die wichtigsten Mittel der erotischen Wäsche. Und funktional muß sie sein, im richtigen Moment an der richtigen Stelle zu öffnen, wenn sie nicht gleich schon offen ist. Aber auch Fließendes wie das Unterkleid aus „9 1/2 Wochen" oder die seidigen French-Knickers geizen nicht mit Reizen. Die Weite, die auch eine Hand zwischen Haut und Stoff zuläßt, wirkt durch die Phantasie vom Unentdeckten.

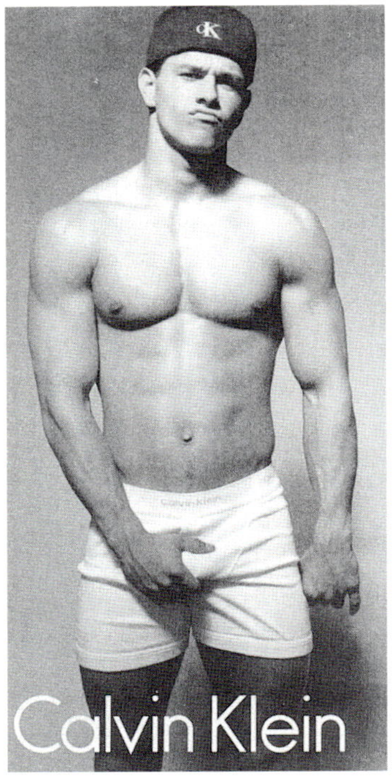

Foto: Calvin Klein

Handfeste Erotik in Feinrippe:
Marky Mark mit markiger Geste.

Erotisches für Männer ist ein schwieriges Kapitel. Neben der Ehehygiene einer Beate Uhse stehen Männer-Versandkataloge aus der Schwulenszene, die in ihren Modellen das pralle Geschlecht und den knackigen Hintern betonen. Schöner wird's da, wenn's edler wird. Zum Beispiel mit Bodies aus Wollspitze, die kleine Einblicke gewähren, oder seidigen Tangas, die Tast- und Sehsinn anregen.

Die Formenvielfalt für Männerwäsche hat sich durch die kulturelle Wiederentdeckung des Bodies vervielfacht. Stringbodies, Ringerbodies – mehr Haut als Stoff – , Bodies mit transparenten Einsätzen oder ganz transparent bringen neue Aspekte in eine bislang auf Tangas, Beutelchen und Strings reduzierte Welt.

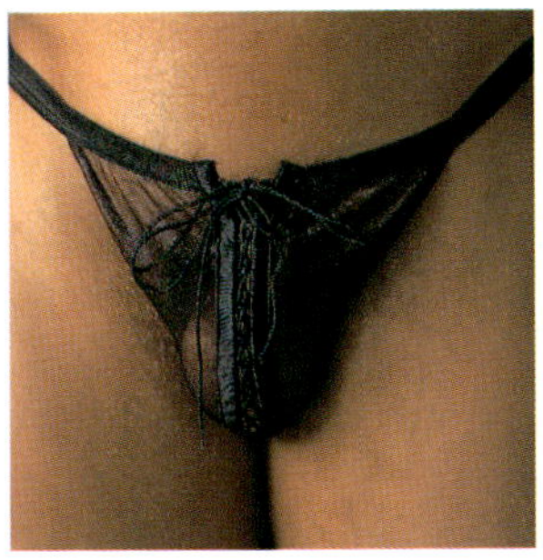

Foto: Beate Uhse

Haken und Ösen: Die erotischen Phantasien für Männer heben im Kataloggeschäft oft nur auf die Slips ab.

Große Ausschnitte, wie sie das Querelle-Shirt bietet, sind auch hier wichtig. Athletik und die knackige Figur sollen durch Schnitt und Material betont werden. Die athletischen Figuren der göttlichen Griechen, wie sie Nikos vor einem Jahrzehnt ins Spiel brachte, sind dabei genauso gefragt wie die harten Sportkerle der Jetztzeit. Dem Jock in ursprünglicher Form, aber aus zarten Stoffen mit immer schmaler werdenden Gummibändern, kommt dabei eine besondere Bedeutung zu. Fensterslips und Mini-Tangas – auch seitlich zu öffnen – werden dank der California Dream Boys vielleicht demnächst Einzug in den häuslichen Wäscheschrank finden.

Foto: Tendenze

Erotisches jenseits von Tigerhöschen.

Phantasieanreger – Erotische Wäsche für die Spielwiese daheim

Erotische Wäsche oder solche, die wir als erotisch empfinden, regt die Phantasie an, reizt die Sinne. Es ist mehr als nur eine schöne Verpackung, sie versetzt uns in Erträumtes, Gesehenes oder Phantasiertes. Das mag leise und unterschwellig geschehen oder als platte Vorgabe der Wäscheerfinder. „Hot Hunter", „Casa Grande", „Süßer Quälgeist" oder „Himmel & Hölle" nennt Beate Uhse, die Strapskönigin, ihre sexy Dessous. Dahinter verbergen sich Corsagen, Strapse, tiefgeschlitzte Lackjacken oder ein ganzes Dienstmädchen-Outfit aus Chiffonbluse, Miederröckchen und String. Die männlichen Uhse-Modelle sind mit „Schnall ab", „Klarer Phall", „Sex Hunter", „Ladykiller", „Ben Hur" oder „Piranha" deutlich einfallsloser auf Möchtegern-Machos getrimmt.

Foto: Beate Uhse

Die Vorfreude auf das Auspacken soll gesteigert oder die Phantasien mit „Dienstmädchen-Kombis“ angeregt werden.

Der „Rüssel-Rudi“, ein rosa Herrenstring mit Elefantengesicht und zu füllendem Stoffrüsselchen, soll wohl den Instinkt der Großwildjägerin wecken. Während der „Einfüll-Stutzen“ bei Beate Uhse die lebenswichtige Frage aufwirft: „Wer hat den Längsten im ganzen Land?“. Die beruhigende Antwort liefern die Flensburger gleich mit: „Natürlich Sie, in so einem Herren-Slip mit Rüssel. Schwarz-Transparent. 100 % Polyamid. Größe S-L. 19, 80 DM.“

Ordinär, billig, edel sind die Richtungen, in denen es von Seiten der Hersteller erotisch wird. Befriedigt wird dabei der jeweilige Anspruch und Geschmack der Kundschaft. Ob grün-schwarze Polyamid-Rüschen oder Seidiges und Samtiges, liegt an den jeweiligen Vorlieben und Geldbörsen.

Berufskleidung und heimlicher Reiz

Sündig, in der Umschreibung von erotischer Wäsche gern benutztes Vokabular, drückt aus, was Mann mit der Wäsche in Verbindung bringt. Weg vom alltäglichen bürgerlichen Beziehungsleben, hin zu der aufregenden Welt des halbseidenen Rotlichtmilieus. Die Prostitution, so alt wie die Menschheit, hat ihre eigenen Kleidervorschriften. Prostituierte – natürlich nur die weiblichen – mußten teils bestimmte Kleidung tragen, damit man sie von ehrenwerten Frauen unterscheiden konnten, oder ihnen war das Tragen bestimmter Farben aus dem gleichen Grund untersagt. So durften sie im alten Rom beispielsweise nur eine kurze Tunika und keine lange Stola wie die züchtigen Matronen tragen. Und im späten Mittelalter war es Pariser Straßenmädchen untersagt, sich mit goldenen Gürteln, breiten Röcken und Kragen mit Pelzbesatz zu kleiden, besonders nicht mit grauem Pelz, weil der bei der guten Gesellschaft in Mode war.

Reizwäsche und Latexkombis sind die heutige Berufskleidung, und Mann verbietet es der eigenen Frau nicht mehr, sondern – im Gegenteil – verlagert so manche Phantasie im Aidszeitalter wieder in die eigenen vier Wände. Die Nachfrage nach der Erotik für daheim war besonders nach der Wiedervereinigung 1990 zu spüren. Von deutschen Medien wurden die „Ossis“ auf ein Volk auf der Suche nach Bananen und Beate Uhse-Shops reduziert.

Sonstiges ...

Der Wunsch nach ausgefallener Wäsche und neuen Anregungen trägt oft seltsame Blüten. So findet man in den Boutiquen der Rotlichtviertel schon Lakritztangas, in denen man sich zum Fressen gern hat.

Noch ein wenig weiter weg, im Land der aufgehenden Sonne, treiben die Sexphantasien der Japaner wilde, perverse Blüten. Hier verkauft ein geschickter Händler getragene und ungewaschene Damenslips. Das Foto der Besitzerin ziert die Packung für die passende Phantasie. Das Spitzenhöschen, das er anstelle eines Taschentuchs zu Tage fördert, ist gern erzählte Herrenwitz-Masche. Das Spitzenhöschen, möglichst winzig, ist Trophäe und Fetisch für der sexuellen Potenz des Mannes, seines Eroberungswillens und der Verfügbarkeit von Frauen. Die Firma Wolff, Österreich, bringt das auf den männlichen Gesichtspunkt: „Frauen lieben schöne Wäsche. Sinnlich, verführerisch, weiblich. Den Männern zuliebe."

Nur – Wäsche allein macht noch keine Erotik aus. Und viel erotischer als in teuren Strapsen oder getigerten Tangas wirken manche Menschen einfach durch ihre Ausstrahlung – auch in weißen Feinrippen.

Frederick's of Hollywood

„Tits and as" sang Charlene Tilton, Dallas Jung-Star, im Showbusineß-Musical „A Chorus Line". Ohne Busen und ohne Hintern kann Frau in Amerikas Traummaschinerie nichts werden. The Look of Hollywood ist mit makelloser Weiblichkeit verbunden. Und wer sie nicht von Natur aus hat, geht zum Chirurgen oder zu Frederick's.

„Tits and as" ist die erotische Philosophie, die hinter der 1946 gegründeten Versand- und Ladenkette „Frederick's of Hollywood" steht. Frederick Mellinger mußte, gerade aus dem Krieg heimgekehrt, feststellen, daß die Frauen doch nicht so aussehen wie wohl seine Hollywood-Pin-ups im Spind. „I wanted to make any woman her most feminine, alluring, sexy self. I knew that there had to be ways to reproportion women and give every lovable one of them equal opportunity in the eyes of men!" (Ich wollte jede Frau möglichst weiblich und sexy. Ich wußte, daß es Wege geben mußte, Frauen so zu proportionieren, daß jedes liebenswerte Geschöpf die gleichen Chancen in den Augen der Männer hat.)

Ein Mann, ein Wort. Also erfand er die Hilfsmittel, die die Frauen zu dem Bild formen, das er und andere Männer so lieben. Inzwischen beglückt die Kette mit 39 Läden und 40 Millionen versendeten Katalogen ungeformte Amerikanerinnen mit polsterbaren BHs, postraffenden Schlüpfern und Langhaar-Perücken.

Wer das Glück und die passende Figur von Hause aus mitbringt, kann sich in ähnliche Dessous wie deutsche Uhse-Kundinnen zwängen. Zusätzlich zum normalen Phantasieanreger „Dienstmädchen" gibt es für Amerikaner übrigens noch das Modell „Squaw", Fransen-BHs und Slips im authentischen Natural Look. Denen, die sich erst noch formen müssen, bietet Frederick's dann auch die passenden Schlauchkleider an, die das kunstvolle Bemühen richtig zur Geltung bringen. Frei nach seinem Motto: „Fashion may change, but sex appeal is always in style." (Die Mode mag sich ändern, aber Sex-Appeal kommt niemals außer Mode.)

Vom Teenager bis zur Seniorin reicht die Kundschaft von „Frederick's of Hollywood" nach eigenen Angaben. Und bei einem Jahresumsatz von 128, 5 Millionen $ müssen viele Amerikanerinnen der Lust nach dem schönen Schein Hollywoods erliegen. Inzwischen bietet Frederick's auch Sportliches und Reizvolles für den Mann an, was aber hier fehlt, sind bierbauchstraffende Korsetts und Hosenfüller.

„A flat tummy, slender hips and bust out cleavage are yours, when you wear our body-sculpting powerslip. Incredibly strong powerstretch..." („Ein flacher Bauch, schlanke Hüften und ein betonendes Dekolleté sind Ihnen sicher, wenn Sie unseren körperformenden Powerslip tragen. Unglaublich starker Powerstretch aus Nylon/Lycra, der Brustbereich hat unterfütterte Büstenheber mit herausnehmbaren Einlagen ...") Und das Ganze für nur $ 54.

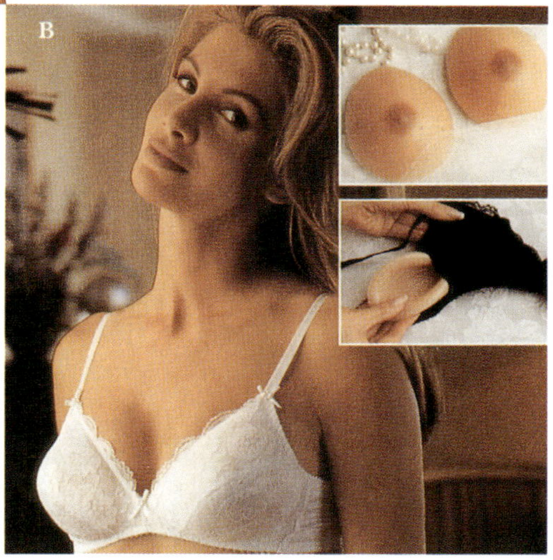

Pofüller (einlegbare Kissen) runden den zu flachen Hintern formvollendet ab. Vorne wird gleichzeitig der Bauch gestrafft. Für nur $ 19. 50,– eine billige Alternative zum teuren Silikon.

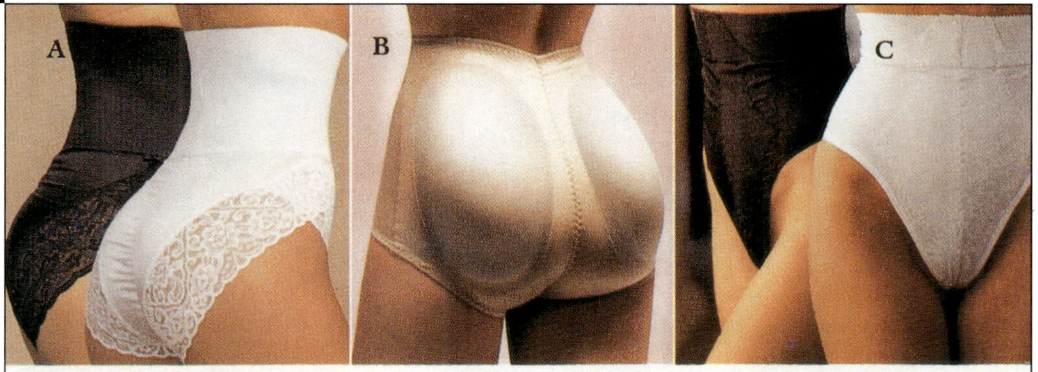

A Wins top honors in the body-shaping category. This nylon Lycra® spandex panty has a built-in six-inch waist cincher of heavy elastic and shirred back for fanny definition. High-cut legs. Made in USA. **White-10, Black-86.**
Panty #56200 $18
Sizes: S-M-L-XL

B Our Lycra® spandex padded panty is preshaped, with natural looking removable pads. Center stretch seam for fanny shape and cleavage. Flattens tummy. Made in USA. **Nude-13, Black-86.**
Panty #53157 $19.50
Sizes: S-M-L-XL
S (waist 23"-25"), **M** (waist 25"-27")
L (waist 27"-29"), **XL** (waist 29"-31")

C Our high waisted floral jacquard power cincher with a built-in control panel. Slims, trims and flattens your tummy...ends up in a thong back for no panty lines. Nylon/Lycra® spandex Made in USA. **White-10, Nude-13, Black-86.**
Panty #58958 $15.50;
2 for $28 Sizes: S-M-L-XL

Fotos: Frederick's of Hollywood (Katalog)

WÄSCHE & FILM

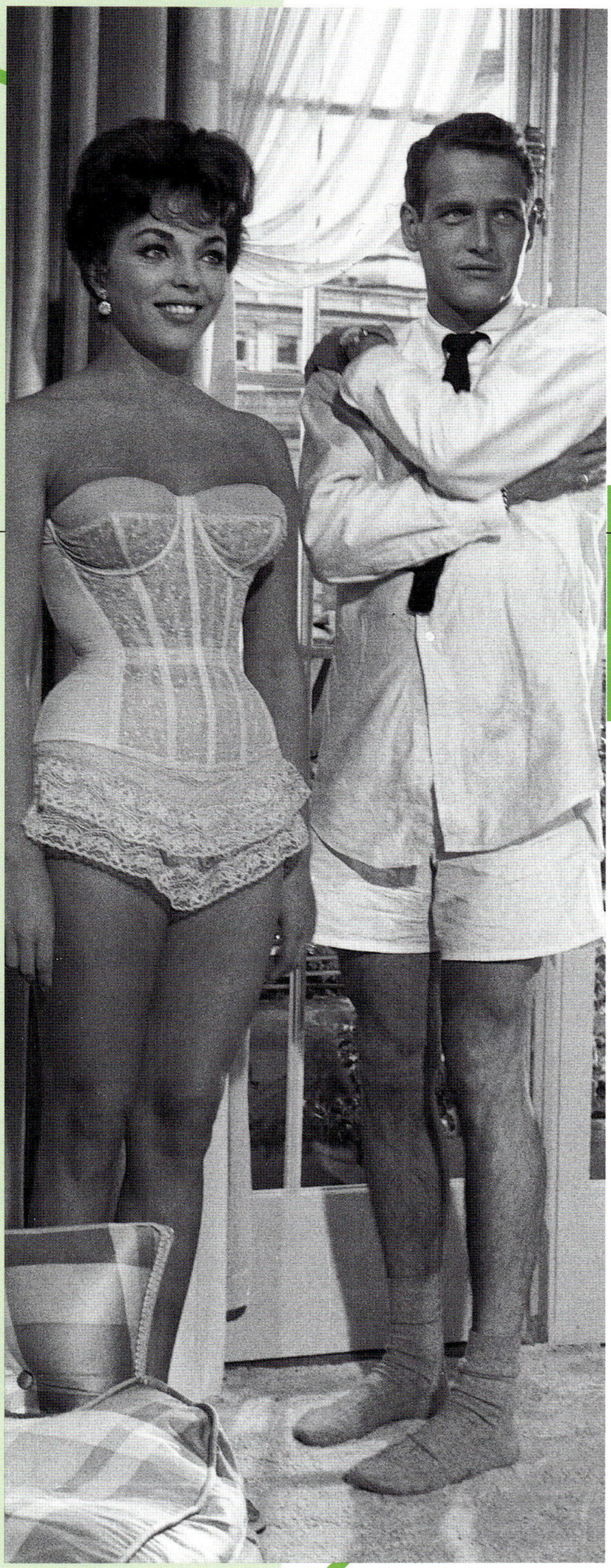

Fotos: Bildarchiv Engelmeier

Wäsche im Film, das reicht von Dick und Doof in Unterhosen über Vivien Leigh beim Schnüren des Korsetts bis zu Kim Basingers Strip in „9 1/2 Wochen“. Unterhosen, BHs, Korsetts, Hemdhöschen und nicht zu vergessen das Negligé, aber auch Liebestöter und Unterhemden sind die Waffen der Kostümdesigner, wenn's um Erotik, Komödie, Machos oder Milieustudien geht. Die Kostüm-Oskars werden meist für anderes vergeben: große Ausstattungsfilme, historische Genauigkeit oder den Einsatz von teuren Designerklamotten. Filme machen Mode, sei es „Miami Vice“, „Out of Africa“ oder „Der große Gatsby“. Und einzelne Modeartikel gelangen von der Leinwand zu Weltruhm, auch im Wäschebereich: So das Brando- und das Querelle-Shirt, Madonnas BH, und vielleicht stieg auch der Absatz von Seidenunterkleidern nach „9 1/2 Wochen“. Wäsche im Film spielt viele Rollen, wenn auch selten die Hauptrolle.

Kostümentwurf von Ingrid Zoré für Elisabeth Volkmann in der RTL-Serie „Pompon Rouge“: Reifrock mit Flohfallen, Mieder, „modernisiertes“ Hemdchen und handbestickte Strümpfe. „Wir haben dafür sehr genau recherchiert und sind auf die Flohfallen gestoßen. Das waren Dinger, die so groß wie Nüsse oder Eicheln waren. Sie wurden aus Elfenbein oder Holz gemacht und eingeritzt. Hinein wurden blutgetränkte Baumwollfasern gestopft, damit die Flöhe dorthin gingen und nicht an den Körper. Wenn die Fallen dann so richtig schwarz vor Flöhen waren, wurden sie ausgetauscht, denn waschen tat man sich ja nicht“, erklärt die Kostümbildnerin die Liebe zum Detail.

Vorspann

Wie die Traumwelt auf der Leinwand oft nichts mit dem Leben der Zuschauer gemein hat, so ist auch die Wäsche im Film, oder wie sie eingesetzt wird, oft an den Haaren herbeigezogen. Zum Beispiel werden grundsätzlich die Strapsgürtel über dem Slip ins Bild gesetzt; dabei weiß doch jede Frau, daß man erst die Strümpfe anlegt und dann den Slip, ganz einfach aus praktischen Gründen. Auch in historischen Filmen werden die Wäschestücke oft mit der zur Zeit des Drehens aktuellen Mode verknüpft, und nur selten werden die richtig fiesen Sachen gezeigt: die Polster und Turnürenkissen, die Flohfallen und was sich sonst noch so alles unter den langen Röcken verbarg. „In historischen Filmen werden sehr gerne Korsetts gezeigt, immer sehr schön gemacht. In Wirklichkeit war das alles gar nicht so schön“, weiß Ingrid Zorè, Kostümbildnerin aus Berlin. „Aber auch heute zeigt man in den seltensten Fällen das, was der Durchschnittsmann und Lieschen Müller im wirklichen Leben untendrunter tragen. In den 30er Jahren traten die Stars in wunderschönen Negligés auf oder in Hemdhöschen, immer Wäsche, die noch schön aussah. Was man nie gezeigt hat, waren die abgrundtief häßlichen BHs und Hüfthalter der Zeit.“ Und wenn man heute die ganz normale Unterwäsche ins Bild rückt, dann meist als Milieustudie.

Gladiator in Oskar-gekrönter vorchristlicher Unter-Über-Hose. Zwei Jahre Zeit und 12 Millionen Dollar brauchte Hollywood für die Produktion, in der Kirk Douglas als Sklave Spartakus in die Filmgeschichte einging.

Buntgemusterte Liebestöter zeigte der einfache Mann mit Bierflasche und zugehörigem Bauch. „Ekel Alfred“ Tetzlaff trank als deutscher Durchschnittsprolet im Unterhemd vorm Fernsehen sein Bier, und auch heute gibt es noch die Dreiklassengesellschaft: die Dallas-Reichen in seidigen Unterröcken, Helga Beimer im Medima-Leibchen, und die erotischen Sharon Stones oder Kim Basingers.

Historienschinken oder der lange Weg der Unterhose zum Body

Historisch wird es für die Unterwäsche gleich im doppelten Sinne. Zum einen zeigen die Filme, die sich in die Vergangenheit begeben, frühere Modegewohnheiten, zum anderen sind zeitgenössische Filme auch Spiegelbild der aktuellen Wäschemode.

Die 20er und 30er Jahre schwelgen in Negligés und Unterröcken: Jeanette Mc Donald als Prinzgemahlin.

Zeugnisse der frühesten Unterbekleidung legen Römer- und Bibelfilme ab, läßt man die Felltangas der Urzeitfilme außer acht. Aber diese Anfänge sind spärlich: Kirk Douglas als Spartakus ist da eine Ausnahme, und das Kostüm, das er trägt, nicht als klassische Unterhose zu bezeichnen – es gab halt damals nur eine für alles. Interessanter wird es dann bei filmischen Ausflügen ins Mittelalter, in Barock und Rokoko. Hier schwelgen die Kostümdesigner wieder in Korsagen, Corseletts, Pumphosen und Unterröcken. Für die Männer bleibt oft nur das (Nacht-)Hemd, zum Teil aber auch originalgetreu getragen. Sprich, vom Bette aufgestanden, stopfte schon so mancher Film-d'Artagnan sein rüschenverziertes Hemd in die Hose: eben „eines für alles“.

W. C. Fields hilft hier Mae West in die Western-Verschnürung in „My little Chikadee“, USA 1940.

Geschnürte und verpackte Weiblichkeit

Aber wichtiger sind hier doch wieder die Verschnürungen und vielfältigen Schichten. Wer kennt sie nicht, die berühmte Anfangsszene aus „Vom Winde verweht“, in der Mammy ihrer Scarlett das

Korsett noch enger schnürt, um den gewünschten Taillenumfang zu erzielen. Auf einem schmalen Pfad zwischen Historie und Erotik bewegt sich die Damenwäsche im Film. Das Korsett spielt dabei eine bedeutende Rolle. „Das Korsett hat eine erotische Ausstrahlung und beflügelt die männliche Phantasie, es zu lösen und zu sehen, was darunter ist", weiß Ingrid Zoré. Das Korsett, modisches Folterinstrument, zeigt filmisch selten sein wahres Gesicht. Und auch wenn es in der Wäschewirklichkeit längst vom Body abgelöst wird, feiert es immer wieder ein Comeback. So präsentierte sich Hanna Schygulla in einer exzellent sitzenden Korsage in „Die Ehe der Maria Braun" – ein Film, der im Nachkriegsdeutschland spielt und mit diesem Kostüm auf die wiederentdeckte Körperlichkeit der Trümmerfrauen anspielte.

Kein Südstaaten-Drama ohne zeitgemäße Schnürungsszene. Hier wird Elisabeth Taylor von ihrer Mammy verpackt. „Das Land des Regenbaums", 1957 entstanden, sollte der Nachfolgehit von „Vom Winde verweht" werden – vielleicht auch deswegen die Szenengleichheit.

Teils historisch genau geht es da zu, teils bekommen aber auch die historischen Vorbilder den Anstrich der zur Drehzeit gängigen Mode. Und da Unterwäsche im Film selten aus kultursoziologischen Gründen gezeigt wird, wird die Wäsche auch schon mal erotischer, knapper, kürzer als üblich.

Nach den Schnürungen kam dann historisch gesehen nur noch wenig, aber die Filme von heute werden einst Auskunft darüber geben, was in den 50er, 60er, 70er, 80er und 90er Jahren im Wäscheschrank üblich war. Schönes modernes Beispiel: „Short Cuts" von Robert Altman. Neben der sich auflösenden Gesellschaftsmoral wird hier auch die verfallende Unterhosenkultur gezeigt: Robert Downey Jr. kniet da im grauen Rippbody über seiner Partnerin.

Moderne Wäschetrends halten Einzug ins Filmgeschehen. Robert Downey Jr. im topaktuellen grauen Rippbody in Robert Altmans amerikanischem Sittengemälde „Short Cuts" aus dem Jahre 1993.

Die Filmgeschichte spiegelt natürlich auch die jeweils gültigen Moralvorstellungen wider. Auf einer Reise durch die Filmrollen von den 20er Jahren bis heute kann man sehr deutlich ablesen, was wann wie erlaubt war. Da gab es „The roaring Twenties", die Stummfilmstars im Seidenunterrock zeigten, die 30er und 40er Jahre, die sich auf Hemdhöschen und Negligés spezialisierten. Dann kamen die 50er Jahre

Maureen O'Hara bei der Wäsche.

Seltenes Zeugnis für historische Wäschewahrheiten. Aufpolsterndes Kissen für den wohlgeformten Hintern: Lucille Ball in einem amerikanischen B-Western von 1942.

BH-Mode 1968: Kim Novak in „Große Lüge Lylah Clare" geht scheinbar selbstverständlich mit ihrem Untendrunter um. Nackte Haut ja, nackte Brüste noch nicht.

und mit ihnen ein Rückschlag: es wurde wieder verhüllt. Zehn Jahre später teilten sich Doris Day und Rock Hudson hocherotisch einen „Pyjama für zwei". Dann fielen die Hüllen langsam, aber sicher. Und da, wo Anstand oder der ausgehandelte Vertrag noch für Minimalbekleidung sorgten, zeigten uns Kim Novak und Kolleginnen, was die damalige Miedercouture für zeitgemäß hielt. Das Schönheitsideal des prallen, großen Busens führten von Sophia Loren bis zu Elisabeth Taylor alle weiblichen Stars vor, und dazu gehörte selbstverständlich der richtige BH, bis man dann im Zuge der „sexuellen Revolution" auch im Film mehr und mehr auf Unterwäsche verzichtete. Die 80er und 90er Jahre brachten mit der steigenden Modelust auf Wäsche auch mehr Wertigkeit in die Kostüm-Wäsche.

Sexfilmchen und Erotik – Hauptrollen für die Wäsche

Erotikszenen und Sexfilme sind die bevorzugten Gattungen für Wäsche; als Hauptdarstellerin oder Statistin spielt sie dort Rollen wie im richtigen Leben. Am naheliegendsten sind da natürlich Filme, die im Milieu spielen. Das kann historisch sein, wie in einem Frühwerk Jean-Paul Belmondos, in dem er um die Gunst der Prostituierten Claudia Cardinale wirbt; eine Bordellgeschichte aus dem Florenz der Jahrhundertwende. Oder neuzeitlich wie in Robert van Ackerens „Die flambierte Frau". Gudrun Landgrebe spielt sich hier in einem pseudosozialkritischen Film in die Herzen eines – vor allem Mitte der 80er Jahre – voll emanzipierten Publikums. Endlich konnten Studenten und frauenbewegte Männer öffentlich in einen Softporno gehen, sogar in Begleitung ihrer Partnerinnen, und sehen, was es im Beate Uhse-Versand für interessante Wäsche gab.

„9 1/2 Wochen" Mitte der 80er Jahre: Kim Basinger als masochistische Elisabeth, die sich von Hollywood-Ekel Micky Rourke beherrschen läßt. Relativ harmlos noch ihr Strip, der aber in die Filmgeschichte einging und sie zum neuen Sexsymbol werden ließ.

Prostituiertenalltag historisch und modern: Claudia Cardinale auf dem Weg zur Arbeit in „Das Haus in der Via Roma", einer Milieustudie aus dem Florenz der Jahrhundertwende. 1960 in Italien gedreht, galt der Film als gewagt, da er weder mit realistischen Details aus dem Prostituiertenleben spart noch diese ausdrücklich moralisch verurteilt.

1983 hatte Robert van Ackeren keine Probleme mehr mit der Moral. Gudrun Landgrebe will sich als „Anna" selbstverwirklichen und ökonomisch unabhängig sein. „Carmen, Modell, dominant, empfängt Sie in gepflegter Atmosphäre", spezialisiert sich zur Domina und bietet tiefe Einblicke in moderne Reizwäsche.

Softporno – Dauerbrenner der 70er Jahre: „lehrhaft" aufgemachte Schulmädchen-Reports. Hier eine typische Dokumentarszene beim lieben Onkel Doktor, aus „Schulmädchen-Report, Teil 12".

Egal aber, ob historisch oder modern, die Wäsche, die zum Auspacken oder Anpacken anregt, spielt die Hauptrolle. Gebannt wartet der Zuschauer auf die nächste Szene mit „nackten Tatsachen". Gerade im Halbangezogenen liegt hierbei der Reiz. Zwischen dem Belmondo der 60er und der Landgrebe der 80er kamen jedoch die unvergessenen 70er Jahre. Eine Zeit, in der die kommerzielle Filmindustrie darnieder lag und so wichtige Dauerbrenner wie den „Schulmädchen-" und später den „Hausfrauen-Report" erfand. Auch Filme, die auf literarischen Vorlagen basierten, wie „Laß jucken Kumpel" (Teil 1 bis 3), zeigten den prüden Deutschen,

was man aus der sexuellen Revolution der Jugend gelernt hatte. Die Unterwäsche war hier meist nur kurz im Bild, auf BHs wurde sogar oft ganz verzichtet, weil das erotische Ideal der Zeit nur nach knappen Slips und allseits willigen Weibern verlangte. Das Ganze wurde dann als Aufklärungsfilm verpackt, angeblich aus dem wahren Leben gegriffen, weshalb die Schulmädels auch die authentische Unterwäsche der Zeit trugen.
Aber auch in anderen Filmen durfte die leichtbekleidete Schauspielerin, zu der Zeit wirklich fast ausschließlich ein weibliches Privileg, nicht fehlen. BH und Slip war das mindeste, was es zu sehen gab.

Inzwischen ist das Thema Prostitution zum verklärenden Filmmärchen wie „Pretty Woman" verkommen, oder man spinnt die erotischen Geschichten subtiler. Paradebeispiele dafür: „Basic Instinct" und „9 1/2 Wochen". Das eine ein Krimi, das andere eine Beziehungskiste. Aber laut Filmwerbung und Medienrummel geht es eigentlich nur um das eine. Die Wäsche spielt bei beiden Filmen in der Tat eine anregende Rolle. In der hörigen Abhängigkeit der jungen Elisabeth von ihrem neuen Freund wird ein Unterkleid zum hocherotischen Utensil. Wenn Kim Basinger sich dessen zu Joe Cockers „You can leave your hat on" überaus gekonnt entledigt, verstummt das Popcorngeraschel ehrfürchtig. Bei „Basic Instinct" spielt Sharon Stone selbst die Hosenrolle, indem sie gleich auf den Slip verzichtet und die männliche Vorfreude damit ins schier Unermeßliche steigert. Die weibliche Zuschauerin kommt da bei Michael Douglas Quick-Strip weniger auf ihre Kosten. Aber der Film machte ja auch wegen der Sexszenen und nicht wegen der Wäscheszenen Filmgeschichte. Interessant, daß beide Filme aus dem so prüden Amerika kommen. „Bei Fernsehserien drehen die Amerikaner immer noch häufig doppelt, eine freizügigere süd- und eine brave nordamerikanische Version. Und heute noch gehen amerikanische Schauspielerinnen nicht ohne BH", erklärt die Kostümdesignerin. Es sei denn, die Szene verlangt anderes.

Befriedigung bringen auch sozialkritische Filme dem cineastischen Voyeur. Denn auch, wo es wie bei „Wilde Betten" um den Triumph von vier Frauen über das starke Geschlecht geht, bietet die Umsetzung doch erst einmal viele Bilder aus dem Stoff, aus dem männliche Träume sind.

Filme wie „Die Venusfalle" (1988), „Wilde Betten", „Body of Evidence" (1992) oder „Ich und Er" (1988) rücken männliche Phantasien vom „sündigen Leben" abseits der liebenden Ehefrau oder Partnerin ins Bild und bieten genügend Stoff für Wäscheszenen.

Brad Davis` Erotik von der schwäbischen Alb: Hans Schöller stattete 1982 Rainer W. Fassbinders Film über den Matrosen Querelle, der zum Mörder und Männerliebling wird, mit seinem Unterhemd der Marke Manstore aus. Seit dem Filmerfolg heißt das Modell inzwischen natürlich „Querelle-Shirt". Der Name hat sich ebenso wie der Begriff „Brando-Shirt" als Replik auf Brandos Ärmelhemd in „Endstation Sehnsucht" (USA 1951) im Sprachgebrauch eingebürgert. Interessant, daß beide Rollen nicht unbedingt Identifikationswünsche aufkommen lassen. Beide Figuren sind egoistische, über „Leichen" gehende Typen, die mit ihrer Macho-Masche bei den Zuschauern wohl eher versteckte Bedürfnisse ansprechen.

Bruce Willis und Sylvester Stallone, Actionvorbilder der späten 80er, überzeugen durch Muskeln, Schweiß und Unterhemden. Sigourney Weaver als harte Lt. Ellen Ripley tut es ihren männlichen Filmkollegen gleich. Natürlich passiert das nur im Film, und damit keine Mißverständnisse aufkommen, werden die Rollen der weiblichen Actionheldinnen fast immer in die Zukunft vorverlegt.

Action pur – Schweißnasse Feinrippen für harte Kerle

Das Unterhemd, im realen Wäscheleben zur Randerscheinung der Väter- und Großvätergeneration verkommen, bekommt im Kino – meist im amerikanischen – oftmals die unangefochtene Hauptrolle zugesprochen: Das Unterhemd wird zum erotischen Kleidungsstück. Das erotischste ist das aus dem Film „Querelle" (1982). Die tief ausgeschnittene Schulter- und Brustpartie, die die Muskeln freilegt – das hat schon was. So viel, daß das Unterhemd nach dem Homosexuellen-Milieu nahtlos in den Fundus der großen amerikanischen Actionhelden aufgenommen wurde. Bruce Willis oder Sylvester Stallone gehen jedenfalls nie ohne. Daß das Unterhemd im Laufe der Action seine Farbe vom strahlenden Weiß in ein schmutzig-blutiges Braun ändert, macht den Handlungsverlauf deutlich.

Aber wozu dient das Leibchen? Ist es Ersatz für kugelsichere Westen, eine Reminiszenz an die Brustpanzer der Römer oder die Rüstungen der Ritter, oder ist es einfach das Männlichste, das Mann zeigen kann? Auf jeden Fall betonen sowohl weit ausgeschnittene Achseln als auch das Flügelärmelchen des Brandoshirts den Bizeps, die offensichtliche Männlichkeit. Ingrid Zoré sieht noch zwei weitere Gründe: „Ich glaube, daß die meisten Frauen auf einen halbbekleideten Oberkörper mehr reagieren als auf einen freien. Und oft wird das Unterhemd im Film benutzt, um Körperteile zu verdecken, die nicht mehr so straff oder muskulös sind, oder wenn die Männer einen leichten Busenansatz oder keine Haare haben." Ach, wie desillusionierend kann doch ein Blick hinter die textilen Kulissen sein. Stimmt es also vielleicht doch, daß Don Johnson ein Stützkorsett trägt?

Aber so oder so, männlich ist das Unterhemd allemal. Und es hat längst symbolischen Charakter und verleiht den Filmheroen eine herbe, heldenhafte Ausstrahlung. Dementsprechend bewußt wird es als Stilmittel eingesetzt. Und wenn Frauen mal die Starken spielen dürfen, dann auch im Ramboshirt, wie Sigourney Weaver, die uns in ihren „Alien"-Filmen denn auch männlich herb im Unterhemd begegnet.

Double in gefährlicher Wäscheszene: In „Heißes Gold aus Calador“ entblößt sich der Stuntmann für George Peppard.

Lachhaft – Männer in Unterhosen

Obwohl jeder Mann täglich Unterhosen trägt, scheinen gerade diese Kleidungsstücke Quelle der allgemeinen Belustigung zu sein. Will man eine männliche Figur im Film lächerlich erscheinen lassen, zieht man ihm die Hosen aus und die Unterhosen an, läßt ihm aber Strümpfe und Schuhe. Der Erfolg ist garantiert: nämlich lächerlich.

Eine Darstellungsweise, die man bei Frauen übrigens nicht findet. Zu Zeiten der „Dick- und Doof“-Filme war das weibliche Pendant zum Mann in langer oder kurzer Unterhose die Schauspielerin in Nachthemd und Schlafhaube. Und selbst die konnte, je nach Trägerin, eher niedlich-süß wirken. Die komischen Helden hingegen rannten von einem Slapstick zum nächsten und boten bis zum letzten Hemd Witziges.

Ganz anders ihre neuzeitlichen Kollegen wie Zachy Noy, israelisches Filmpummelchen der „Eis am Stil“-Komödien. Sexabenteuer, Korpulentenkomik und Militärklamauk lassen sich wohl besonders gut mit weißen Feinrippunterhosen paaren. Was da auf der Leinwand lächerlich wirken sollte, mag manche Zuschauerin eher an das Elend daheim erinnert haben. Weiße Feinrippunterwäsche steht hier jedenfalls für Spießigkeit, Verklemmtheit und Unmännlichkeit, denn jeder Mann, der etwas auf sich hält, trägt ja im wirklichen Leben untendrunter viel Aufregenderes. Wichtig ist bei dem angeblich komischen Element, daß die Wäsche zu groß ist, also ein bißchen schlabbert und damit zeigt, daß es in der Hose an nackten Tatsachen fehlt. Auch in den 70er Jahre-Sexfilmchen à la „Es jodelt in der Lederhose“ hatte die Unterhose die Aufgabe, den Mann tölpelhaft beim schnellen Ausziehen stolpern zu lassen. Hier wurde dann zwischen Draufgänger und spießigem Familienvater durch die Wahl der Unterhose unterschieden: ersterer zeigte sich im damals schicken Dreiecks-Tanga, der brave Ehemann durfte die Allerweltsunterhose mit wäschigem Allovermüsterchen oder langbeinige

Klassische Lachnummer: Stan Laurel und Oliver Hardy sind dick und doof auch in der Unterhose. Was hier wirklich komisch wirkt, wird bei den Dickenfilmchen um Zachy Noy zur peinlichen Klamotte. Frei nach dem Motto: Dicke Männer sind schon lachhaft und in Unterwäsche noch viel mehr.

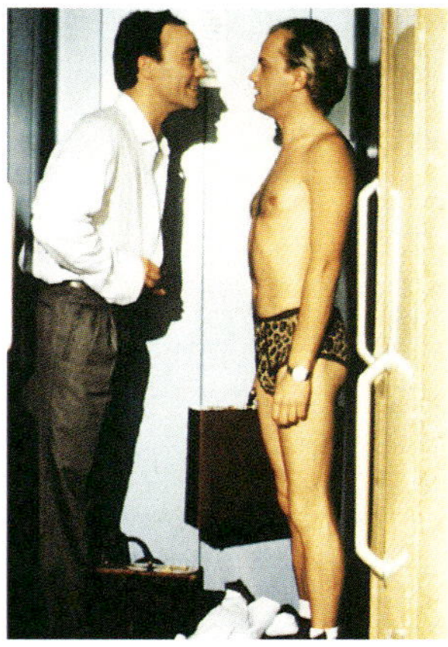

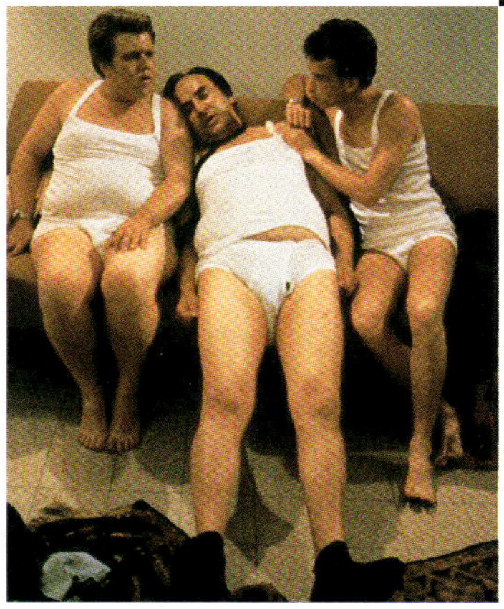

Immer noch wird die Unterhose als Mittel der Komödie eingesetzt. Heiner Lauterbach und Uwe Ochsenknecht dürfen bei Doris Dörries „Männer“ zeigen, wie aufregend das Leopardenmuster wirken kann.

Liebestöter vorführen. Ein wichtiges Kapitel für die lange Unterhose ist auch der Western. Von John Wayne bis Clint Eastwood treiben sich die harten Jungs auch gerne mal im Longjohn – der großen Ausgabe des Stramplers – durch die Wildnis der Prärie.

Der heutige Schauspieler, der auf sich hält, trägt lieber Sportslips oder Boxershorts und ist nur schwerlich dazu zu überreden, sich der Lächerlichkeit einer unförmigen Unterhose preiszugeben. Also greift die Regie zu einem anderen Mittel: dem Unterhosenersatz. Ob Götz George im „Tatort", John Cleese in „Ein Fisch namens Wanda" oder Harrison Ford in „Frantic" – mann zeigt sich durchaus erfindungsreich im Bedecken seiner Blöße. Was mehr oder weniger dem Filminhalt entsprechend mit leichtem Schmunzeln, lauter Belustigung oder tiefem Bedauern zur Kenntnis genommen wird. Anders als bei den vorhergehenden Beispielen liegt hier allerdings der Reiz in der Hoffnung, der Schauspieler möge sich wenigstens umdrehen …

Nacktheit nicht zu zeigen, darum hat man sich die ganze Filmgeschichte hindurch sehr bemüht. Wie viele Laken wurden da kunstvoll umgeschlungen, wenn Wecker, Telefon oder ähnliches die Unbekleideten aus dem Bett holten. Wie viele Handtücher wurden beim Aufstehen aus der Badewanne oder schon unter der Dusche um muskulöse Hüften gewickelt. Wie viele geschickte Turnübungen haben wir in diesen Szenen erleben dürfen. Und wie oft mußten wir enttäuscht feststellen, daß auch der schönste amerikanische Filmheld leider nicht nackt neben seiner Partnerin einschläft. Denn egal, was sich am filmischen Vorabend abgespielt hatte, am Morgen danach können wir mit 99 %iger Sicherheit den Helden in Boxershorts bewundern.

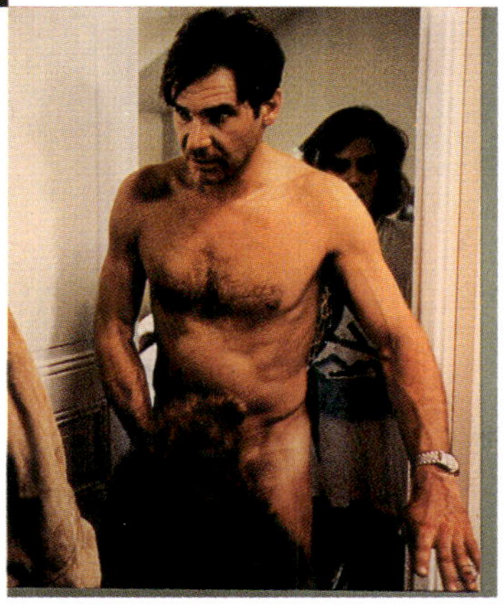

Unterhosenersatz als reizvolle Verhüllungen oder komische Elemente: Götz George als Schimanski im Tatort „Zweierlei Blut", nachdem er von Jugendlichen überfallen und zur Demütigung nackt auf einem Fußballfeld zurückgelassen worden war. John Cleese in „Ein Fisch namens Wanda" hingegen wurde gerade von unerwarteten Besuchern bei einer Balzszene überrascht. Harrison Ford in „Frantic" gibt sich durch sein nacktes Erscheinen in der Schlafzimmertür als Geliebter aus.

BARBARELLA

Zukunftsmusik: Barbarella, fleischgewordene Comicastronautin im Future-Look, wie man ihn – passend zur aktuellen Mode – in den 70er Jahren kreierte.

Ingrid Steeger und Liza Minelli, zwei Welten im gleichen Look. Das Showkostüm nimmt deutliche Anleihen bei der Wäsche, sowohl im Cabaret der 30er Jahre als auch im Fernsehtheater der späten 70er Jahre.

Wenn die Unterwäsche fremdgeht – Von der Showbühne bis zum Raumschiff

Neben der realistischen, erotischen oder historischen Rolle, die die Wäsche im Film spielt, wird sie aber auch verfremdet als Kostüm verwendet. In einer Mischung aus Strapsen und Oberkellnerwestchen hüpfte Ingrid Steeger im wäschigen Showkostüm über die „Klimbim"-Bühne. Ähnliches hatte vor ihr schon Liza Minnelli in „Cabaret" getan. „Bye, bye mein lieber Herr" sang sie lasziv im Radlerbody, im modischen Rückblick auf die 40er Jahre und Vorblick auf heutige Bodies.

Noch weiter nach vorne blickt Jane Fonda in der Comicverfilmung „Barbarella". Die freizügige Zeichenvorlage wird im Film in den Zeitgeist der 60er Jahre mit seinen Moonspaceklamotten verlegt. Der Wäschetouch wird hier nur noch durch die Strapse angedeutet, die in der Zukunft Stiefel statt Strümpfe halten. Modische Ausnahmen im Wäschefilm sind auch die Auftritte von Madonna. In „Susan verzweifelt gesucht" legt ihr BH, unter einem Spitzenoberteil deutlich sichtbar, den Grundstein nicht nur für ihr eigenes Image, sondern auch für eine Modeerscheinung, die sich danach zwei Sommer durchs Straßenbild zog. Hier schreibt ein Unterwäschefilm Modegeschichte.

Alex (Malcom Mc Dowell) als mordender und vergewaltigender Anführer seiner Gang in „Clockwork Orange". 1971, im Entstehungsjahr, galt der Film als düstere Zukunftsversion einer verrohenden Gesellschaft. Kostümbildnerisch – Stanley Kubrick ist dafür bekannt, daß er großen Wert auf die frühzeitige und intensive Zusammenarbeit mit dieser Sparte der Filmindustrie legt – wird das männliche Geschlechtsteil als bedrohendes Macht- und Gewaltinstrument überdeutlich betont.

Mit dem Rückblick auf historische Vorbilder schaut auch Stanley Kubrick in eine düstere Zukunft. Die „Helden" von „Clockwork Orange" tragen als Gang- und Kampfkleidung eine Art lange Unterhose mit außen getragenem Suspensorium (Genitalienschutz).

Die Hartplastikausgabe der mittelalterlichen Schamkapsel wird hier in ihrer historischen Bedeutung eingesetzt. Die Schamkapsel symbolisiert Stärke und Angriffslust. „Mit der massiven Betonung seines Geschlechts wies der Landsknecht zudem ohne Umschweife auf seine sexuelle Interessenslage hin. Frauen waren dazu da, männliche Lust zu befriedigen, und waren sie nicht willig, so gebrauchte Mann Gewalt." Und wie marodierende Landsknechte ziehen auch Alex (Malcom Mc Dowell) und seine Jungs mordend und vergewaltigend durch die Nächte.

Hinter den Kulissen

Wäsche kann darüber hinaus noch etwas ganz anderes für diejenigen bedeuten, die vor der Kamera agieren. Unterwäsche, hautfarben zumeist, bietet Schutz unterm Nachthemd – unter der Bettdecke nicht nur vor neugierigen Blicken, sondern auch vor den eigenen Makeln. Ingrid Zoré erzählt aus dem Nähkästchen: „Die meisten Darstellerinnen wollen, wenn sie einen Body oder einen Badeanzug tragen, hauchdünne, hautfarbene Strümpfe druntertragen, weil es die Haut ausgleicht und schöner macht. Die Männer – oft in Boxershorts gefilmt – tragen darunter Tangas, damit sich nichts abzeichnet oder rausrutscht. Auch unter Nachthemden werden Slips angezogen. Um sich nicht so zu entblößen, denn da leidet die schauspielerische Qualität drunter, weil sie Hemmungen haben, sich zu bewegen." Für diejenigen, die im Abspann für die Kostüme verantwortlich zeichnen, eine schwierige Aufgabe.

Gefütterte BHs können darüber hinaus Ungleiches ausgleichen, und Ingrid Zoré kann sich auch an einen Schauspieler erinnern, der mit Hilfe einer Hasenpfote in der Hose falsche Tatsachen vorpielen wollte. „Kostümdesign in zeitgemäßen Filmen ist die Kunst, die Schauspieler so zu kleiden, daß der Zuschauer nicht merkt, daß er ein Kostüm trägt." Für die alltäglichen Serien, die Krimidauerbrenner, Traumschiffreisen und ähnliches suchen die modernen Kostümdesigner vom Ohrring bis zur Unterhose alles aus. Und, Pech für die offen am Bund zur Schau getragenen Markennamen, das Schleichwerbungsverbot zwingt zum mühseligen Übernähen zumindest bei den Öffentlich-rechtlichen.

Anders ist es da in Filmen, die gesponsert werden – da muß die Marke ins Auge fallen –, oder wenn die Bekanntheit der Marke einen Gag wert ist. So in „Zurück in die Zukunft I", wo Michael J. Fox nach einer Zeitreise Mitte der 50er Jahre erwacht und sich zwischen ihm und seiner Lebensretterin folgender Dialog abspielt: „Ich habe noch nie in meinem Leben violette Unterhosen gesehen, Calvin." „Calvin, warum nennst du mich dauernd Calvin?" „Aber so heißt du doch, oder? Calvin Klein! Das steht jedenfalls auf deiner Unterhose."

Das Markenbewußtsein bei Schauspielern wird im Zuge der modischen Bedeutung, die die Wäsche erlangt, stärker. „Es gibt Schauspielerinnen, die Wäsche von Chantelle oder La Perla haben wollen, weil sie wissen, daß die gut ist und gut sitzt", erklärt Ingrid Zoré. „Und ich hatte mal einen amerikanischen Schauspieler, Martin Sheen, der kam von sich aus und sagte, er wolle keinen Pyjama tragen, sondern Boxer und Shirt von Cerutti. Das hatte er irgendwo gesehen, und das gefiel ihm."

Vom Hemdhöschen als Kleidung fürs Starfoto zum Realismus einer Doris Dörrie in „Geld": Wäsche spielt eine der wichtigsten Nebenrollen.

Abspann

Wir danken dem Filmarchiv Engelmeier, München und Hamburg, und ganz besonders Ingrid Zoré, kompetente Kostüm- und Wäschekennerin aus Berlin, und den unzähligen Regisseurinnen und Regisseuren, die – aus welchem cineastischen Motiv auch immer – ihre Schauspieler und Schauspielerinnen in immer neuen Wäscheszenen filmten.

INDUSTRIE

INDUSTRIE PROFILE

Foto: Volma GmbH

Ein Franzose namens d'Ambly

Um die Mitte des 19. Jahrhunderts liegen die Anfänge der Korsettherstellung auf industrieller Basis in verschiedenen Ländern Europas. Während die Vornehmen der Welt ihre Dessous in Pariser Ateliers oder bei heimischen Corsetièren nach Maß anfertigen ließen, gab es daneben für die weniger Betuchten Baumwoll-Korsetts, gewebt aus einem oder zwei Teilen. In Frankreich stellte sie die Firma Robert Werly in Bar-le-Duc schon vor 1848 her. In Deutschland kamen Korsetts dieser Art aus Württemberg, wo Handweber diese Artikel, nach denen hierzulande keine sehr große Nachfrage bestand, in Heimarbeit herstellten. 1848 legte dann ein Franzose namens d'Ambly, ehemaliger Offizier in englisch-indischen Diensten und Bezieher einer Kriegsversehrten-Rente, den Grundstein der deutschen Korsettindustrie. Mit staatlicher Hilfe entstand in Stuttgart die erste Fabrik.

Foto: Archiv Triumph International

Webstuhl, auf dem bei Jean Werly in Bar-Le-Duc nahtlose Baumwoll-Korsetts gewebt wurden.

Einen ganz wesentlichen Push erhielt die Korsettherstellung auf dem Wege zur Industrialisierung durch die Entwicklung der Nähmaschine, die „fortlaufende Stiche" produzieren konnte. Das gelang 1851 Isaac Merritt Singer in Amerika. Zu den ersten, die an Singers Nähmaschine glaubten, gehörte der Engländer Robert Symmington, der als junger Mann Singer zufällig kennenlernte, eine der ersten Singer-Nähmaschinen kaufte und nach England bringen ließ, um dort dann die Korsettherstellung im Familienbetrieb zu modernisieren.

1854 arbeitete man mit Hilfe der Nähmaschine auch in Deutschland Korsetts. In Württemberg entstanden Fabriken vor allem in Stuttgart, Cannstatt, Heubach, Mögglingen sowie in Ebingen und Bisingen (Hohenzollern). Von einer auch wirtschaftlich erfolgreichen Korsettindustrie für den deutschen Markt kann seit etwa 1870 die Rede sein, nachdem der wirtschaftliche Aufschwung Deutschlands auch den weniger begüterten Gesellschaftsschichten das Tragen von Korsetts ermöglichte.

Foto: Otto Landgraf

Um 1860-65 begann auch die Geschichte der sächsischen Korsettindustrie. Die Gründer hatten das Geschäft in Württemberg kennengelernt. Zu weiteren Zentren wurden um 1880 die Städte Köln, Berlin und Mannheim. In den 20er und 30er Jahren unseres Jahrhunderts gibt es eine Reihe renommierter deutscher Marken, die noch immer Bestand haben. Dazu gehören unter anderem Susa (seit 1859), Prima Donna (seit 1864), Felina, Escora, Ski-Mieder, Naturana und Triumph International, heute ein weltweit operierendes Unternehmen. Parallel dazu entwickelte sich die Miederindustrie in den anderen europäischen Ländern und in den USA, brachte Marken hervor, die internationalen Klang haben. Von den amerikanischen Marken, die nach dem 2. Weltkrieg Bedeutung auf dem deutschen Markt erlangten, hatte Warner's schon zuvor „Tradition" - durch Lizenzproduktion zuerst der Firma A. Gutmann Söhne, Stuttgart, dann der Firma Hunger, Hamburg.

Foto: Archiv Triumph International

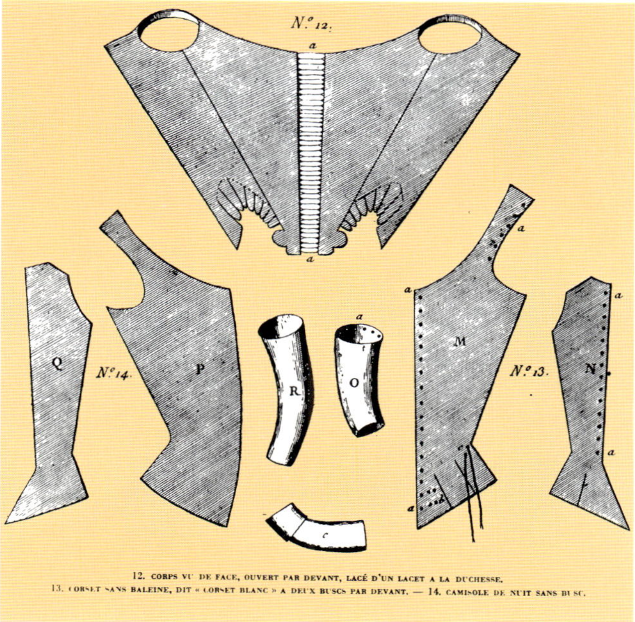

Schnitte für Leibchenformen, die als Corsagen für den Tag mit Stäbchen gearbeitet wurden, für die Nacht ohne.

Ebenfalls etwa um die Mitte des 19. Jahrhunderts wird der Grundstein der Trikotagenindustrie gelegt. Ihr Erfolg, zunächst mit Männerunterwäsche, hat viel mit dem damals aufkommenden Hygiene-Gedanken zu tun. Benger Ribana, Heinzelmann, Bleyle, Kübler, Vollmoeller, Schiesser gehören zu den großen Namen. Mit Ausnahme von Schiesser, deren Hauptgeschäft noch heute Trikotagen sind, haben sich die anderen ihren Namen durch Bademode und Oberbekleidung gemacht. In den 20/30er Jahren unseres Jahrhunderts ist vor allem die Schwäbische Alb schon ein Zentrum mittelständischer Trikotagen-Hersteller. Das ist bis heute so. Die Maschenwäsche-Produktion hat sich in Europa weitgehend auf den süddeutschen Raum, die Schweiz, Vorarlberg und Norditalien konzentriert.

Die erste Freiarm-Nähmaschine von Journaux Leblond aus dem Jahre 1867.

Schiesser, Radolfzell – Der VW Käfer der Unterhosen

Und läuft und läuft und läuft, so könnte man die Erfolgsgeschichte der Bundesfeinripphose betiteln. Wenn man in Deutschland eine Marke mit Wäsche verbindet, dann die des Radolfzeller Multis. „Zielstrebig und vertrauend auf die eigene Kraft legte Jaques Schiesser mit neun handbetriebenen Rundstühlen im Tanzsaal des Gasthauses „Schwert" den Grundstein für ein Unternehmen mit Weltruf und Weltrang", schrieb die Firmenchronik zum 100jährigen Jubiläum. Heute steht das Unternehmen auf Platz 17 in der Rangliste der größten Bekleidungshersteller Europas.

Fotos: Schiesser

Beat Kaufmann, Vorstandsvorsitzender: „Die allgemeine Verunsicherung, unzweifelhaft von Bonn ausgehend, hat dem Konsumenten die Freude an schöner Wäsche mit leicht erotischem Touch noch nicht genommen."

Markt und Marke sind die Schlagworte, die den Bodenseebetrieb zur Nummer 1 bei Deutschlands Unterwäsche gemacht haben. „Schiesser-Produkte werden im Jahresdurchschnitt 21.000 mal pro Stunde in ganz Deutschland nachgefragt oder empfohlen", präsentiert das zur Hesta AG, Zug, gehörende Unternehmen seinen Bekanntheitsgrad.

Schiesser, das ist aber auch das Feinripp-Image schlechthin und seit einigen Jahren der Kampf gegen gerade dieses Image. Jung und sportlich, modisch schick wie ihre Kollektionen will sich das Unternehmen geben. Und gegen das Argument, man trage die gleiche Marke wie der Urgroßvater, sollen gezielt Endverbraucher im jungen oder gehobenen Genre angesprochen werden. Für die Männerwäsche, die die Hälfte des rund 600 Millionen DM Jahresumsatzes ausmacht, bedeutet das, die Submarken nach vorne und den Namen Schiesser immer kleiner ins Etikett zu bringen.

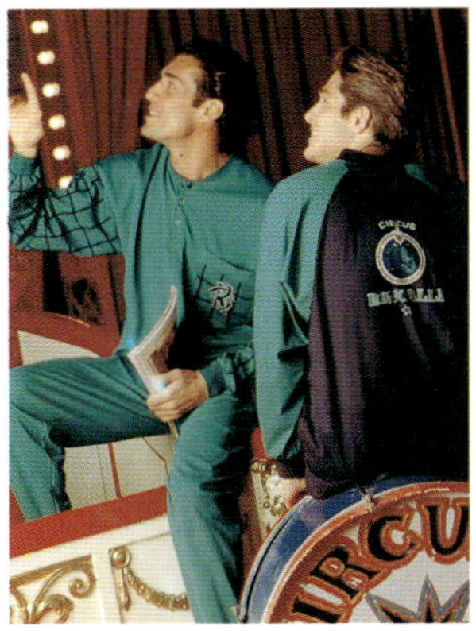

Mit Zwischenprogrammen für die ganze Familie, thematisch und werblich aufgemacht, bietet Schiesser seinen Kunden mehrmals im Jahr neue Wäsche an.

Ein anderer Weg, die Marke, 1875 von dem Schweizer Jaques Schiesser gegründet, auszubauen, ist die Preispolitik. Neben den Standards gibt es immer wieder Aktionsangebote bis hin zur Einführung der preisgünstigeren Linie „Bravo". Als Einstiegsmarke gedacht, kommen Preis- und Qualitätsleistung so gut an, daß mancher Kunde auf die normalen Schiesserbasics verzichtet. Wichtigste Marketinginstrumente bleiben bei Schiesser aber Distribution und Publikumswerbung. Fast ein Drittel des Marketingbudgets, das 3,5 % des Umsatzes ausmacht, fließt in Anzeigen, die sich an die Endverbraucher richten. Vom Synonym für die bundesdeutsche Unterhose versucht man seit der Grenzöffnung auch Stellvertreter der gesamtdeutschen Unterhose zu werden – ein Fakt, der durch hohe Markenbekanntheit und Wiederkaufsraten gefördert wird. Für die neuen Bundesländer ent-

Retrowerbung im Schwarz-Weiß-Look. Mehr Schaltungen fürs gleiche Geld und ein Image, das sich an amerikanischen Vorbildern orientiert, sind dabei die Hintergedanken. Und witzig die Parallele zum frühen Schiessermodeil.

wickelte eine Leipziger Werbeagentur eine Anzeigenstrecke mit Informationen über Qualität und Vielfalt der Schiesser-Produkte. Wichtigstes Argument gegenüber den ostdeutschen Endverbrauchern ist die sächsische Produktionsstätte bei Chemnitz. Die stellt jedoch hohe Anforderungen an den „Systemkopf" am Bodensee. „Heute muß bereits bei der Creation des Produktes auf die eingeleitete Verlagerung in verschiedene Produktionsländer geachtet werden. Daten von verbrauchsoptimierten Schnittlagebildern werden heute bereits via Satellit vom Bodensee in die Produktionsstätte in Sachsen übertragen", erklärt Beat Kaufmann.

Zur Übertragung der Marketingkonzeption in die rund 8000 Outlets, in denen Schiesserware vertrieben wird, bedient sich das Unternehmen einer starken Vertriebsorganisation. „Unsere 200 Mitarbeiter im Vertrieb kontakten 5 Kunden pro Tag. Innerhalb einer Woche ist also volle Distribution gewährleistet", macht Hansjörg Messmer, Marketingchef, die Rechnung auf. Sortimentsstraffung, Verbesserung der Logistik, Nachlieferung ab Lager innerhalb von 24 Stunden sind die teilweise schon umgesetzten Ziele. „Denn nicht der Große frißt den Kleinen, sondern der Schnelle den Langsamen", erklärt Kaufmann das Tuning für den bundesdeutschen Wäsche-Käfer. Dabei helfen 4016 Beschäftigte in der BRD und halten mit den von ihnen hergestellten Wäschemarken 2 % der Marktanteile bei Miederwaren und 30 % bei Herrenwäsche.

Mey, Albstadt – Clevere Schwaben mit Erfindungsgeist

Die Meys, geschäftsführende Gesellschafter in der dritten und vierten Generation, zuständig für Qualitätswäsche made in Germany.

Mey – feine Wäsche, wie die zweite Zeile der Etiketten lautet, ist der Inbegriff für Qualität. Urgroßvater und Großvater Franz Mey waren Fachleute, die das Trikotwirken von der Pike auf lernten. Franz Mey macht sich 1928 mit einer Lohnwirkerei selbständig und stellt Trikotstoffe für andere Betriebe auf der Alb her. Nach dem Krieg produziert man erstmals auch Stoffe für Unterwäsche. Und nachdem Großvater Franz eine Rundstrickmaschine erworben hatte, wollte er nicht mehr nur für andere stricken. 20 Jahre nach der Gründung stellt er selbst Ringelpullis und Unterwäsche her. Anfang der 60er konzentrierten sich Franz und Sohn Albrecht ganz auf die Produktion von Damenunterwäsche. Der Name Mey wird bei den Facheinkäufern schnell zum Begriff für Qualität.

Standort Deutschland: Trotz der Zweigwerke in Portugal wird auch im Inland, wo das Gros produziert wird, noch in die Nähfertigung investiert.

Eine Qualität, an der nie aufgehört wird zu arbeiten. Innovation heißt das Schlagwort, will man die Firmenphilosophie beschreiben. Mitten auf der Schwäbischen Alb wird aus der kleinen Lohnwirkerei des Franz Mey ein Wäscheimperium mit einem Jahresumsatz von rund 135 Millionen DM.

Damit das so bleibt oder – besser noch – wächst, stehen die Meys nie still. Bahnbrechende Neuerungen und Weiterentwicklungen kommen aus Albstadt. Verblüffend einfach sind oft die Kleinigkeiten, die hier entwickelt werden. „Comfortronic" ist beispielsweise eine solche Neuentwicklung: eine elastische Spitze mit hohem Baumwollanteil, weil Baumwolle beim Waschen nicht vergraut. Oder der vollrecycelbare, sortenreine Bügel. Technische Finesse und praktische Weiterentwicklung ist auch die superfeine Ware, die saumfrei gefertigt wird.

„Bei Mey arbeitet man ziemlich besessen bis zum Ende", drückt es Joachim Hahn, Geschäftsführer und für Herrenwäsche zuständig, aus. Und dieses Ende ist noch lange nicht in Sicht. Neuerungen kommen in regelmäßigen Abständen. So die Einführung der Herrenlinie vor einem Jahrzehnt (1984) oder die Verlagerung eines Teiles der Produktion nach Portugal. Mey hat hier ein eigenes Werk erbaut, das äußerlich dem Albneubau gleicht, nur der Blick aus den deckenhohen Fenstern ist ein anderer. Bei der Auslandsproduktion ist die Qualität wiederum entscheidendes Kriterium; die Konsumenten dürfen keinen Unterschied zwischen hier und dort produzierten Slips feststellen können.

Fotos: Mey

Mey, das ist die Ware, die Frau im Kaufhaus oder im Wäschefachgeschäft sucht, die solide, haltbare Wäsche. Zwar „eine Klasse für sich“, was Verarbeitung und Sitz betrifft, aber modisch noch in der Grundschule. Gegen dieses Image setzen die Älbler seit Ende der 80er Jahre auf Endverbraucherwerbung mit Anzeigen ihrer jungen und spitzenmäßigen Modelle in „Brigitte“ und „Stern“. Denn „Mey feine Wäsche“ ist längst mehr als nur Qualität.

Triumph International, München – Den Markt befragt und Antworten gegeben

Es könnte gut sein, daß die Wahl des Warenzeichens „Triumph“, das die Gründer der Korsettmanufaktur Spießhofer & Braun oHG, Heubach, 1902 eintragen ließen, ganz klar Ausdruck des Erfolges war, den sie bereits in den ersten 16 Jahren seit der Gründung 1886 hatten. Und natürlich des Optimismus, mit dem sie ihr Unternehmen weiterzuentwickeln gedachten. Was sie wohl kaum ahnen konnten: rund 100 Jahre nach der Gründung ist Triumph International ein imponierendes, weltweit operierendes Unternehmen der Mieder- und Wäschebranche einschließlich Nachtwäsche, Homewear und im Bade-/Strandmodebereich.

Schon 1909 beschäftigt Triumph 2400 Mitarbeiter. 1921 werden Triumph-Produkte in 20 Nähbetrieben hergestellt. 1926 ist das Gründungsjahr der Auslandsniederlassung in Zurzach in der Schweiz, heute Sitz der Holding und Schalt-Zentrale von Triumph International, Firmenname seit 1953. Die ups and downs der Jahre des 1. und 2. Weltkrieges haben Triumph tangiert wie andere auch. Als sich mit der Währungsreform 1948 die Verhältnisse normalisieren, beginnt für Triumph eine Entwicklung, die ganz wesentlich mit Dr. Herbert Braun zusammenhängt, der 1939 in die Geschäftsleitung kam.

Nicht nur die Internationalisierung nimmt ihren Anfang mit Gründung von Tochtergesellschaften in allen europäischen Ländern, Japan, Singapur, Malaysia, Taiwan, Iran und Hongkong zwischen 1954 und 1969. Auch Produktentwicklung, Produktpolitik und Marketing werden zum Instrumentarium, das das Unternehmen über das hinausführt, was für die Branche allgemein üblich ist und was sich in vielen Fällen als impulsgebend und positiv beeinflußend für die ganze Branche erweisen soll.

Noch heute gehört die „Doreen“-Serie zu den Bestsellern von Triumph International. Entwickelt wurde sie 1966. Über das Motiv mit der Seerose konnte man streiten – in Erinnerung geblieben sind die Anzeigen allemal.

Mode und Dauerbrenner

„Diana“ ist der erste BH mit vorgeschriebenem Verkaufspreis. Ein echter Markenartikel. Das war 1952. Die Produktpalette umfaßt zu dieser Zeit generell BHs, Hüfthalter, Corselets, die unterschiedlichen Figurproblemen und modischen Erfordernissen gerecht werden – trägerlose Corsagen beispielsweise. Aus klassischen gewebten Baumwollstoffen, aber auch Perlon-Qualitäten, Spitzen und Tüllstickereien sowie den verschiedensten Gummi-Elasticstoffen. In der „Kleinen Miederfibel“, ein Buch, das Triumph 1954 vor allem zur umfassenden Information für Miederverkäuferinnen herausgegeben hat, heißt es unter anderem: „Die Mieder unserer Zeit dienen der Gesundheit und Mode in gleichem Maße. Der moderne Büstenhalter und Hüfthalter will nicht nur halten, sondern auch veredeln“. Und direkt an die Verkäuferinnen gewendet: „Triumph-Modelle wollen Ihnen helfen, Ihre hohe Aufgabe im Dienste der Schönheit und Gesundheit der Frau zu erfüllen“.

Schon 1950 produziert Triumph International Nylon-Wäsche in Deutschland. Sensationell war 1963 die Idee, Mieder- und Tageswäsche in einheitlichem Stil als Mieder/Wäsche-Set anzubieten. Heinz Oestergaard erfand dafür den Begriff „Das erste Kleid“.

Die 60er Jahre sind geprägt durch die Propagierung von aufeinander abgestimmten Miedern und Tageswäsche (aus Perlon- oder Nylon-Wirkware) im Set-Gedanken. Die Miederserie „Doreen“ entsteht, mit der noch heute bedeutende Umsätze gemacht werden. 1967 bringt Triumph den ersten thermoplastisch vorgeformten, nahtlosen BH aus einem Polyester-Stoff auf den Markt. Überhaupt ist es eine Zeit des Wandels durch die Einführung der Elastanfaser Lycra, deren revolutionierende Bedeutung man bei Triumph genauso frühzeitig erkannte wie die des Moldens.

„Das erste Kleid“

1956 versichert sich Dr. Herbert Braun der Mitarbeit des Berliner Modeschöpfers Heinz Oestergaard. Rund 14 Jahre berät Oestergaard als Creative Director Triumph in Sachen Mode, gibt Anstoß für eine moderne Art der Miederpräsentation – nämlich direkt auf blanker Haut – und erfindet den Begriff „das erste Kleid“ für die Mieder/Wäsche-Garderobe als komplettes Darunter unter Kleid oder Kostüm. Die Modeschauen machen Furore. 1957 in der Royal Albert Hall in London, 1958 in Kairo im Zusammenhang mit dem Jubiläum der Baumwollbörse auf internationaler Basis, 1959 im Berliner Hilton-Hotel mit großer internationaler Resonanz, 1961 in Paris, 1969 und 1970 auf Asien- und Europa-Tourneen.

„Einer für alle“ – der BH, der für mehrere Größen und Cups passend ist – kam 1974 auf den Markt. Er entwickelte sich weltweit zum Verkaufs-Hit und wird noch heute mit Erfolg verkauft. Er hat gemoldete Cups. Nähte und Kantenversäuberungen sind mit Ultraschall verschweißt.

Die 70er Jahre verändern vieles

Mieder und Wäsche waren auf gewisse Weise enttabuisiert worden. Dazu hatte auch die wegweisende Triumph-Werbung beigetragen. Dann aber zeigten gesellschaftliche Veränderungen erhebliche Auswirkungen: die Emanzipationsbestrebungen der Frauen. Der Miederindustrie bescherten sie Stagnation und Zukunftssorgen. BHs wurden zum Symbol der Bevormundung, von der es sich zu befreien galt, öffentliche BH-Verbrennungen zum spektakulären Ereignis. Rudi Gernreich, amerikanischer Modemacher, propagierte den „Oben-ohne-Look“. Das wirkte sich auf die BH-Umsätze aus.

Bei Triumph kamen in dieser retardierenden Phase bemerkenswerte Aktivitäten in Gang. Die Marktforschungsabteilung, schon Anfang der 60er Jahre aufgebaut, bekam den Auftrag herauszufinden, „wieso und warum die Misere entstanden war“. Wie sich zeigte, lag es denn auch nicht nur an der Emanzipation. Die unter großem finanziellen Aufwand durchgeführte Studie ergab, daß sich viele Frauen scheuten, sich beim BH-Kauf ausziehen zu müssen, um einen BH anzuprobieren. Das Ergebnis bei Triumph: „Einer für alle“ – ein für mehrere Größen und

Die „Sloggi"-Slips aus 95 % Baumwolle mit 5 % Lycra stehen für eine neue Generation von Wäscheslips, die durch moderne Elastizität mehr hautnahen Komfort bieten. Triumph International verkauft heute unter der Marke „Sloggi" weltweit an die 50 Millionen Stück jährlich.

Cups passender BH. Ein weltweiter Hit, der sich in „unglaublichen Stückzahlen" verkaufte und noch heute gute Umsätze bringt. Es war zugleich ein technischer Meilenstein. Aus einer italienischen 20 den-Kettstuhlware mit Lycra entstand ein nahtloser BH mit gemoldeten Cups und Nähten sowie Kantenversäuberungen, die nicht genäht, sondern mit Ultraschall verschweißt sind.

Noch andere wesentliche Produkte der Miederhersteller standen auf der Verliererseite: Hüfthalter und Miederhosen. Der Siegeszug der Strumpfhosen veränderte die Tragegewohnheiten. Der Slip bekam Priorität. Das neue Triumph-Produkt: der „Sloggi". Die ersten Sloggis noch zum Tragen über Strumpfhosen, dünn und seidig-glatt. Aus Baumwolle, mit dem modernen Zusatzeffekt leichter Elastizität, wird dieser Slip dann zum Vorreiter einer neuen Slipgeneration im Markt.

Die 70er Jahre verändern vieles. Nicht nur die Tragegewohnheiten, die sowohl durch neue Produkte beeinflußt sind als auch durch die einsetzende Fitneßwelle, sondern zudem durch ein anderes Lebensgefühl, dem besonders die Jugend Ausdruck gibt. Sie sprach plötzlich eine andere Sprache, zog sich nicht mehr an „wie es sich gehört", verhielt sich überhaupt unkonventionell. Sie schien dem Mieder- und Wäschemarkt zu entgleiten. Die Aufgabe für die Triumph-Marktforschungsabteilung: durch gründliche Vorarbeiten die Basis für Produkte zu schaffen, die jungen Käuferinnen „Spaß machen" würden.

Die Jugendmarke „BeeDees" entsteht

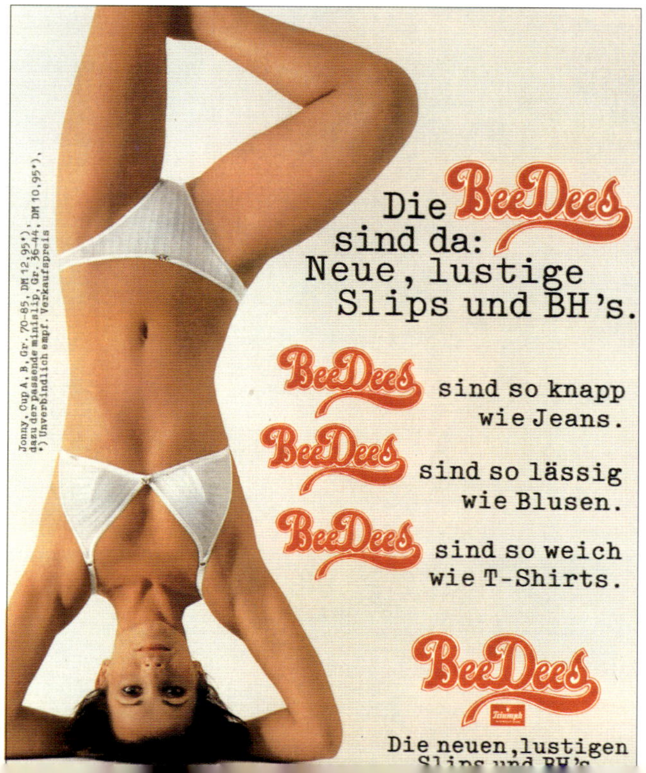

„BeeDees" – die Jugendmarke, die Triumph International im Herbst 1979 vorstellte. Vom Einzelhandel in den meisten Fällen zunächst mit einiger Skepsis beurteilt, hat sie sich mit Vehemenz durchgesetzt. Heute kennen 88 % der Mädchen unter 20 Jahren hierzulande die „BeeDees", 67 % lieben die Marke. Dies sind Werte, so stellt Triumph International fest, die man vergleichbar nur von ausgesprochenen Lifestyle-Produkten wie etwa von Jeans kennt. Das „BeeDees"-Anzeigenmotiv von 1980 zeigt, daß so einiges „auf den Kopf gestellt" wurde.

Um mit etwas Erfolg zu haben, was zuvor überhaupt kein Thema war, mußte rundum alles anders werden. Die BHs und Slips unkompliziert und witzig, die Marke, die Werbung, die Öffentlichkeitsarbeit optisch und in einer Sprache, die junge Leute als die ihre akzeptierten. In psychologischen Untersuchungen hatte man herausgefunden, das Jugendliche Kunststoff nicht so toll fanden. So entstand der typische Kleiderbügel aus Pappe. Als die „BeeDees" 1979 dem Handel vorgestellt wurden, kam das einer kleinen Provokation gleich, der man zunächst mit Zurückhaltung begegnete. Die jungen Leute fühlten sich jedoch offensichtlich richtig verstanden. Innerhalb weniger Jahre erlangte die Marke „BeeDees" einen immensen Bekanntheits- und Beliebtheitsgrad. 88% der Mädchen hierzulande unter 20 Jahren kennen heute „BeeDees".

Bedarfsgruppen-Orientierung

Ende der 60er Jahre beginnt man generell, Marktforschung als Grundlage aller Aktivitäten im Markt zu betrachten. In der Mode entsteht die Zielgruppenorientierung. Zielgruppe Nr. 1 meint die Avantgardistinnen, Nr. 2 die Gruppe der modeinteressierten Frauen, die aber nicht die Ersten sein wollen, Nr. 3 den großen Teil der Frauen mit konservativerer Einstellung. Für Mieder und Wäsche paßt das Modell nicht. Triumph beschäftigt sich in den 70er Jahren lange damit und kommt schließlich auf die Bedarfsbereiche. Zunächst gibt es mit BeeDees den Bedarfsbereich Jugend; der zweite ist Sport mit speziellen Sport-BHs, eine Welle, die aus Amerika auch auf den deutschen Markt überschwappt. Gleichzeitig werden die bestehenden Kollektionen kategorisiert; neue Kategorien entstehen. Ein plausibles Nebeneinander von Fashion Style, Funktion, BeHappy (auf Baumwoll-Qualitäten basierend) und Lillyets (preisorientierte jugendliche Mode, die auch zu Impulskäufen animieren soll) wird geschaffen, für Dessous und teilweise auch für Nachtwäsche und Bademode.

Die Orientierung an Bedarfsbereichen dient der Profilierung der Produkte an sich und gegenüber den Frauen, die sie kaufen und tragen sollen. Einkalkuliert ist, daß ein- und dieselbe Frau, abhängig von ihren persönlichen Bedürfnissen und Tragegelegenheiten, durch unterschiedlichen Bedarfsbereichen zugeordnete Produkte angesprochen werden kann. Dieses Modell liegt mittlerweile auch in einem Trend, der von Marktforschern und Werbefachleuten als prägend für die 90er Jahre ausgemacht wurde: die Suche nach Individualität.

Das Bedarfsbereichsmodell hat Triumph inzwischen in der „Anwendung“ erweitert, nämlich bis zum Ladentisch. Dieser sich jetzt vollziehende Schritt führt Triumph und interessierte Einzelhändler zusammen. Mieder- und Wäscheabteilungen werden nach Bedarfsbereichen gebündelt – Mieder und Tageswäsche/Trikotagen zusammengeführt. Produktideen und Bedarfsbereichsvorstellungen sollen für die Verbraucherinnen transparenter werden und zu besserer Orientierung führen. Werbung findet ihren Endpunkt am Ladentisch.

In den 80er Jahren wird die Dessousmode einerseits sportiv-funktionell, andererseits sehr feminin. Elastische Spitzen, Transparenz, neue Elastics spielen eine große Rolle. Frauen entdecken den dekorativen, femininen Reiz der Dessous wieder. Das ist bis heute so. Auch in der Art der Modellpräsentation drückt Triumph International dieses Lebensgefühl aus.

Immer Bodenhaftung

In den 80er Jahren bekommen Mieder und Wäsche – Dessous – einen Stellenwert, von dem die Branche bis dahin nur träumen konnte. Die Innerwear/Outerwear-Ideen, Dessous, die sichtbar getragen werden, Bustiers und Bodies gefallen nicht nur der Jeansgeneration. Die Dessousmode wird einerseits sehr feminin, andererseits sportiv-funktionell. Triumph realisiert das in den Miederkollektionen und den wäschigeren Aspekt in dem inzwischen zu einer kompletten Kollektion ausgebauten Trikotagen-Angebot. Alle Entwicklungen, modisch wie funktionell, preislich höher angesiedelt oder in Konsumpreislagen, sind bei Triumph auf das Verständnis und die Bedürfnisse von „Normalfrauen" ausgerichtet. Qualität und Glaubwürdigkeit bleiben Vorgaben, die beherzigt werden. Bodenhaftung geht nie verloren, auch nicht bei den modisch ausgerichteten Programmen.

In die 90er Jahre ist Triumph auch unter dem Gesichtspunkt der Umweltverträglichkeit gestartet. „Fabienne"-BHs entsprechen den Ökotex 100-Standards, seit Januar 94 auch die „Slips der Extraklasse". Die Metallbestandteile der Modelle (Häkchen zum Beispiel) sind nickelfrei. Baumwollwäsche ist chlorfrei gebleicht.

Die Fitneßwelle läuft und Triumph International entwickelt die Sport-BHs, mit funktionellen Schnitt- und Verarbeitungsdetails, aus einem Polyester/Baumwolljersey mit Elastan, bis 60° waschbar.

Größter Bekleidungshersteller Deutschlands

Triumph International ist mit Miedern, Tageswäsche, Nachtwäsche, Homewear, mit Herrenwäsche, Bade- und Strandmode (seit 1961), Sportmode für Damen und Herren (seit 1981) am Markt. Die bekannte französische Herrenwäschemarke „Hom" übernahm Triumph 1986.

Eine Beteiligung an der NCC Industries INC/USA (1980) sicherte Triumph einen bedeutenden Anteil am US-Markt unter dem Markennamen „Lilyette". Durch Lizenzverträge, Firmenkäufe, Gründung eigener Unternehmen und von Tochtergesellschaften sowie Produktionsstätten rund um die Welt ist Triumph International heute in mehr als 120 Ländern der Welt vertreten und beschäftigt insgesamt mehr als 30.000 Mitarbeiter. 1985 beginnt Triumph mit der Distribution in der Volksrepublik China. Zwischen 1990 und 92 entsteht in Bangkok das weltweit größte und modernste Triumph-Produktionswerk, 1992 eine Produktionsanlage in Fez/Marokko.

Dr. Herbert Braun kam 1939 in die Triumph-Geschäftsleitung. Nach dem 2. Weltkrieg hat er die Entwicklung des Unternehmens dynamisch beeinflußt. Früh erkannte er die Bedeutung des modernen Marketings. 1982 schied er aus der aktiven Geschäftsführung aus und wurde Vorsitzender des Aufsichtsrates. Er starb 1992 im Alter von 82 Jahren.

Die geschäftsführenden Gesellschafter der weltweiten Triumph International-Gruppe sind Dr. Michael Braun, Wolfgang Spießhofer, Dieter Braun und Günther Spießhofer.

Fotos: Triumph International

Gruppo La Perla, Bologna – Kreative Ästheten

Vielleicht liegt's ja wirklich in der Luft. Bologna ist eine Stadt mit sehr alter Kultur und Tradition, auch auf textilem Gebiet – es gab zum Beispiel früh eine blühende Seidenindustrie. Mitte des 19. Jahrhunderts etablierten sich hier Korsettmacher-Betriebe. Es gab damals schon eine Schule, die dieses Handwerk lehrte. Das alles war immer mit handfestem merkantilem Verstand verbunden, was gute Organisation und harte Arbeit einschließt. Jedenfalls ist das auch ein Charakteristikum der Gruppo La Perla: kreative Ästheten arbeiten auf solidem wirtschaftlichem Fundament mit großem Engagement.

Dr. Alberto Masotti, Generaldirektor und Vorstandsvorsitzender der Gruppo La Perla.

Was Dr. med. Alberto Masotti bewogen hat, die Medizin aufzugeben und sich im Betrieb seiner Mutter Ada zu engagieren? In einem Interview hat er einmal gesagt, die Arbeit seiner Mutter sei ihm den Einsatz wert erschienen, auf jeden Fall sei sie „nicht so blutig". Mit seiner Frau Olga Cantelli, die eine textile Ausbildung absolvierte und seit langen Jahren Chef-Designerin ist, hat er ein Dessous/Wäsche- und Bademode-Unternehmen aufgebaut, dessen imponierende Entwicklung sich ganz wesentlich darauf begründet, daß die kreative, innovative Seite des Firmenmanagements stets entscheidender Teil der Unternehmensstrategie war.

Es ging nie um l'art pour l'art, sondern immer um die Umsetzung des eigenen hohen Qualitäts- und Design-Verständnisses, das sich in den Produkten ausdrücken und sich via Werbung den Frauen mitteilen sollte. Das ist gelungen. Weltweit verstanden Frauen die emotionale Botschaft anspruchsvoller Produkte, die ihren Preis haben. Dessous auf dem Niveau hochangesiedelter Modeprodukte. Den gesamten Dessousmarkt hat das positiv beeinflußt und in Bewegung gebracht.

Luxusbegriff ist relativ

Ein bißchen Wagemut hat schon dazugehört, als Ada Masotti sich selbständig machte, in schwierigen Jahren nach dem 2. Weltkrieg und ohne einen finanziellen Background. Aber ihre persönliche Investition war eine gute Grundlage. Sie hatte das Miedermachen gelernt und verstand ihr Metier nach den Grundsätzen: absolute Qualität, Ästhetik, besondere Aufmerksamkeit für Details. Den Namen „La Perla" hatte ihr Mann für sie gefunden. Dr. Masotti betont gern, daß die „La Perla"-Philosophie auf diese Einstellung seiner Mutter zurückgeht.

Als Dr. Masotti Anfang der 60er Jahre in das Unternehmen eintrat, tat sich in der Mode generell

Industrie-Design bezieht sich in Italien nicht nur auf Produkte, sondern häufig auch auf die Gebäudekomplexe, in denen produziert und verwaltet wird. Ein Beispiel dafür bietet die Gruppo La Perla. Ästhetische Grundsätze gelten nicht nur für die textilen Erzeugnisse, sondern auch für die Umgebung, in der sie entstehen.

Neues. Frische junge Dessous wurden aktuell, Modefarben fingen an, eine Rolle zu spielen. La Perla nahm diese Veränderungen auf. Aber gleichzeitig begann die Suche nach einem eigenen Stil, nach modernen Interpretationen des Femininen. Die neuen elastischen Qualitäten inspirierten. Man ging daran, mit Stofflieferanten neue Qualitäten zu entwickeln, Stoffe anders als üblich zu kombinieren. Es entstand ein permanenter Experimentierprozeß auf modischem und technischem Gebiet, haben doch moderne Maschinen großen Anteil auf dem Weg zu modernen Stoffen und Produkten. Bademode, Nachtwäsche, Strümpfe, Tageswäsche erweiterten das Body-Konzept.

Die Malizia-Kollektionen haben ein jugendliches modisches Image. Frische ist typisch für ihr Umfeld.

Die Emanzipationsbestrebungen der Frauen Anfang der 70er Jahre, die zu den spektakulären BH-Verbrennungen führten, haben weder das La Perla-Konzept noch die positive Entwicklung des Unternehmens beeinflußt. Mit viel elastischer Spitze, Transparenz, reinseidenen Stoffen wurde La Perla zur Marke mit Luxus-Appeal. Wobei der Begriff Luxus relativ ist, denn Qualität und Ästhetik haben einen Mehrwert, der sich bezahlt macht.

Zeit der Diversifikation

In den 80er Jahren wurden Dessous dann endgültig zu Modeartikeln, die man auch sichtbar zu tragen begann. Bei La Perla entstanden zum Beispiel die Bodies namens „Underblazer", Spitzenbodies mit bedeckten Schultern, die unter dem Blazer getragen werden konnten.

Eigentlich hatte Cecil St. Laurent gar keinen Grund, in seiner 1986 erschienenen Dessous-Chronik „Drunter" den Verlust der femininen Schönheit der Dessous in unseren modernen Zeiten zu beklagen. Es gibt sie ja. Olga Masotti arbeitet unter der Prämisse „eine Frau sollte ganz und gar sexy angezogen sein, wenn sie ausgezogen ist, ohne sexy jemals mit vulgär gleichzusetzen", wie sie es einmal ausgedrückt hat.

In den 80er Jahren werden Weichen durch Diversifikation gestellt. Es entstehen u.a. die Malizia-Kollektionen für jüngere Frauen, Grigio Perla für Männer, La Perla-Kollektionen mit Wäsche und Bademode für 2-16jährige, Parfüm und eine Badekosmetik-Linie, die Ritmo-di-Perla-Kollektion, die in Richtung femininer DOB zielte und inzwischen als raffinierte Cocktailmode-Kollektion Erfolg hat.

1991 bekommt das international operierende Unternehmen MB International unter dem Unternehmensdach Gruppo La Perla eine neue klare Struktur. Dalmas ist auf Dessous konzentriert mit den Marken La Perla, La Perla Couture, Malizia, Occhi Verdi, Marvel, Ballando Conte. Bei Le Rose haben Maschenwäsche und Strümpfe/ Strumpfhosen ihr Domizil (La Perla, Malizia, Occhi Verdi, Grigio Perla, Macedonia), bei Woman Italiana Nachtwäsche/Loungewear (La Perla, Joelle, Francine, Malizia, Occhi Verdi, le maliziose, Macedonia). MB International ist für die Bademode-Kollektionen zuständig, darunter La Perla, Anna Club, Oceano, Lido by Anna Club, Malizia, Aquasuit. Diese Diversifikation ermöglicht es der Gruppo La Perla mit den verschiedensten Marken in den Märkten zu agieren und unterschiedliche Zielgruppen zu erreichen, vom luxuriösen Herzstück „La Perla" über junge Produktlinien bis zur Sognando-Kollektion, die einen breiteren Kreis von Frauen anspricht.

Die Gruppo La Perla steht auf einem soliden Kapitalfundament, das alle notwendigen Investitionen aus eigener Kraft erlaubt. Sie gehört zu den führenden Industriegruppen Italiens und operiert erfolgreich auf internationaler Ebene. Die generelle Zielsetzung, so Dr. Masotti: Umfassende Kreativität, richtiges Preis-Leistungs-Verhältnis und viel Serviceleistung für die Einzelhandelspartner und die Frauen, die die Produkte tragen.

Fotos: Gruppo La Perla

Die La Perla-Produkte sind luxuriöses Herzstück der Gruppo La Perla mit verschiedenen Modemarken. Diese Leader-Funktion, die viel dazu beigetragen hat, das Dessous zu Modeartikeln, die ihren Preis haben, geworden sind, drückt sich in allen La Perla-Aktivitäten aus. Nicht zuletzt wird dieser Anspruch in der optischen Präsentation vermittelt.

Cadolle, Paris – Wunderbarer Anachronismus

Wer wird die intimen Dessouswünsche der Frauen schon je so ganz begreifen? Angesichts der gewaltigen modernen Miederindustrie, die doch eigentlich auf alle Figurprobleme und alle Vorstellungen von Dessous einzugehen scheint, hat die Geschichte von Cadolle etwas Erstaunliches. Dessous-Historie ist hier zugleich lebendige Gegenwart.

Foto: Cadolle

Poupie Cadolle, Chefin von Cadolle Paris.

Erfahrungen aus gut 100 Jahren der Dessous-Anfertigung sind Grundlage der heutigen Arbeit. Bei Herstellung, Stoffen, Modellideen haben über die Jahre immer nur behutsame Anpassungen an die jeweils zeitgemäßen Gegebenheiten stattgefunden. Gewisse Grundsätze wurden nie aufgegeben. Poupie Cadolle, die das Unternehmen jetzt repräsentiert, sieht sich durchaus als Corsetière im klassischen Sinne.

Was sie unter Qualität versteht, was ihre Privatkundinnen wollen, führt Mieder-Tradition und Gegenwärtiges zusammen. Darauf legt Poupie Cadolle, die eigentlich Juristin ist und dann doch das Metier wechselte, großen Wert. So gilt für sie zum Beispiel, daß ein wirklich komfortabler BH, der der Brust eine perfekte Form gibt, niemals Cups aus Maschenstoff oder elastischem Material haben darf, daß Träger allerhöchstens im Rücken etwas elastisch sein dürfen, der Sitz außer durch feine festere Stoffe viel mit schnittechnischen Raffinessen zu tun hat. Daß Cadolle-Mieder langlebig sind, beweisen gelegentlich Modelle, die zur Reparatur gebracht werden. Manche schon zu langlebig, selbst bei ihren Qualitätsvorstellungen.

Cadolle, Rue Cambon 14 in Paris – Dessousgeschäft, Maßsalon und Domizil der seit 1989/90 bestehenden Diffusion Cadolle mit Kollektionen, die an den Einzelhandel weltweit verkauft werden. Die Kollektionen mit Dessous und Tageswäsche, Bodies und Corsagen im Innerwear/Outerwear-Stil entwirft Poupie Cadolle. Die Stärke der Kollektionen liegt vor allem bei den Corsagen, deren nostalgischer Touch besonderen Reiz hat. Um die Einzelhandelskunden zu erreichen, stellt Cadolle auf Fachmessen wie dem Salon International de la Lingerie in Paris und im September auf der Igedo Dessous aus.

Eine Legende

Hermione Cadolle machte sich 1889 selbständig, dem Jahr, das auch als Geburtsjahr des BHs gilt. Seit 1914 gibt es die Adresse in der Rue Cambon, Ziel der Reichen und Schönen, der Berühmten und weniger Berühmten, die dort ihre Dessouswünsche erfüllt bekamen und noch immer erfüllt bekommen. Der absoluten Diskretion sicher, professionell beraten und mit Einfühlungsvermögen umsorgt. Eine Legende, wie viele der Kundinnen inzwischen ebenfalls Legende sind.

An der Philosophie des Maßateliers hat sich bis heute nichts geändert. Die Klientel kommt hauptsächlich aus Nord- und Südamerika, Japan, den arabischen Ländern. Cadolle arbeitet für die Haute Couture, paßt Dessous dem Kleidungsstück an. Oft sind es Hochzeitskleider. Vor einigen Jahren wurde eine Crazy Horse-Show mit schwarzen Taillenmiedern ausgestattet.

Frauen geben Geld für Qualität aus

Von der Krise im Luxusgenre sieht sich Poupie Cadolle nicht betroffen. Das Maßmiedergeschäft läuft unverändert gut (die Nachfrage nach Nachtwäsche ist dagegen gesunken). Für diese Kunden zählt Qualität. Dieses Geschäft hängt nicht von einem bestimmten Milieu ab, sondern hat etwas mit femininem Gefühl zu tun. „Die Frauen wollen entweder Komfort oder eine bestimmte Silhouette. Vor allem Frauen um 40/45 Jahre sind oft an einem persönlichen Wendepunkt. Sie haben einen neuen Mann oder wollen ihrem Ehemann weiterhin oder wieder mehr gefallen. Sie wollen sexy und jünger wirken", sagt Poupie Cadolle. Jüngere Frauen, Cadolle registriert einen stärkeren Zulauf von Kundinnen um die 30/35 Jahre, kümmern sich wieder mehr um ihren Körper, pflegen ihn, versuchen nicht zu altern, indem sie auf ihre Figur achten. Aber man will auch dem eigenen Traumbild näher kommen. Im Augenblick träumen viele Frauen offensichtlich von der Wespentaille.

Während es in vergangenen Zeiten durchaus üblich war, Kunden, die den Weg in die Rue Cambon aus irgendwelchen sehr persönlichen Gründen scheuten, im Hotel aufzusuchen, geht es heute teilweise doch sehr viel öffentlicher zu. In Zusammenarbeit mit amerikanischen Warenhäusern im hohen Genre werden Trunk Shows veranstaltet. Poupie Cadolle reist drei- bis viermal pro Jahr in die Staaten mit einer Mieder- und Wäsche-Kollektion, bleibt 5-6 Tage dort, um Kunden zu treffen und Aufträge für die Maßmieder entgegenzunehmen. Nach einem Monat kehrt sie zu Anproben zurück. Von Paris aus werden die fertigen Dessous nach Amerika expediert. Eine teure Angelegenheit, denn auf die Preise kommt der Zoll von 32%. Cadolle kann im übrigen auf eine Kartei mit Adressen und Maßen vieler ausländischer Kundinnen zurückgreifen. Es gibt eine Art Versandgeschäft. Wer seine Maße nicht verändert, kann 25 Jahre „nachbestellen", denn solange werden die Maßangaben aufbewahrt. Davon machen die „Lousiana-Belles" Gebrauch, die noch heute eine Vorliebe für Corsets/Corsagen im viktorianischen Stil haben, jedenfalls zu Zeiten der großen Bälle in New Orleans.

Die Stärke der Kollektionen von Diffusion Cadolle liegen vor allem bei den Corsagen, deren Vorbilder um die Jahrhundertwende entstanden. Cadolle verfügt über einen großen Fundus.

Foto: Bernd Ahrens

Pariser Esprit direkt

Deutsche Kunden kommen nicht extra zum Einkaufsbummel nach Paris; unter den Atelierkunden rangieren sie unter „ferner liefen". Dagegen wollen Amerikaner, Japaner, Araber Pariser Esprit direkt schnuppern, wollen sehen und kaufen. Davon profitiert auch der Dessous-Laden, dessen Sortiment rund 80% Mieder und rund 20% Tages- und Nachtwäsche bietet.

Jockey – Amerikanische Slips made in Hechingen

The American Way of Life setzt sich auch in der Herrenwäsche durch. Waren es zuerst die Boxershorts, die über den großen Teich nach Europa schwappten und aus dem Bild der Wäscheabteilungen längst nicht mehr wegzudenken sind, wurde schon Mitte der 30er Jahre eine weitere bahnbrechende Erfindung gemacht. Die Ende des 19. Jahrhunderts in Kenosha/Wisconsin gegründete Firma Coopers bringt 1934 unter der Marke „Jockey“ einen neuartigen Herrenslip auf den Markt. Das Neue daran ist der Schnitt mit Eingriff – in Form eines Ypsilons. Der amerikanische Hersteller besitzt neben seiner Unterhosenproduktion noch eine große Pferderanch in Kentucky: so kommt nicht nur der Namen zustande, sondern auch das Produkt. Denn wichtig an dem Slip sind die flachen Nähte, die beim Reiten nicht scheuern.

Foto: Pfeiffer

Gerd Hauschild, Geschäftsführer der Volma Wirkwaren GmbH: „Kultur fängt nicht bei Museumsbauten, sondern bei den kleinen Dingen an.“

Jockeys Anfänge: Unterwäsche zur Gründungszeit des amerikanischen Unternehmens um 1876 mondän in Öl auf Leinwand gebannt.

Nach England und Australien erhält 1942 der Schweizer Fabrikant Hans Vollmoeller die Lizenz. Doch mitten im Krieg hat man in Europa andere Sorgen. So gehen die deutschen Slips erst nach 1950 in Produktion. Der Schweizer und die Gebrüder Maute aus Hechingen gründen zu diesem Zweck die Firma Volma Wirkwaren GmbH. Von hier aus wird in Lizenz der Ypsilon-Slip mit dem eingewebten Markennamen im Elastikband produziert und vertrieben.

Jockey International Inc. hat heute weltweit 120 Lizenznehmer mit einem Umsatz von über 400 Millionen US $. Die liberale Firmenpolitik gestattet jedem Lizenznehmer eine freie Produktpolitik. Einziges weltweites Kriterium: die Qualität. Auf die Gegebenheiten des deutschen Marktes reagierte die Hechinger AG Ende der 60er Jahre mit neuen Produktgruppen. Von der Monomarke zur Multimarke, lautete die Devise. Seitdem gibt es auch Herrenstrick, Herrenbadehosen, T-Shirts und Schlafanzüge und seit knapp 20 Jahren Jockey-Jerseyhemden, die eine Zeitlang den Wäscheumsatz überflügelten.

„Jockey or nothing“ heißt der freche Werbespruch, mit dem der Bekanntheitsgrad von 59 % laut Outfit-Studie 2 treffend umschrieben ist. Entworfen wurden die kleinen Strichmännchen aus Anlaß eines Kaufhausjubiläums. Mit witzig bedruckten Big-Shirts sollten die Nackten im englischen Garten werbewirksam eingekleidet werden. Eine Aktion, die sich nicht gerade als einfach erwies, hatten die Nackten doch wenig Lust, am nächsten Tag als Titelbild in der Zeitung zu erscheinen. Umso mehr Erfolg feiert aber das Label seitdem. Als junge Marke ist sie weder aus dem Facheinzelhandel noch aus dem Wäscheschrank der 15- bis 50jährigen wegzudenken. Und bei 92 Millionen DM Jahresumsatz – davon rund 30 Millionen mit Herrenwäsche – müssen sich schon sehr viele die Frage nach dem „Jockey or nothing?“ mit „Jockey“ beantwortet haben.

Fotos: Volma GmbH

Die heutige Wäsche erinnert wieder an die Anfänge, nur daß der Bund breiter wird und Farbe ins Spiel kommt.

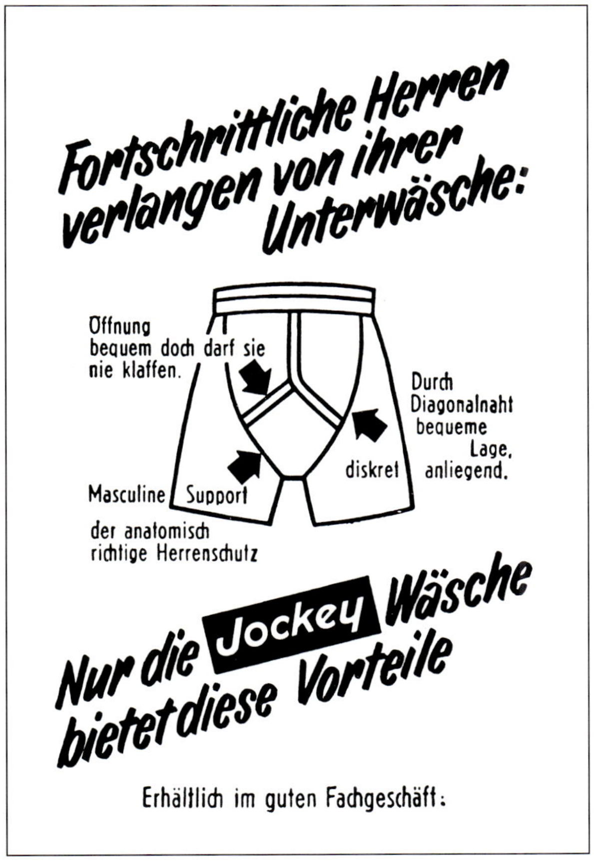

Jockey in Deutschland im modischen New Look der 50er Jahre. Unterhose mit detaillierter Erklärung des Ypsilon-Schnitts.

Die Schweizermacher

„Made in Switzerland“ steht nicht nur für die Qualität bei Schokolade, Käse, Uhren und Taschenmessern, sondern auch für die im Wäschebereich. Swiss Cotton, die Warenbezeichnung, klingt im Originaldialekt ausgesprochen so weich und anschmiegsam, wie sie sich anfühlt. Die Schweizer Wäscheindustrie bietet für jeden Konsumenten jeder Preisklasse etwas. Calida, Habella, Hanro oder Zimmerli bringen Sportliches bis Extravagantes zumeist auf den deutschen Markt. Zwischen 33 % und 60 % schwanken die Exportquoten ins Nachbarland.

Foto: Bachmann

Calida – Rundum natürlich

Vor dem Hauptsitz in Sursee nahe Luzern grasen die Schafe, und nicht nur beim Aspekt Rasenmähen wird der Umweltgedanke bei Calida großgeschrieben. Von der eingekauften Baumwolle über die Färbetechniken bis zur Wärmerückgewinnungsanlage und dem schadstoffarmen Transport sehen die Söhne der Firmengründer, Erich Kellenberger und Walter Palmers, ihre zeitgemäße Aufgabe in puncto Umweltschutz. „In den 70er Jahren haben wir auf der Hochschule noch den Grundsatz ‘Die Auslese der Unternehmen wird sich über den Arbeitsmarkt regeln’ gelernt“, referiert Walter Palmers, „meiner Meinung nach wird aber ein wichtiges Kriterium in Zukunft sein, ob sich das Unternehmen ökologisch richtig verhält.“ Doch der Umweltschutz hat seinen Preis. Sieht man sich die notwendigen oder freiwilligen Investitionen an, stellt sich die Frage nach dem „Warum?“ Die Antwort des Umweltbeauftragten fällt da kurz und knapp aus: „Idealismus gehört dazu“.

Daneben gilt es natürlich vor allem, Tag- und Nachtwäsche für die ganze Familie zu produzieren. „Calida stellt Mensch, Umwelt und Qualität in den

Foto: Bachmann

„Inselproduktion“ nennt sich die neue Fertigung, die den Fließ„band“gedanken in einen „Kreis“lauf verändert. Die von der ersten Naht bis zur Handverpackung für jeweils ein Modell zuständigen Gruppen, machen eine flexible Produktion möglich. Auf Wunsch kann schnell etwas anderes produziert werden.

Mittelpunkt“, lautet das Unternehmensziel. Natürlich sollen dabei Ertrags- und Umsatzwachstum nicht zu kurz kommen. So will man weg von der rationalen Markenbindung hin zu einer emotionalen. Die Markenbekanntheit – laut einer Brigitte-Studie kennen rund 20 % der 15- bis 49jährigen Frauen die Marke – soll innerhalb eines Jahres verdoppelt werden. Einfaches Mittel dabei: die Fernsehwerbung. Dafür investiert Calida im Bereich PR überdurchschnittlich. Und Werbung hat schon früher die süßesten Früchte getragen.

„Calida zieht nicht nur mich an“: Absatzwunsch und Werbemittel für Plakatwände und Anzeigen, flankierend zum TV-Einsatz.

Nach Einführung der Endverbraucherprospekte 1974/75 stieg der Umsatz bei der Nachtwäsche um 40 %. Damals trat Calida mit der revolutionären Entwicklung des nicht hochrutschenden Schlafanzuges einen unvergleichlichen Siegeszug an. Und der Umsatz hat sich in gut vierzig Jahren von zwei auf knapp 200 Millionen verhundertfacht. Für die deutschen Kunden – immerhin wird ein Drittel der Gesamtproduktion ins nördliche Nachbarland exportiert – ist vor allem das „Made in Switzerland“ auf dem Etikett wichtig, wenn auch heute neben der inländischen Produktion in Portugal und Ungarn gefertigt wird. Calida kleidet inzwischen die ganze Familie mit Tag- und Nachtwäsche ein, wobei der Damenbereich 60 % der Produktion umfaßt.

Gerne zitieren die Schweizer da ein Interview mit Beat Kaufmann von Schiesser, der auf die Frage, was ihm zu Calida einfällt, antwortete: „Wenn Schiesser in der Schweiz wäre, möchten wir wie Calida sein.“

Wie die Väter, so die Söhne: Walter Palmers, Vorsitzender des Aufsichtsrates und erklärter Nichtschlipsträger, vor allem zuständig für die Produktion, und Erich Kellenberger, als Vorstandsvorsitzender zuständig für die gesamte Verwaltung und Werbung, führen die Firmengründung ihrer Väter weiter.

Fotos: Calida

Habella – Ästhetik beginnt auf der Haut

Mit 10 Millionen Umsatz der Kleinste des Schweizer Kleeblatts, hat sich die von Hans Hasler 1946 gegründete Wäschefirma als eine Adresse für exklusive Damentag- und -nachtwäsche etabliert.

Inzwischen unter der Leitung von Tochter Danielle Nafzger-Hasler, gibt es neben 83 Mitarbeiterinnen noch ganze zwei Männer: einen Disponenten und einen Teilzeitgeschäftsführer aus Vaters Zeiten. „Das hat sich einfach so ergeben, oder die weiblichen Bewerberinnen waren eben besser“, resümiert die Chefin. Ob Empfang, EDV, Personalverwaltung, Design oder Marketing, die Habella AG macht ihrem Standort „Frauenfeld“ alle Ehre. Ebenso wie dem Wertmaßstab „Made in Switzerland“. In der vor Ort gelegenen Produktion arbeiten Frauen, die noch mit der Schere die einzelnen Teile zuschneiden, die Spitze ausbrennen und sorgfältig per Hand aufstecken. Für ein Negligé um die 500 sfr darf die Kundin immerhin nicht nur feinste Stoffe, sondern auch eine hervorragende Verarbeitung erwarten. Habella-Spezialitäten sind reine Seide, mercerisierter Baumwollzwirn verziert mit französischen Spitzen oder St. Gallener Stickereien, von denen 60 % nach Deutschland exportiert werden.

Danielle Nafzger-Hasler, Chefin der Habella AG und Präsidentin der Schweizer Dessousgruppe: „Welche Frau möchte nicht gerne attraktiv sein, da gibt man auch schon mal 500 sfr für ein Nachthemd aus.“
Fotos: Bachmann

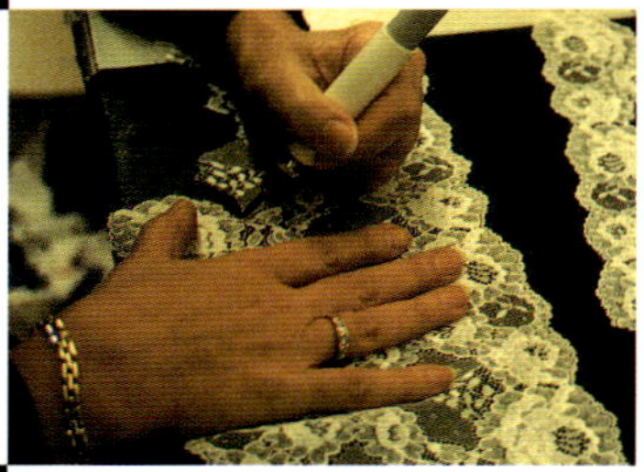

Feinste Handarbeit beim Ausbrennen der Spitze. Diese wird dann ebenfalls in Handarbeit an der Figurine auf das Hemdchen aufgesteckt, damit sie richtig liegt und die Abnäher verdeckt.

Daneben sind Bodies und erotische Wäsche wichtiges Markenzeichen. Strings und transparente Einsätze bieten Reizvolles für „sie“ und seit acht Jahren auch für „ihn“.

Im Frühjahr 1986 stellt Habella den ersten europäischen Herrenbody auf der Messe vor, was allgemeine Heiterkeit und Kopfschütteln auslöst. „Was für die Frau gut ist, muß auch für die Männer gut sein“, begründet Danielle Nafzger die einfache Philosophie. Nach dem ersten Messemißerfolg wollte sie aber schon wieder aufgeben, doch der Vater bestand darauf, mit „Habella for men“ weiterzumachen. Ein Entschluß, der sich gelohnt hat: Heute macht die Herrenwäsche 25 % des Umsatzes aus. „Aber“, sehen die Frauenfelderinnen das Problem, „die Frau verschönt sich schon seit so vielen Jahren für den Mann, bei den Männern müssen wir da immer noch Aufbauarbeit leisten.“

So lautet der Werbespruch auf den dezenten schwarzen Schachteln „Ästhetik beginnt auf Ihrem Körper“. „Und in Frauenfeld“, bleibt da nur hinzuzufügen.

Zimmerli – Ungekröntes Haupt der Schweizer Wäschekönige

Die Feinste, die Älteste und eine der Teuersten – die Superlative gehören zu dieser Wäsche wie der Softbund an den Slip. Zimmerli of Switzerland, das ist Luxus pur. Die feinste Herrenwäsche der Welt herzustellen, rühmt sich das in Aarburg ansässige Unternehmen und schaut auf die längste Schweizer Tradition zurück. 1871 war es Pauline Zimmerli-Bäurlin, eine Arbeitsschullehrerin, die mit Pioniergeist und Wagemut die maschinelle Fabrikation „gerippt-elastischer Unter- und Oberkleider" begann. Und bis heute ist die spezielle Verarbeitung und Ausrüstung das bestgehütete Firmengeheimnis.

Fotos: Zimmerli

H. R. Büchli, Direktor: „In Zukunft wie in den vergangenen 123 Jahren Firmengeschichte lautet die Devise: Keine Kompromisse an die Qualität und den Kundenservice!"

Ähnlich geheim wie die Liste berühmter und gekrönter Namen, die sich nur mit dem feinsten Untendrunter begnügen. Das Material spielt hier die besondere Rolle: Aus mercerisiertem Baumwollzwirn aus einem Gemisch der hochwertigsten Baumwollen, die es auf der Welt gibt, wird die klassische Wäsche gefertigt. Daneben gibt es noch Modelle aus einem Wolle-Seide-Gemisch und in reiner Seide. Mit 10 Million sfr Jahresumsatz, von denen die Hälfte im Exportgeschäft verdient wird, hat „Zimmerli of Switzerland" sein exklusives Image gewahrt und ist so gut, daß die im Tessin gefertigte Wäsche die einzige ist, die im Harrods-Weihnachtskatalog angeboten wird. Noch dreißig andere Länder, über den Globus verteilt, können sich rühmen, die feinen Hosen, Shirts, Bodies und Pyjamas zu führen. „Zimmerli Herrenwäsche wurde oft kopiert, aber nie erreicht", beschreibt H. R. Büchli zufrieden sein Produkt.

Lehrerin, Erfinderin und Gründerin Pauline Zimmerli-Bäurlin legte den Grundstein für weltweite Luxuswäsche.

Geführt wird die Wäsche in den wichtigsten Häusern Europas. „Back to basics" titelt der Harrods Christmas Carol und führt die Schweizer als einzige Herrenunterwäsche im Katalog.

Hanro – Viel Lifestyle, wenig Sex

„Die Hanro verschreibt sich auch weiterhin der aufregenden, aber schönen Aufgabe – unter Wahrung höchster Qualität –, die Launen und Einfälle von Frau Mode zu interpretieren, um die Wünsche modebewußter Frauen erfüllen zu können“, blickte die Festschrift anläßlich des 75jährigen Jubiläums 1959 in die Zukunft. Heute nennt man „Frau Mode“ bei Hanro „Lifestyle“ und macht damit 55 Million sfr Jahresumsatz. Und der Lifestyle kleidet inzwischen auch Männer in feine Tag- und Nachtwäsche.

Foto: Bachmann

Dr. Rudolf W. Fischer, Geschäftsleitung Hanro: „Wir haben die Wäsche aus dem Schlafzimmer herausgeholt.“

„Das Bild einer selbstsicheren, schönen Frau, nicht als Objekt, sondern nüchtern, entscheidungsfreudig und stark, wollen wir transportieren“, erklärt Dr. Rudolf Fischer, Mitglied der Geschäftsleitung. „Da die Frauen einkaufen, ist das Image der gebildeten Frau im elitären Umfeld wichtig.“ Nicht mit Sex, sondern mit cleaner Coolness verkaufen die Liestaler ihre Produkte. Und das seit sieben Jahren in schwarzweiß; damit waren die Liestaler eine der ersten Firmen, die aus Imagegründen – nicht wie heute üblich zur Streckung des Werbeetats – bewußt die Farbe wegließen.

Kühles Understatement, 50er Jahre-Look in der neusten Kollektion und gebildete, selbstbewußte Frauen, die nicht Objekt sein wollen.

Fotos: Hanro

Die Frau, die Hanro trägt, weiß was sie will und was sie hat, Luxus darf und muß eine Rolle spielen. Doch damit der Luxus nicht erst mit dem entsprechenden Einkommen beginnt, segmentiert man bei Hanro in drei Lifestyle-Gruppen und fängt mit Teenies an. „Es funktioniert nicht, daß wir sagen, so, Du bist jetzt 30, also bist Du jetzt Hanrokundin“, sieht Fischer das Problem. Hat die Werbung schon die Wäsche aus dem Schlafzimmer geholt, muß sie sie jetzt noch von den Müttern auf die Töchter transferieren.

Für die Männerwäsche gibt es noch einen ganz anderen Kundenkreis; so ist neben Karl Lagerfeld auch der Vatikan treuer Kunde der schweizer Nobelmarke. Und damit die weltweite Kundschaft überall an die Hanro-Wäsche kommt, ist die Marke in einigen Weltstadt-Warenhäusern mit eigenen Shops vertreten. So beispielsweise bei Harrods in London, Galerie Lafayette in Paris und Bergdorf-Goodmann in New York.

Größenordnung

Platz	Unternehmen	Marken	Ort	Wäscheumsatz jeweils in Mio. DM		
				Gesamt	Damen	Herren
1.	Schiesser	28 Marken	Radolfzell	497, 25	114, 4	208, 8
2.	Triumph	Triumph	München	410, 1		
3.	Gebr. Mey	Harmony, Bibobs	Albstadt	136	108	28
4.	Gerhard Rösch	Rökona, Pompadour, Louis Féraud	Tübingen	100		
5.	Ernst Schöller	Schöller, Pompadour	Albstadt	84, 5	71, 8	
6.	Medima	Medima	Maulburg	55	42, 9	12, 1
7.	Jockey-Volma	Jockey, Moonday	Hechingen	30, 4		
8.	Bleyle Lingerie	Bleyle	Brackenheim	25	23	2
9.	Fürstenberg	Fürstenberg	Göppingen	25	16, 25	

Grundlage der Tabelle war eine Befragung bei rund 50 Firmen. Geantwortet haben außer den gelisteten Unternehmen noch

1. die Wirk- und Strickwarenfabrik Ceceba, die keinen Umsatz angegeben hat, aber erklärt, daß sie 60 % ihres Umsatzes mit Herrenwäsche erzielt;

2. die Naturana Dölker GmbH & Co., die „aus unternehmenspolitischen Gründen keine Umsatzzahlen veröffentlicht“ sowie

3. die Trigema GmbH & Co., die einen Gesamtumsatz in Höhe von 141, 2 Mio. DM erzielt hat. Der Chef Wolfgang Grupp behauptet, man könne unmöglich sagen, ob T-Shirts als Wäsche- oder Oberbekleidungsstück getragen würden.

Alle Werte für den Gesamt-Wäscheumsatz sind Unternehmensangaben. Die aufgeschlüsselten Werte für Damen- und Herrenwäsche sind aus den Unternehmensangaben errechnet.

Foto: Schiesser

-WER

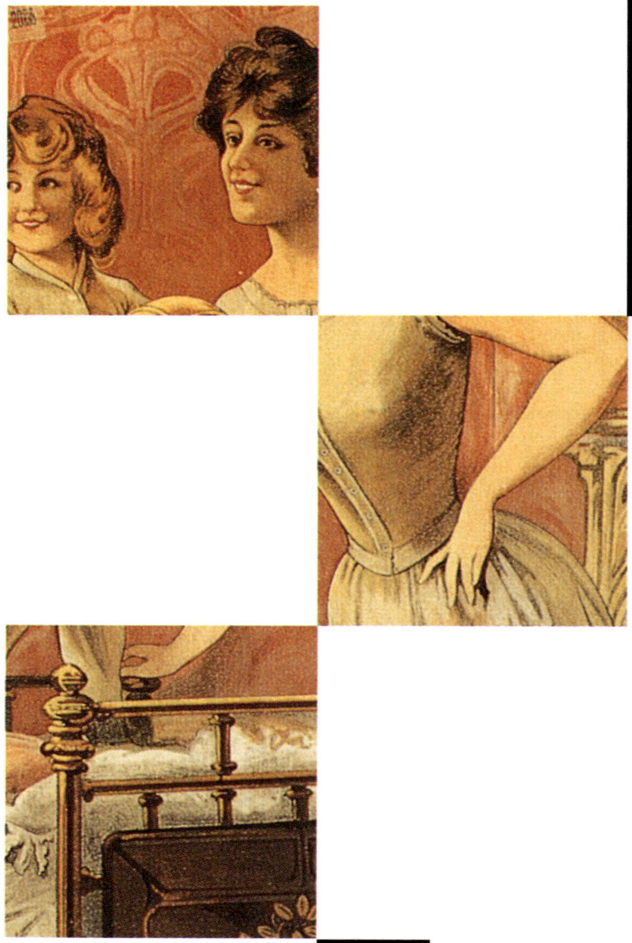

BUNG

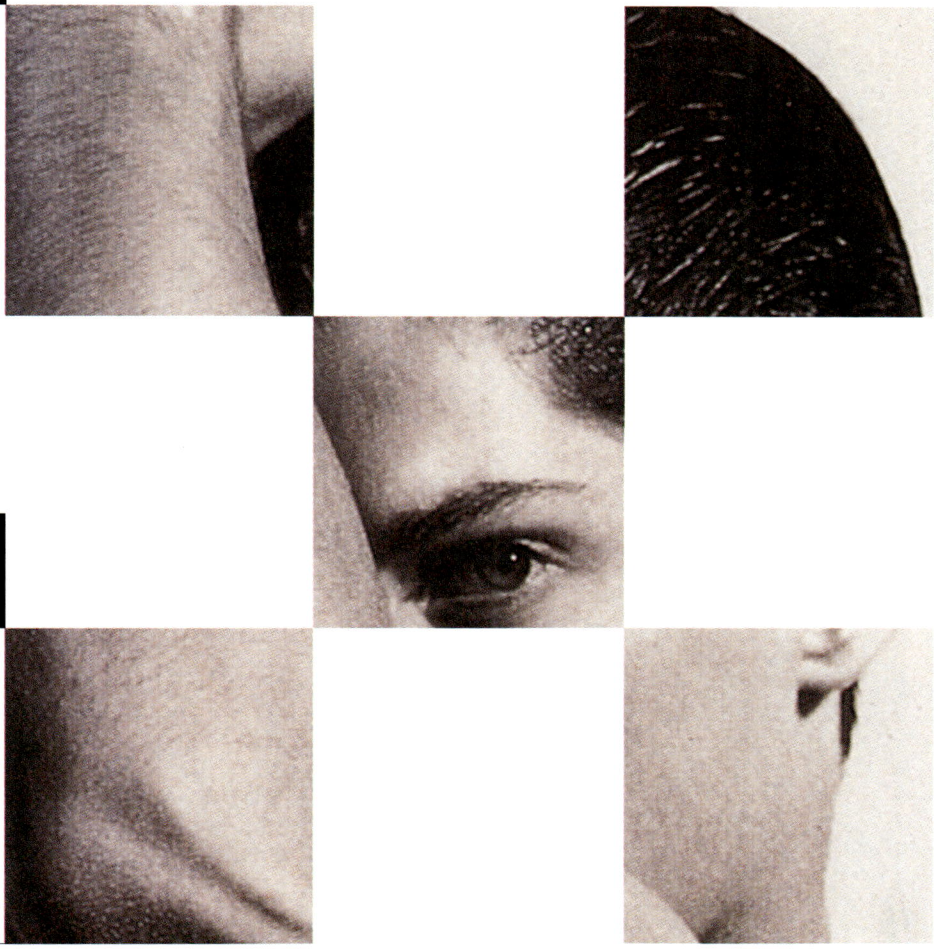

Auf den Korsettschachteln des 19. Jahrhunderts prangte inmitten von Blumen und Ornamenten der Markenname: Ein wichtiger Schritt zur Behauptung gegenüber der Konkurrenz.

Wäschewerbung: eine uralte Geschichte, so alt wie der Handel mit Wäsche selbst. Solange es Verkäufer gibt, solange wird zum Kauf geworben. Auf den Märkten im alten Byzanz, Damaskus oder Rom geschah das lautstark und mit blumigen Worten: Wer mit Inbrunst seine Ballen feinen ägyptischen Leinens anpries, aus dem die zuunterst getragenen Hemden geschneidert wurden, erzwang sich Zuhörer, aus denen nicht selten Kunden wurden. Heute mutet solcherart Marktgeschrei, älteste und durchaus noch immer aktuelle Form der Werbung, recht nostalgisch an.

Jahrtausendelang waren es stets zwei Faktoren, die im Wesentlichen zur Kaufentscheidung führten: Die Qualität der Ware und das Überredungsgeschick des Verkäufers. Werbung war unmittelbar. Als im frühen Mittelalter immer mehr fahrende Händler mit ihren Eselskarren voller Stoffe, Bänder und Borten von Haus zu Haus zogen, „hausierten", wurde eine subtilere Form der Unterhaltsamkeit zum wichtigen Verkaufsmotor: Die oft weitgereisten Händler hatten allerhand zu erzählen, brachten Neuigkeiten aus den jeweils vorher besuchten Gegenden mit. Manche verstanden sich sogar aufs Schauspielern und Musizieren.

Wer sich im hohen Mittelalter mit Weißzeug als niedergelassener Händler in einem festen Haus etablierte, warb immerhin schon mit einem Zunftschild auf der Straße und hielt das Geschäft durch ein verkaufsförderndes Schwätzchen über die lokalen Ereignisse in Gang.

Das begehrte Prädikat „Hoflieferant"

An den Höfen des Adels nahm man solcherlei Formen der Kleine-Leute-Werbung kaum wahr: Man ließ liefern und die Ware in den eigenen Gemächern ausbreiten. Mund-zu-Mund-Propaganda von Hof zu Hof führte dazu, daß mancher Lieferant von Weißleinen, Seide und Batist zu Reichtum kam. Auch für die Schneider galt: Wer einmal einer königlichen Hoheit Reifrock oder Schnürbrust angepaßt hatte, brauchte sich um Kundschaft nicht mehr zu sorgen. Das Etikett „Hoflieferant" war (und ist heute noch, wie es die Umsatzentwicklung der von Prinzessin Diana frequentierten Wäscheabteilung des Londoner Kaufhauses Marks & Spencer beweist) das höchst werbewirksame Adelsprädikat des Handels.

Daß die Mode im 18. und bis ins 19. Jahrhundert hinein oft mit rasanter Geschwindigkeit um sich griff und man binnen weniger Tage in Weimar oder Leipzig darüber informiert war, welche Schnürbrust-, Reifrock- oder Chemiseform am Hof von Frankreich gerade aktuell war, lag nicht zuletzt an der Verbreitung von

Modepuppen: Kaum hatte eine Dame von Rang mit ihrer Schneiderin diese oder jene modische Neuheit ausgetüftelt, wurde sie in Miniaturform kopiert und einer Puppe angezogen. Letztere trat oft lange Reisen an und machte nicht selten den Namen der Schneiderin bis weit über die französischen Grenzen hinaus bekannt.

Paris als Synonym für erotisches Flair

Paris, Hauptstadt der Mode: Bis in die 50er Jahre unseres Jahrhunderts hinein hätte keine noch so raffinierte Werbestrategie die Magie der Lichterstadt ersetzen können. Das galt für Damenwäsche ganz besonders: Wer es sich leisten konnte, ließ sie in Paris anfertigen. Der Name der Stadt allein bürgte für Luxus und erotisches Flair.

In der deutschen Provinz machten sich zu Goethes Zeiten fahrende Händlerinnen die Aura der Stadt zunutze mit „Pariser Weißzeug und Corsets" – die in Wahrheit zumeist aus Sachsen oder auch aus Baden-Württemberg stammten. In den Amts- und Intelligenzblättern, später auch im „Journal des Luxus und der Moden", annoncierten sie ihre Ankunft im jeweilig angesteuerten Hotel, wo sie ein paar Tage lang in diskret abgeschirmten Räumen ihre Ware anboten.

Mit Beginn des 19. Jahrhunderts begann der in Ladengeschäften etablierte Weißzeughandel, seine Fenster zu Werbezwecken zu nutzen. Hinter den weißen Sprossenfenstern in Paris, Berlin und London wurden nun Stoffe, Spitzen und Bänder ansprechend drapiert. Es sollte allerdings noch etliche Jahrzehnte dauern, bis die ersten Korsetts zum Anblick für jedermann in die Auslage durften. Noch in den 60er Jahren des 20. Jahrhunderts galt es als höchst delikate Aufgabe, Miederwaren im Schaufenster zu präsentieren: Im Juni 1964 meinte die „Textil-Wirtschaft" mit einem durch die Zeilen hindurch spürbaren Seufzer der Erleichterung, endlich gebe es „ehrgeizige Schaufenstergestalter, die es verstehen, ihrer Arbeit alle Peinlichkeit zu nehmen und ein Angebot zu stellen, das mit Anstand geht". Aber zurück in die zweite Hälfte des 19. Jahrhunderts, Zeit der überall in Europa zunehmenden Industrialisierung.

Morgentoilette in Dessous: Ein beliebtes Motiv des ausgehenden 19. und beginnenden 20. Jahrhunderts, das es dem Zeichner ermöglichte, auf halbwegs unverfängliche Art in die Intimsphäre der Frau einzudringen. Anzeige von Corsets de Paris aus dem Jahr 1889.

Echtheitsstempel auf der Ware: Damit sollte die nach Angaben von Reformer-Ärzten wie Dr. Heinrich Lahmann industriell hergestellte Baumwolltrikotwäsche vor Nachahmung geschützt werden. Nicht zuletzt waren sie Garanten für die Qualität der Ware.

Die ersten Verkaufshilfen des Industriezeitalters

Als immer mehr Unterbekleidung in industrieller Massenproduktion für einen anonymen Markt hergestellt wurde, reichten Geschick und Feinsinn der Verkäufer und Schaufenstergestalter nicht mehr aus. Neue Strategien der Vermarktung wurden notwendig, Werbung im heutigen Sinn begann.

Zwecks Unterscheidung von der Konkurrenz erfanden die Hersteller zunächst mehr oder weniger blumige Markennamen – die allerdings nicht der Ware selbst, sondern lediglich der Verpackung aufgestempelt wurden. „Persephoné" oder „Sirene" war auf den langen Korsettschachteln zu lesen, umrankt von bunten Blumen und Ornamenten. Daß die Kundin die hübschen, aber allzu offenkundig pikant gefüllten Schachteln nicht selber heimtragen mußte, war eine Selbstverständlichkeit: Selbst dem kleinsten Miederwarenlädchen stand ein Laufbursche zur Verfügung, der die Ware schnurstracks in ihr Haus brachte: Kundenservice als „conditio sine qua non" des Einzelhandels.

Robust wie die alten Germanen: Um die Jahrhundertwende wurden Männertrikothemden samt postkartengroßer Einleger verpackt, die die Vorzüge der Ware priesen. Vor allem hatte die Reißfestigkeit betont zu werden, denn noch immer waren etliche Verbraucher partout nicht von der traditionell unverwüstlichen Leinenwäsche abzubringen.

Familiensache: Um die Einsatzbreite der allseits als besonders gesund und hygienisch (weil luftdurchlässigen und leicht zu waschenden) Trikotwäsche zu dokumentieren, posierten um 1900 Vater, Mutter und Kind in trauter Gemeinsamkeit. Wie in Deutschland, stellten auch in Frankreich Ärzte werbewirksam ihre Namen zur Verfügung. „Docteur Rasurel" wurde zur bekannten Marke.

So sehr bei der Damenwäschewerbung das ästhetische Rundherum zu stimmen hatte, so pragmatisch war die Werbung für Männerwäsche. Der Verpackung von Trikothemden wurden postkartengroße, buntbedruckte Blätter beigelegt, die vor allem deren praktische Vorzüge priesen: „Das Beste ist das 'Felsen'-Hemd: bewährt sich im Tragen als unzerreißbar" oder „Spezial-Marke 'Germanen'-Hemd: geht in der Wäsche nicht ein."

Das Produkt selbst wurde erstmals zu Werbezwecken gekennnzeichnet, als das Thema Gesundheit zum Verkaufsargument avancierte: Reformer-Ärzte wie Gustav Jäger und Heinrich Lahmann, die Ende des 19. Jahrhunderts Lizenzen an die Industrie vergaben und publicitywirksame Vorträge über die hygienischen und körperklimatischen Vorzüge der von ihnen gepriesenen Woll- beziehungsweise Baumwollwäsche hielten (siehe auch Kapitel „Historie"), standen für ihre Argumente mit Echtheitsstempeln ein.

Eines der letzten Ungetüme vor dem Aussterben des Korsetts alter Machart, zu haben ab drei Mark: Kleinannonce aus der Zeitschrift „Mode und Haus" von 1910.

Inserate in der Tageszeitung und ein Raucherzimmer

Im letzten Viertel des 19. Jahrhunderts begann auch der aufblühende Einzelhandel, gezielt die Kunden zu umgarnen. Die neuen Kathedralen des Handels wie Tietz und Wertheim in Berlin prunkten mit palastartigen Wäscheabteilungen und setzten von Anfang an auf Werbung in den lokalen Zeitungen – obwohl die damals noch als unseriös und „marktschreierisch" galt: Der Begriff war ins Abfällige geglitten, seit sich der Handel vom freien Himmel unter feste Dächer etabliert hatte und Warenqualität eine – in früherer Zeit auch von den Zünften überwachte – Ehrensache war. So setzte Eduard Breuninger in Stuttgart durchaus Zeichen, als er für sein 1881 gegründetes Kaufhaus mit Wäscheabteilung nicht nur regelmäßig Inserate in den Tageszeitungen aufgab, sondern ab 1895 sogar die Rückseiten von Straßenbahnfahrscheinen zu Werbezwecken nutzte, ferner illustrierte Preislisten herausgab, Zeitungsbeilagen drucken ließ und Stadtpläne an seine Kunden verschenkte, in denen sein Haus eigens hervorgehoben war. Um die Jahrhundertwende gab es bei Breuninger prachtvolle Herren- sowie Damenwäscheabteilungen mit großen gläsernen Theken und Vitrinen. In einer Festschrift zum 30. Jubiläum wies der Chef des Hauses auf das „behagliche Rauchzimmer" hin, wo die Herren, während ihre Damen sich in der luxuriösen Wäscheabteilung verlustierten, „dampfen dürfen, bis das Portemonnaie ihrer Gattinnen gänzlich zusammengeschrumpft ist".

Auch das preiswertere, in eigener Regie hergestellte Wäschesegment wurde von Breuninger beworben. In einer Tageszeitungsannonce um 1910 heißt es: „Den größten Teil unseres Bedarfs an Damenwäsche fertigen wir aus Stoffen eigener Ausrüstung in unseren Werkstätten selbst an. Durch Ausschaltung von Zwischenspesen billigste Preise."

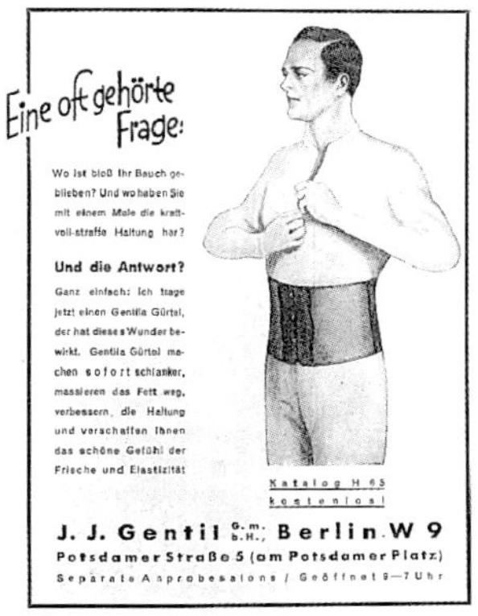

Süßes Geheimnis: Leibbinden, die radikal den Bauch wegschnürten, waren die Antwort des Gentlemans auf die Anforderungen des Ideals der schlanken Linie. Selbstverständlich wurden die Herren ausschließlich mit dem Zeichenstift portraitiert; ihr Konterfei herzugeben zwecks Werbung für das tunlichst geheimgehaltene Objekt, hätten männliche Fotomodelle für entwürdigend gehalten. Anzeige im „Herren-Journal" von 1933.

Werbefotos mit Retusche

Bis zu Beginn des 20. Jahrhunderts waren Material und Verarbeitung, Preis und Haltbarkeit sowie die jeweils neuesten Erkenntnisse über Körperhygiene und Gesundheit die wichtigsten Werbeargumente. Modische Aspekte traten erst in den 20er Jahren in den Vordergrund: Nachdem die Industrie den Grundbedarf an Wäsche gedeckt hatte, sollte nun zwecks höheren Konsums auch bei der breiten Masse das Bedürfnis nach Schönheit geweckt werden.

Die Idealfrau der späten 40er Jahre gab sich frisch und natürlich, vorzugsweise kaum geschminkt. Durch die Ausleuchtung von hinten, beliebtes Stilmittel der zeitgenössischen Portraitfotografie, erhielt das Modell von Scandale eine Art Heiligenschein. Aufnahme von 1948.

Das mittels Zeitungsannoncen bildlich zu bewerkstelligen, war keineswegs einfach: Auch die „wilden 20er" waren in Wäschesachen eher prüde. Während die erotische Wäschephotographie seit der Jahrhundertwende Triumphe feierte (was sicherlich auch einen gewissen Werbeeffekt hatte), warben die Hersteller offiziell mit sittenfesten Zeichnungen, auf denen die männlichen Geschlechtsmerkmale überhaupt nicht und die der Frauen nur schemenhaft zu erkennen waren. Wurde das Wagnis eines Fotos eingegangen, ging nichts ohne Retusche. Bei Männerwäsche ging das soweit, daß das Gesicht zwar lebensnah, die Wäscheteile selbst aber wie gezeichnet aussahen. Einige Firmen präsentierten nur Rücken- oder Seitenansichten oder schnitten bei Nahaufnahmen Kopf und Beine ab.

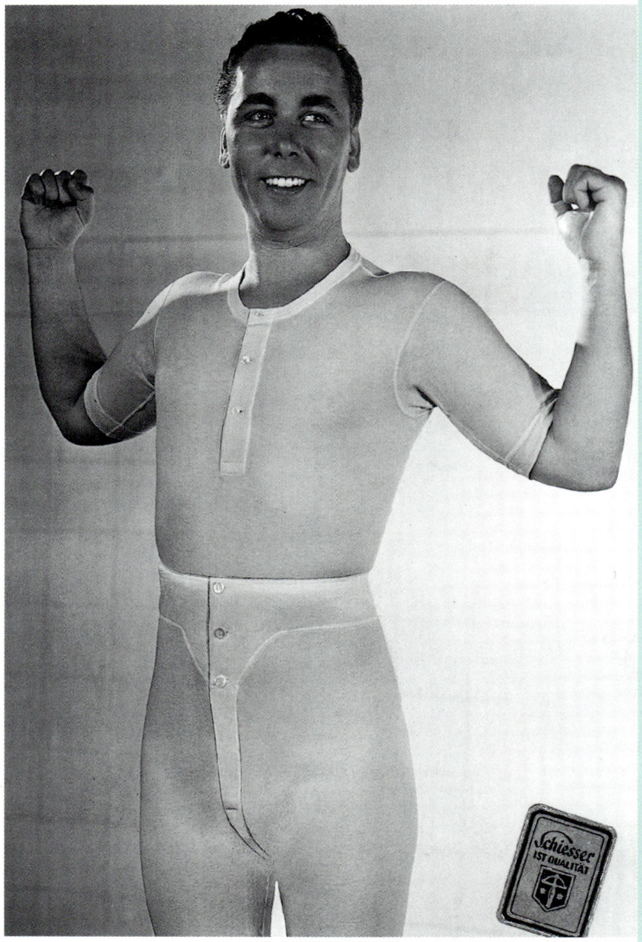

Gutgelaunt trotz Retusche: Bis in die 50er Jahre hinein wurden die Schatten und Wölbungen männlicher Geschlechtsmerkmale erbarmungslos wegretuschiert. Modell von Schiesser.

Prinzipiell wurden Männer in ihrer Stärke und Frauen in ihrer Verletzlichkeit dargestellt. Ein Bericht der Zeitung „Schwäbische Heimat" vom Januar 1991 stellt in den Wäscheanzeigen der 20er und 30er Jahre die Unerbittlichkeit der Rollenklischees fest: „Während er selbstsicher die Arme in die Hüften stemmt und dabei dem Betrachter geradewegs ins Gesicht blickt, legt sie die Arme um den Hinterkopf, mit verzücktem Blick gen Himmel. Während er demonstrativ Stärke zur Schau stellt, übt sie sich in Anmut und Grazie". Um das Dargestellte in die Nähe des eigenen Bildes zu bringen, wurden die Modelle nicht selten in die Fläche eines großen Bilderrahmens oder Spiegels gerückt. Als Staffage im Hintergrund diente häufig auch das inszenierte Schlafzimmer, der Raum also, in dem Unterwäsche erfahrungsgemäß sichtbar werden durfte, ohne anrüchig zu sein. Der Einbruch in die Intimsphäre ging jedoch nie soweit, daß ein Modell ohne Schuhe dargestellt wurde: die blieben prinzipiell an, und zwar Straßenschuhe.

In den frühen 30er Jahren wurde fabrikgefertigte Damenwäsche auch für gehobene Ansprüche akzeptabel: nicht zuletzt das Resultat der massiv gesteigerten Werbeausgaben.

Bei der Werbung für Männerwäsche wurde, nachdem Sport zur Massenbewegung geworden und der im Sinne des Nationalsozialismus idealisierte Körper immer häufiger halbnackt dargestellt worden war, die Retusche etwas weniger drastisch eingesetzt.

Das „undeutsche" Korsett

In der Zeit des Nationalsozialismus machte Werbung (damals noch „Propaganda" oder „Reklame") sich nicht selten die politischen Hetzparolen als vermeintliche Verkaufsförderer zu eigen. Kurz vor dem Einmarsch der deutschen Truppen in Frankreich nahmen deutsche Firmen die Gelegenheit beim Schopfe, um der Pariser Konkurrenz eins auszuwischen. In verschiedenen Tageszeitungen stand zu lesen: „Undeutsch, scham- und sittenlos" sei das Pariser Korsett. Deshalb: „Weg damit aus unserem Kulturkreis!"

Die Besetzung Frankreichs hatte alles andere zur Folge als den Garaus des Pariser Modediktats. Im Gegenteil: Kaum war der Krieg zuende, träumten die Frauen sich wieder in die Lichterstadt. Dem trugen die deutschen Miederwarenhersteller Rechnung, indem sie ihren Modellen statt Nummern nunmehr französische, weich und erotisch klingende Namen gaben: Corselet „Francoise", Hemd- und Höschengarnitur „Madeleine".

Das bedeutete jedoch keineswegs Entwarnung der prüden Werbesitten: Damen- wie Herrenwäsche wurde nach wie vor überwiegend als geschlechtsneutrale Zeichnung dargestellt. Gleich daneben: das Foto eines vollständig angezogenen – aber höchst anziehenden! – weiblichen oder männlichen Fotomodells. Motto: So attraktiv wird er/sie dank der Unterwäsche.

Bei Männerwäsche war der „gute Sitz" das wohl wichtigste Werbeargument der 50er Jahre. Als Nylon und Perlon den Markt eroberten, wurde auch die Pflegeleichtigkeit gepriesen: Die Werbung sprach damit vor allem die Frauen an, traditionell Käuferinnen von Männerwäsche.

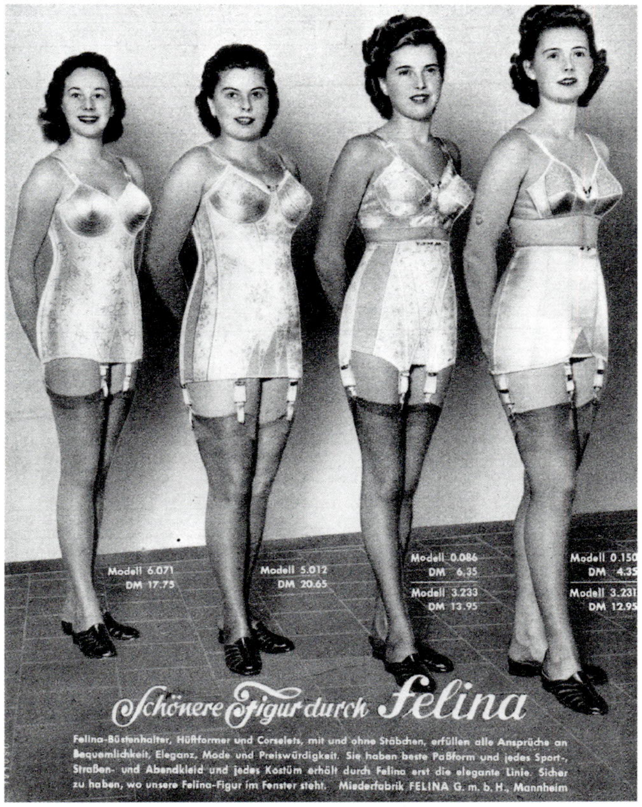

Korsettparade: Für Felina posierten die Damen verschiedenster Statur. Aufnahme von 1938.

37 Grad zeigt das Thermometer an: Das Trikothemd der Schweizer Firma Hisco verspricht sinnfällig mollige Wärme. Die Anzeige von 1943 dokumentiert den seinerzeit sehr verbreiteten Stil detailgetreuer realitätsnaher Zeichnungen.

Werbung wird kesser

Um sich gegen die wachsende Konkurrenz zu behaupten, genügte die brave Werbung bald nicht mehr. Im Oktober 1953 schrieb das Branchenblatt „Die Linie“: „Noch vor kurzem bestand für die deutsche Miederwarenindustrie das Problem darin, möglichst viele Käuferschichten für das Tragen von Miederwaren zu gewinnen. Dieses Problem kann heute als überholt betrachtet werden. Jetzt geht es darum, auf welche Weise die Frau dazu gebracht werden kann, sich nicht darauf zu beschränken, jährlich im Durchschnitt einen BH und jedes zweite Jahr einen Hüfthalter oder Strumpfhaltergürtel zu kaufen, wie dies 1951 noch der Fall war.“

Mit lebensnahen Inszenierungen ging Triumph 1953 neue Wege in der Werbefotografie. Text zur Aufnahme: „Ein guter Rat der Freundin wird gern gehört, denn sie kennt das Geheimnis gut sitzender Kleidung: Die sorgfältige Wahl der Miederwaren“.

Saubermann: Der Hinweis auf Kochfestigkeit war in den 50er Jahren eines der wichtigsten Verkaufsargumente. Palmers-Anzeige von 1957.

Werbestrategen predigten ein aggressiveres und vor allem phantasievolleres Vorgehen, wie es in Amerika schon seit langem praktiziert wurde. Außerordentlich populär wurde auch hierzulande die über 20 Jahre hinweg (von 1949 bis 1969) mit verschiedensten Motiven in den USA ebenso wie in Deutschland und anderen Ländern laufende „Traum-Kampagne“ der US-Firma Maidenform: Die abgebildeten Phantasiesituationen, in denen die Frauen etwa im Supermarkt, auf der Cocktailparty oder beim Sport nichts anderes trugen als Maidenform-Dessous, trafen offensichtlich die geheimen Wünsche nach abenteuerlicher Romantik, Unabhängigkeit und Persönlichkeit in besonderem Maß. Das Unternehmen engagierte bekannte Modefotografen wie Richard Avedon, Irving Penn oder Lillian Bassman für die Serie. Für diejenigen Motive, in denen die Dessous wie bei einer Röntgenaufnahme durch die Oberbekleidung hindurch sichtbar wurden, hatten Berühmtheiten wie Pierre Cardin oder Arnold Scaasi die Kleider oder das Kostüm entworfen.

Foto: Maidenform Museum

„Ich träumte, ich spielte Billard nur in meinem Maidenform“: Die 1949 aus der Taufe gehobene „Traum-Kampagne“ des amerikanischen Miedermachers war eine der markantesten frühen Werbekampagnen nach dem 2. Weltkrieg. Der „Chansonette“-BH des abgebildeten Motivs (1963) wurde bis 1978, als er aus der Kollektion genommen wurde, in mehr als hundert Ländern fast 90 Millionen mal verkauft.

Sex-Appeal in Schwarz: Seinen für das Jahr 1956 beachtlichen Wagemut entschärfte (oder krönte?) der Prima Donna-Fotograf mit der stoffreichen „Enthauptung" des Modells.

Auch die US-Firma Warner's beschritt neue Wege: 1953 kooperierte sie zu Werbezwecken mit Hollywood, indem sie der Schauspielerin Lana Turner für das Film-Musical „Die lustige Witwe" ein schwarzes Perlon-Corselet auf den Leib schneiderte. Die Produktionsfirma Metro Goldwyn-Mayer und der Wäschefabrikant traten gemeinsam an die Öffentlichkeit, die Dessous-Geschäfte wurden mit Info-Material für Corselet und Film bestückt.

Ein anderer Meilenstein der Werbung war 1956 die Kampagne der Firma Silhouette für ihre Linie „Little X": Ein weißer Stretch-BH und ein Strumpfhaltergürtel wurden von einer (weißen!) Frau im hautengen schwarzen Gymnastiktrikot präsentiert. Die Serie setzte den Trend in Gang, dunkelhäutige Fotomodelle mit weißer Wäsche und umgekehrt auszustatten.

„Streifen Sie den Alltag ab!" Den Kampf gegen die Wäsche-Müdigkeit der Frauen nahm Felina 1968 mit dynamisch präsentierten „Stretch-Panties" auf.

Zur ganzheitlichen Werbestrategie gehörte von den späten 50er Jahren an, als die Selbstbedienungsform zunehmend den Einzelhandel eroberte, auch die Verpackung: 1957 stellte Playtex seine neue sportliche Linie „Living Girdle" in runden Pappschachteln vor. Fortan realisierten immer mehr Hersteller, wie wichtig Verpackung war, wenn die Verbraucher von selbst danach greifen sollten.

„Triumph krönt die Figur": Der Slogan wurde zum vielzitierten und -persiflierten Slogan.

Denkerpose in Rosé: Bequemlichkeit war in den frühen 70er Jahren das wichtigste Argument der Pyjamas von Calida.

Für eine durchaus subtile Art der Endverbraucher-Suggestion stand die Firma Playtex mit ihrer „Zauberkreuz“-Werbung (BHs, Miederhöschen und Einteiler): Ihre Anzeigen in den Frauenzeitschriften schrieben den „einzigartig gekreuzten Bändern“ die Fähigkeit zu, „innerhalb von nur 30 Sekunden, viel schneller als zum Beispiel durch 30 Tage Gymnastik“, die Figur zu verzaubern.

In den 60er Jahren erregte die französische Firma Rosy Aufmerksamkeit mit ihrer rosa Rose als unerläßliche Begleiterscheinung jeder ihrer höchst ästhetischen Fotoproduktionen.

Foto: Felina

Figurprobleme löst man natürlich mit Miedern auch heute noch, obwohl modische Aspekte inzwischen in den Vordergrund gerückt sind und Lifestyle-Ambiente zum „Motor“ avancierte. 1970 ging Felina in einer bemerkenswerten Werbekampagne ganz gezielt die einzelnen „Problemzonen“ an. Die Elastanfasern Lycra und Dorlastan waren schon ein Begriff. Die Darstellung der funktionellen Modelle und die Anzeigengestaltung haben auch heute noch Hingucker-Effekt.

Öfter die Unterhose wechseln!

In den 70er Jahren entdeckte die Werbung den Markt der Männerwäsche und postulierte neue Standards im Verhältnis zum Körper. Nachdem die Argumente des guten Sitzes und der Pflegeleichtigkeit ausgereizt waren, sollte mittels verstärkter Hygiene-Forderung der Verbrauch gesteigert werden. 1970 lancierte eine Gruppe von neun Herstellerfirmen eine vielbeachtete Kampagne in den Publikumsmedien, u. a. in „Der Spiegel“. Sie bestand aus zwei aufeinanderfolgenden Seiten. Die erste zeigte neun Männer an einer Theke, jeder sein Bierglas in der Hand. Sieben von ihnen tragen eine Schweinsmaske, zwei zeigen ihr Gesicht. Text der Anzeige: „Nur 10% der Männer wechseln täglich ihre Unterhosen“. Das die restlichen 90% „Schweine“ sind, sollte der Leser sich selber denken. Auf der jeweils folgenden Anzeigenseite wurde ihm die Welt der „Sympafresh-Wäsche“ vorgestellt, „speziell für den täglichen Wechsel“.

Die Werbung war höchst umstritten – und wurde preisgekrönt. Doch das Argument Hygiene hielt nicht lange als Kaufanreiz vor. Für eine Welle der Aufmerksamkeit sorgte in den 70er Jahren die verstärkte Betonung von Mode und Sex-Appeal in der Wäschewerbung. Die Firma Hom gehörte zu den ersten, die knappe farbige Feinrippslips auf knackigen Schenkeln präsentierte.

Speziell für Autofahrer: Mit der Ansprache eines spezifischen Verbrauchersegments versuchte Palmers 1978, das Interesse der Verbraucher für seine besonders luftdurchlässigen Feinripp-Garnituren anzukurbeln.

Schweinsmaske für die knausrigen Hausfrauen: Wer nur 13, 74 Mark im Jahr für Dessous ausgibt, sollte sich schämen! Mit dieser – in ähnlicher Form auch für Männer konzipierten – Anzeige sollte 1970 der stagnierende Wäschekonsum aktiviert werden.

Der Macho ging, der Softie kam

Anfang der 80er Jahre, als die Frauenbewegung bereits Bilanz zog, begann die Auseinandersetzung der Männer mit ihrer gesellschaftlichen Rolle. Statt stark, reich und mächtig hatten sie nun sensibel und attraktiv zu sein: Der „Macho“ ging, der „Softie“ kam. Das blieb nicht ohne Wirkung auf die Wäschewerbung.

Während im Januar 1981 die „Textil-Wirtschaft“ darüber nachdachte, was Männerwäsche profilieren helfen könnte (nämlich „höhere Investitionen in Verpackung und Präsentationshilfen, kooperative Werbung mit dem Handel, zum Beispiel über Verbraucher-Prospekte, intensivere Fach- und Publikumswerbung sowie Entwicklung neuer Präsentationssysteme, die dem Verbraucher mehr und schnellere Übersicht geben“), hatte der Amerikaner Calvin Klein sich bereits sein bahnbrechendes Konzept ausgedacht, mit dem er bald sämtliche Konkurrenten auf der Linksspur überholen sollte: 1984 engagierte er den renommierten Fotografen Bruce Weber zur Ablichtung bildschöner junger Männer in Feinripp-Slip, halbnackt

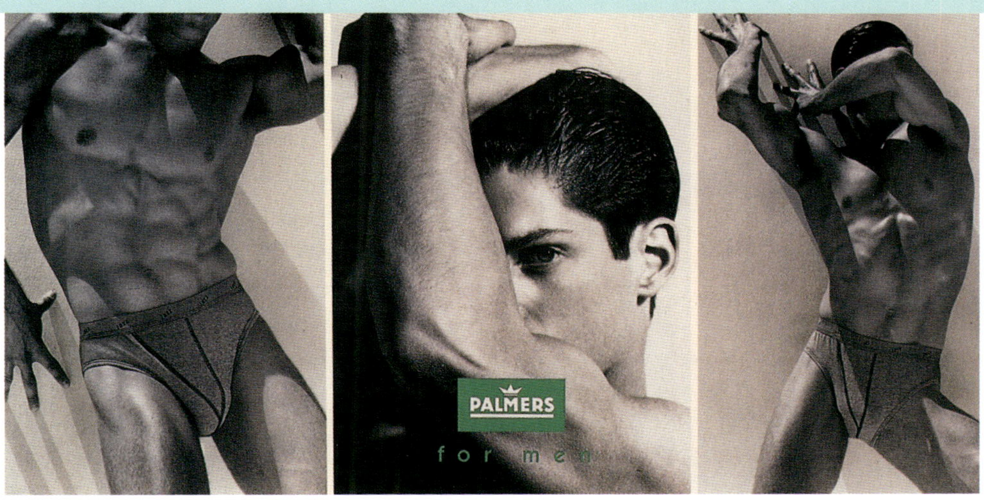

Trilogie in Feinripp: Erotische Werbefotos von Männern in Wäsche waren 1988 schon kein Thema mehr für Kontroversen. Für seinen Naht-Slip engagierte Palmers den amerikanischen Starfotografen Herb Ritts.

und in erotischer Pose! Der Erfolg war überwältigend. In Amerika waren es vor allem die Frauen, die das Bild auf ihren eigenen Mann übertrugen und willens waren zu glauben, in einem solchen Slip werde auch er plötzlich Schönheit und andere ungeahnte Fähigkeiten entwickeln. Sie kauften Kleins Regale leer – und Bruce Webers Beispiel machte weltweit Schule.

„Trau Dich doch!“

Auch die Werbung für Damenwäsche spiegelte bald den sich hin zur Erotik wandelnden Zeitgeist wider. Noch 1982 hatte eine Umfrage des französischen Wäschehersteller-Verbands „Club Expansion Lingerie“ ergeben, daß 54% der Frauen keine, 23 % nur manchmal und lediglich 10% prinzipiell elegante Unterwäsche haben wollten. Das sollte sich bald ändern.

Einer der ersten, der die Zeichen der Zeit erkannte, war das österreichische Einzelhandels-Unternehmen Palmers. 1981 ließ Palmers über Nacht überall in Österreich sexy Plakate kleben mit über drei identische Motive gezogenen Slogans wie „Trau Dich doch“ oder „Du bist schön“. Das hatte Signalwirkung: Wäsche mußte nicht mehr versteckt werden, sondern zeigte sich offen und unbefangen als sichtbarer Ausdruck eines neuen Körperbewußtseins. Die Verbraucherinnen wollten exakt das haben, was abgebildet war. Die feministischen Schmierparolen auf den Plakaten änderten nichts daran, daß die jungen, selbstbewußten Frauen willens waren, sich verführen zu lassen.

„Schön wie nie“: Das neue Selbstbewußtsein der Frauen untermauerte Palmers in den 80er Jahren mit hocherotischen Plakaten im Dreier-Set. Feministinnen reagierten mit Schmierparolen auf die vermeintliche Fleischbeschau. Umsonst: Die Kampagne war höchst erfolgreich. Den schwarzen Body fotografierte Elfriede Semotan im Jahr 1985.

Auch in Frankreich gab es Auseinandersetzungen zwischen dem Feminismus und dem neuen, entspannten Selbstverständnis der nachrückenden Frauengeneration. 1983 sorgte eine sehr sexy konzipierte Kampagne der Firma Aubade, bei der die Frau (in Dessous) stets symbolhaft als Sexobjekt des (stets komplett angezogenen) Mannes dargestellt wurde, für Aufsehen: Die Ministerin für Frauenfragen, Yvette Roudy, beanstandete die Serie und regte ein Gesetz an, das die sexuelle Diskriminierung von Frauen in der Werbung unterbinden sollte. Ihre Auseinandersetzungen mit der Wäschebranche und den Werbeagenturen war Futter für die belustigten Medien: ein immenser PR-Erfolg für Aubade.

Ende der 80er Jahre kündigte sich eine neue Stilrichtung an, die Abschied nahm von der reinen Produktwerbung zugunsten der Stärkung von Image und Bekanntheitsgrad. Als eine der ersten entfernte sich ab 1988 die Firma Chantelle vom herkömmlichen Stil der Dessouswerbung: nicht zuletzt deshalb, weil sie den umworbenen Frauen immer auch eine Identifikation mit dem Frauenbild des Fotomodells suggeriert – was sich positiv, aber ebensogut auch negativ auswirken kann.

An die Stelle reiner Produktwerbung setzte Chantelle ab 1988 die Stärkung von Markenimage und Bekanntheitsgrad. Eines der ersten Motive der Kampagne, „Verborgener Reiz der Mode“, suggeriert Klasse, Eleganz, Weiblichkeit, Komfort und Qualität auf kühle, distanzierte Weise. Als besonders erfolgreich erwies sich das Motiv „Vielleicht nur ein Detail, aber es ist ein Chantelle“: Die Nahaufnahme weckte „hautnahes Verständnis“ für die Werbebotschaft.

Für selbstbewußte Frauen

Seit den 70er Jahren hat sich für Frauen vieles verändert. Frauen haben sich verändert. Nur die Werbung nahm davon bisher keine oder wenig Notiz. Umworben werden Frauen aus dem Blickwinkel von Männern nach den überkommenen Vorstellungen: makellose Schönheit mit ausgeprägtem Sex-Appeal oder biedere Hausfrau.

Die 1991/1992 erstellte europaweite Studie (einschließlich Osteuropa) der BBDO Paris, fünftgrößte Werbeagenturgruppe in Europa, zeigt deutlich, daß sich Selbstbild und Selbstvertrauen der Frauen erheblich gewandelt und gestärkt haben. Und das in ganz Europa. Frauen wollen keine Superfrauen, aber so gut wie möglich nach eigenen Maßstäben sein.

Frauen haben viel an der gängigen Werbeansprache auszusetzen. Auf Dessous bezogen, meinen sie, im Augenblick gäbe es in Europa wenig gute Werbung. Entweder sei sie zu sex-betont und voyeuristisch oder zu altmodisch und langweilig. Dabei akzeptieren sie, daß Dessous Spaß machen und sexy sind. Das kann auch in der Werbung vermittelt werden – aber humorvoll und mit Respekt vor Frauen.

Fotos: Gossard

Die Erkenntnisse der Studie gaben den Anstoß für die Gossard-TV-Commercials. In London realisiert mit europaweitem Konzept. Unter Berücksichtigung eines neuen Selbstbewußtseins und auch ein bißchen ironisch. Eine neue Art knallharter Produktwerbung. Sie stößt auch auf Widerspruch, was eigentlich nur bestätigt, daß es hier gegen alte Klischees geht.

In den ersten beiden TV-Spots drehen sich die witzigen „Kurzgeschichten" um junge Frauen, die einen unabhängigen, modernen Typ vertreten und in einer relaxten Beziehung zu Freund und Familie stehen. In „Sperrt eure Söhne ein" versucht die Mutter ihren Sohn zu „retten", in „Lassen Sie sich hinreißen" ist sie die Aktive, die ihren Mann ins Schlafzimmer trägt.

„Zit goed, blijft goed" – Sitzt gut, bleibt gut: Ohne Anstrengung besiegt der Adonis im adretten Slip den Muskelmann in seiner grotesken Schlotterhose. Die Anzeige für „Sloggi for men" von Triumph International wurde 1993 unter anderem auch in holländischen Zeitschriften geschaltet. Ein weiteres Motiv der Kampagne: Unterhosen-Vergleich im Waschsalon.

Das Thema Erotik hat sich durchaus „gleichberechtigt" in der Wäschewerbung der 90er Jahre: Sooft Frauen die Karte der Sexualität ausspielen, sooft stellen sich nun auch Männer in lasziver Pose und mit vieldeutigem Blick der Kamera.

Neben dem allgegenwärtigen Thema Erotik wird der Verbraucher nach wie vor auch über die

Nicht unbedingt rutschfest – aber jeder auf seine Art: Für die Jockey-Werbung posierte Adam samt Kinderschar aus aller Welt im Feinripp-Klassiker.

Schiene Jugendlichkeit zum Kauf verführt. „Der Weg zum idealen Käufer von Unterwäsche führt über die Jugendlichen, zur Einwirkung auf die Älteren mittels Propagandierung von Jugendlichkeit", heißt es bereits in der „Kritik der Warenästhetik" von Wolfgang Fritz Haug aus dem Jahr 1971. Daran hat sich nichts geändert. Von den rund 40 Millionen Mark, die 1993 laut A. C. Nielsen Werbeforschung S+P GmbH in Deutschland in die Werbung für Herren- und Damenwäsche investiert wurden, floß ein zwar nicht zu benennender, aber mit Sicherheit beachtlicher Teil auf das Konto der Illusion von ewiger Jugend.

Hinter der Philosophie der Marke Triumph International: „Für jede Frau und für jede Gelegenheit das richtige Produkt" steht zwangsläufig eine sehr große Sortimentsvielfalt, segmentiert in Angebotsteile mit Produktmarken wie BeHappy und Lillyets. Auf die Durchsetzung im Markt und die Aktualisierung dieser Marken mit jeweils spezifischen Produktmerkmalen konzentrieren sich seit etwa 15 Jahren die werblichen Triumph-Aktivitäten. Es geht dabei um Produktnähe neben die – in größeren Zeitabständen – der „Universalgedanke" Triumph International in Imagekampagnen tritt. Für die Imagekampagne in den Jahren 1991-1993 wurde der Slogan „Mit Leib und Seele Frau" gewählt. Die abgebildeten Frauentypen verkörpern moderne Frauen, die durchaus wissen, was sie wollen, weiblich sind mit einem leicht erotischen Einschlag. Auf möglichst breite Akzeptanz kommt es an. Sympathie vieler anderer Frauen soll ihnen sicher sein. Das ist gelungen. Beim ersten Image-Motiv bekam Triumph International besonders positive Reaktionen von Frauen, die das Model für Julia Roberts hielten. Sie ist es nicht.

Seit rund fünf Jahren gibt es bei Triumph International die Kollektion „Lillyets" – populäre Dessousmode zu erschwinglichen Preisen. 1993 führten mehr als 6000 Einzelhändler Lillyets-Artikel. Damit setzt Triumph International weiter auf Expansion, sieht in Lillyets eine zukunftsweisende Dessousmodemarke für einen neuen modernen Frauentyp. Diesen spricht die Kampagne 94 mit TV-Spots und Anzeigen ganz gezielt an. Lebensfreude und Sexappeal werden gleichermaßen verkörpert.

Foto: Triumph International

Auf die Verpackung kommt es an

Vorrangige Beweggründe, um Wäsche in Schachteln zu verpacken, waren Gedanken über Hygiene, Lagerhaltung und Stapelbarkeit im Regal. Was jedoch in der zweiten Hälfte des vergangenen Jahrhunderts als harmlos-praktische Idee begann, hat sich mittlerweile zum wahren Design-Krieg ausgeweitet: Auf die einfache Frage, ob Logo oder Fotos die hochglänzende Pappe zieren sollten, bieten die Werbestrategen tausendundeine Antworten. Mancher setzt recycelte Pappe ein und gewinnt Preise für die neue Schlichtheit, wie die Firma Hanro mit ihrem 50er-Jahre-Design, mancher macht sexy in Schwarzweiß nach Calvin Klein-Vorbild.

Bei der Verpackung von Männerwäsche inspiriert der Vorreiter aus den USA auch hiesige Wäschemacher mehr oder weniger offensichtlich. Und so recken sich knackige

Fotos: Claudia Bartsch

Modelle zum imaginären Wäscheumsatzhimmel, lassen Muskeln spielen oder verharren in Denkerpose. Von griechischen Göttern bis hin zu sauberer Sportlichkeit variieren die Ideale der Werbefotografen. Schade nur, das alles eben bloß Verpackung ist.

STIL

STILISTEN

Foto: Holle-Suppa

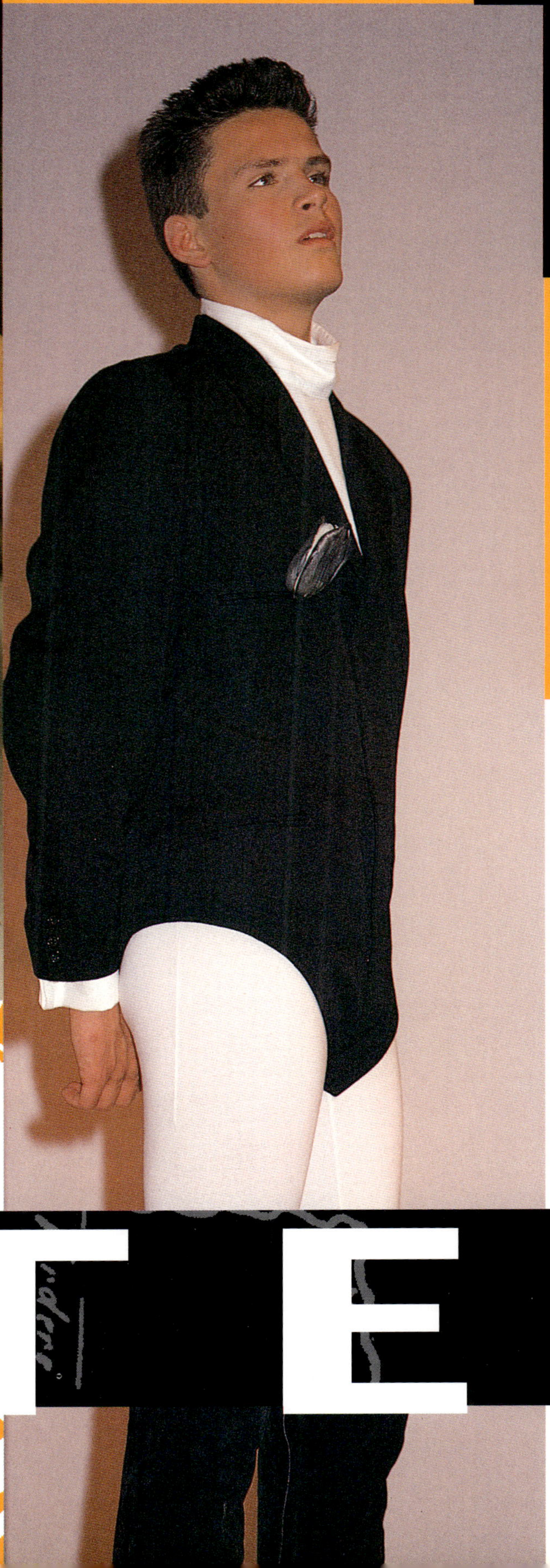

Foto: Nikos

ISTEN

Grenzüberschreitungen

Die 80er Jahre. Man sieht nichts mehr so eng. Fitness und Sport haben Einfluß auf die Mode genommen. Bodies, Leggings, Bustiers, Corsagen werden in die Outfits integriert. Man trägt sie sichtbar als Teil der Kleidung. Das alles ist natürlich nicht nur sportiv, sondern auch sehr feminin mit Transparenz, aufwendigen Stickereien und Spitzen, in Modefarben. In den internationalen Stilistenkollektionen spiegelt sich das wider. Eine Art gegenseitiger Befruchtung von Dessous und Wäsche bei der Oberbekleidung einerseits und von Ideen, die die großen Modemacher propagieren, bei Dessous und Wäsche andererseits setzt ein. Das führt in die 90er Jahre. Das Lingeriehafte der Stilistenkollektionen hat zum Beispiel für den Sommer 95 die Entwicklung der leichten, duftigen und fließenden Stoffe beeinflußt und den Stil, der teilweise sehr konkret an schöne Wäsche erinnert. Über das Dessous- und Lingeriehafte in den Stilistenkollektionen hinaus beschäftigen sich die Stilisten auch mit reinen Dessous-Kollektionen. Die meisten dieser Kollektionen entstehen in den 80er Jahren. Gaultier und Nikos übertragen ursprünglich „Weibliches“ auf ihre Männerkollektionen. Männlich-her, immer mit einemTouch Punk und spektakulär: Gaultier. Nikos dagegen transportiert Akzente seiner Wäsche nach außen, androgyn oder sportlich.

John Galliano / Foto: Holle-Suppa

Gaultier / Foto: Dieter Scheer

Popy Morini / Foto: Holle-Suppa

Ferretti / Foto: Dieter Scheer

Nikos / Foto: Dieter Scheer

Dolce & Gabbana – Räkeln in der Vergangenheit

Domenico Dolce und Stefano Gabbana lernten sich 1980 kennen. 1985 schickten sie ihre erste DOB-Kollektion über den Laufsteg der Milano Collezioni. Sie ahnten nicht, daß sie mit ihrer Liebe zur üppig weiblichen Mode und zum Glamour innerhalb weniger Jahre so erfolgreich sein würden. In der Modewelt gelten sie als Trendsetter der 90er Jahre. Seit 1989 gibt es Damenwäsche und Bademode, seit 1993 Herrenwäsche. Die von Le Bonitas, Prato, produzierten Wäschelinien „Dolce & Gabbana Intimo“ bringen mittlerweile rund 8 Mill. Dollar ein. Etwa 68% beträgt der Exportanteil. Die wichtigsten Abnehmerländer: die USA, der Ferne Osten, Deutschland, England, Frankreich. Verkauft wird die Wäsche in ausgewählten Fachgeschäften und in Häusern, die schon Dolce & Gabbana-Mode oder -Accessoires führen.

Sie blicken mit Ihrer Mode in die Vergangenheit. Warum?

Nicht, weil uns das Hier und Heute nicht behagt, sondern, weil alles doch immer noch aktuell ist, weil alles nach neuer Interpretation schreit, weil es sich um unersetzliche ästhetische Kriterien und Werte handelt.

Das Aufleben der Tradition ist also bewußt?

Es ist ein freudvolles Weitergeben erprobt sinnlichen Wohlbefindens, ein Räkeln in der Vergangenheit.

Foto: Fabrizio Ferri

Domenico Dolce und Stefano Gabbana.

Gibt es Epochen, die besondere Bedeutung für Sie haben?

Da spielen viele Epochen mit, alle mit gleicher Gültigkeit. Bei der Wäsche sind es für beide Geschlechter die 40er Jahre. Da zog man sich drunter nämlich richtig an. Das sollte man auch heute noch tun. Man kann das dann zeigen. Einfach eine Flatterbluse darüberziehen oder einen Sarong darüberwickeln.

Wer ist in unserer Zeit die Frau, der Mann, die für Sie am stärksten den Zeitgeist widerspiegeln?

Madonna ist für uns die perfekte Frau: impulsiv, intelligent und ironisch, sensuell und schön. Tom Cruise, scheint uns, hat den gesunden, sportgestählten Ausdruck des männlichen Ideals unserer Zeit.

Der spielerische Aspekt ist ein wesentlicher Teil Ihrer Mode. Auch Ihrer Wäsche?

Wir sind ganz sicher, daß wir mit unserer Wäsche zukünftig den Frauen helfen werden, ihre männliche Seite spielerisch darzustellen. Und wir werden dem Mann Mut machen, den femininen Aspekt seiner Seele zu zeigen.

Zeichnungen: Dolce & Gabbana

Domenico und Stefano lieben den Süden. Die Sensualität, das Geheimnisvolle, das Glühende, das Barocke. Das ist in ihrer Mode, ihrer Wäsche zu spüren. Sie überrascht, ist keusch oder schamlos, will entdeckt werden, ist Hauptdarsteller eines Outfits. „Denn“, so sagen die beiden, „der größte Luxus ist für uns die absolute Freiheit“.

Foto: Bruce Weber

Gianni Versace – Nie gekannte Einheit von Kleid und Dessous

Seit 1986 entwirft Gianni Versace Wäsche, die von der Alias SpA produziert wird. Der Verkauf wird über den Mailänder Showroom abgewickelt. Versace-Wäsche führen die Versace-Boutiquen, Boutiquen und Geschäfte mit einem breiten Angebot von Versace-Kleidung und ausgewählte Wäsche-Fachhändler. Der Export liegt bei 60%.

Gianni Versace.

Foto: Gloria Rodriquez

Sie haben keine Angst vor Experimenten, Sie fühlen sich als echter Kreativer. Stimuliert Sie auch die Wäsche?
Viele der Themen aus meinen Versace-Kollektionen finden sich in der Lingerie wieder. Ich empfinde stark die Faszination der Strümpfe, aber nicht weniger wichtig scheint mir das Darunter. Es ist nur zu verständlich, daß ich „meine“ Frau und „meinen“ Mann durchstylen möchte.

Die Versace-Frau ist sexy. Gibt es Richtlinien, nach denen Sie Wäsche entwerfen?
Stoffe und Farben mit dem gleichen Feeling! Beispielsweise Spitzen. Oder meine Drucke. Oder auch – und das finde ich wahnsinnig interessant – gealterte Materialien. Wäsche gehört einfach dazu. Das merkt eine Frau schon beim Anziehen: alles wertet sie auf und verleiht ihr Sicherheit. Sie ist durch und durch sexy und feminin.

Foto: Dieter Scheer

Das bedeutet also einen direkten modischen Bezug von Saison zu Saison?
Die kreative Inspiration jeder neuen Versace-Kollektion wird für die Lingerie geprüft und so weit wie möglich adaptiert. Viele Ideen spiegeln sich folglich wider.

Ein fließender Übergang sozusagen?
Eine einzige Handschrift, ein präziser Geschmack. Hinzu kommt die Bademode, die immer thematisch viel mit der Lingerie gemeinsam hat. Und auch die elegante, komfortable Homewear.

Dinge, die man auf dem Körper trägt, die man sieht oder versteckt ...?
Schöne Unterwäsche ist zu schade zum Verstecken. Die Transparenz der Kleidung läßt sie heute mitsprechen, Kleid und Dessous verschmelzen zu einer nie gekannten Einheit.

Und der Mann?
Der Mann wird immer anspruchsvoller, freier, körperbewußter und zeigt eine ganz spezifische Raffinesse. Darum habe ich schon vor einigen Jahren mit Drucken begonnen. Innerwear und Outerwear ergänzen sich, formen gemeinsam einen Look. Der darf auch spielerisch oder provozierend sein. Beim Mann ist dabei allerdings das Gleichgewicht zwischen Eleganz, Komfort und Modernität von besonderer Bedeutung.

Und der Blick in die Zukunft?
Der Blick zurück zeigt Erfolg. Ich glaube, wir werden den gleichen Weg weiter verfolgen. Wir werden uns nach innovativen Materialien umschauen. Elastische Stoffe und Spitzen erfahren sicherlich durch Neues, Elegantes und Komfortables baldige Bereicherungen. Modern, elegant und sexy, aber auch praktisch und qualitätsvoll – das sind die Adjektive einer zeitgemäßen Underwear.

Giorgio Armani – Luxus ist Schlichtheit

Wäsche von Giorgio Armani gibt es seit 1981. Sie wurde bis 1990 von Icap produziert, dann bis 1992 von Simint. Seit der Frühjahr/Sommer-Saison 1993 ist Intal dafür zuständig, die auch Armani-Krawatten und -Bademode herstellen. Es gibt Giorgio Armani- und Emporio Armani-Wäsche, jeweils für Damen und Herren. Die Giorgio Armani-Linien werden ausschließlich in Armani-Boutiquen verkauft, während Emporio Armani über die Emporio-Läden und Fachgeschäfte vertrieben wird. Die Exporte liegen für die Giorgio Armani-Damen- und Herrenwäsche bei 64 beziehungsweise 65%. In Europa liegt Deutschland an erster Stelle der Abnehmer, gefolgt von England und Spanien.

Fotos: Armani Press

Giorgio Armani.

Sie sind Synonym für eine rigorose Mode. Könnte Sie Wäsche nicht zum Spielen verführen?
Wie es drunter aussieht, geht jeden etwas an! Alles, was mit Armani gekennzeichnet ist, folgt den gleichen Kriterien, nämlich Modernität, Komfort und natürliche Schlichtheit der Formen und Materialien. Zwischen der Giorgio Armani- und der Emporio-Unterwäsche besteht lediglich ein Unterschied: die Originallinie ist in sehr hochwertigen Qualitäten gearbeitet und sophisticated. Emporio ist jung und sportiv.

Demzufolge spiegelt das Darüber das Darunter wider?
Ich kann mir einfach nicht vorstellen, daß eine Armani-Frau, ein Armani-Mann Unterwäsche tragen, die meiner Philosophie widerspricht. Nicht weil Armani Mode, sondern weil Armani ein Stil ist.

Darf denn Luxus mitsprechen?
Luxus ist Schlichtheit, das sagte Jean Cocteau. Und ich glaube das auch. Underwear mit Firlefanz und Dekor würde mit den Linien meiner Kleidung entschieden kontrastieren.

Um auf die Kriterien von Komfort und Modernität zurückzukommen: gelten sie auch für die Zukunft?
Zukünftig werden natürliche Materialien und Ausrüstungen immer bedeutungsvoller werden. Gleichzeitig wird ausgeklügelte Technik für noch mehr Komfort sorgen. Das wird bei mir allerdings niemals der Ästhetik zum Nachteil gereichen.

Hat diese Ästhetik mit dem Ewig-Weiblichen etwas zu tun?
Aber ja! Allerdings weder dumm noch puppenhaft, noch Pornoaggressiv, sondern vielmehr schlicht und zart. Eine geflüsterte, nicht geschriebene Weiblichkeit.

Und der Mann und sein intimes Erscheinungsbild?
Die Männerwäsche muß komfortabel, maskulin und ordentlich sein. Ein klassisches Beispiel – trotz aller Evolution – bleiben für mich T-Shirt und Boxershorts.

Inspiriert Sie als Italiener mehr der lateinische oder der nördliche Menschentyp?
Bei Menschen aus dem Süden liebe ich ihre intensive Körperlichkeit, die starke Ausdruckskraft ihrer Gesichter und Körper. Andererseits scheint mir die Eleganz und lichte Lieblichkeit der Nordländer einfach unübertrefflich.

Ziehen Sie, bewußt oder instinktiv, bestimmte Menschentypen für die Präsentation Ihrer Mode vor?
Ganz im Gegenteil: Beim Casting für meine Schauen wähle ich die unterschiedlichsten Models. Auch dadurch möchte ich zeigen, daß meine Mode nicht für einen bestimmten Menschentyp, schon gar nicht für abstrakte oder irreale Vertreter der Menschheit gedacht ist.

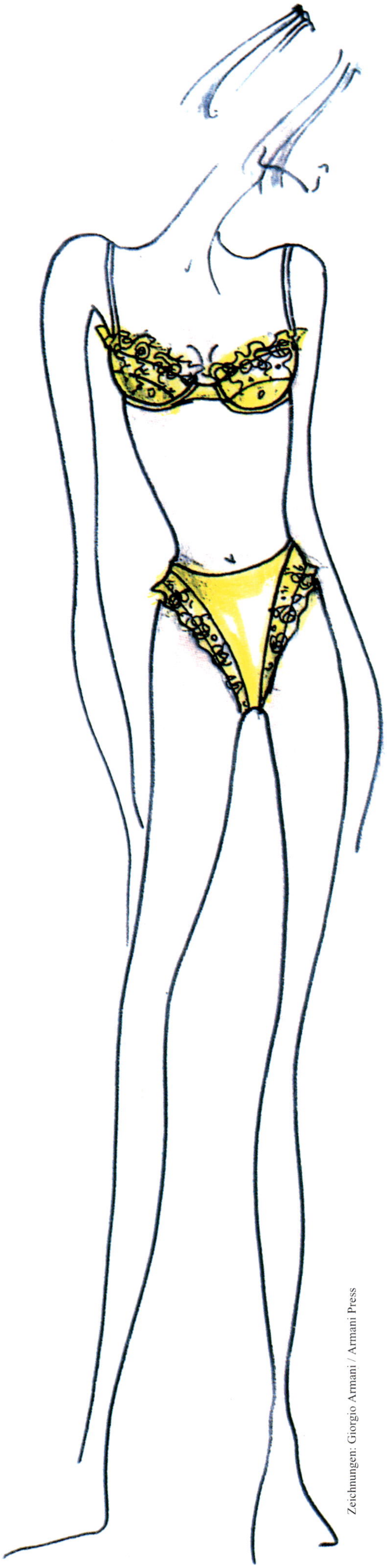

Zeichnungen: Giorgio Armani / Armani Press

Calvin Klein – Vom Mantelschneider zum Unterhosenpapst

Calvin Klein – Image ist alles.

Calvin Klein, der PR-Star unter den Designern, revolutionierte 1982 den Unterwäschemarkt. Galt bis dato das feingerippte Untendrunter wenn auch nicht als unaussprechlich, so doch als nicht erwähnenswert, änderte sich dies durch einen einfachen Gummibund. Der eingestrickte Name Calvin Kleins machte aus einer simplen Unterhose ein Designerstück und diese zum Statussymbol. Schlichte sportliche Schnitte, eine geniale Verpackungsidee und immer wieder Werbung, die durch alle Medien geht, heißt sein Erfolgsrezept.

1942 in der Bronx als Sohn jüdischer Einwanderer aus Ungarn geboren, wuchs er – wie die Modelegende es will – mit dem Traum auf, eines Tages die geheimen Wünsche seiner Mutter nach kostbaren Kleidern erfüllen zu können. Nach Ausbildung am „Fashion Institute of Technology", ersten Jobs bei einer Mantel-Manufaktur und dem Versuch, eine eigene Kollektion zu verkaufen, gelingt mit der ersten 50.000 Dollar-Order der Beginn einer großen Karriere. Neben Jeans und Sportswear ist er vor allem für seine Unterwäsche bekannt und natürlich für die Fragrances, die Düfte.

Simpler Slip mit Designerimage – schuld ist nur der Gummibund

Foto: Calvin Klein

Die Underwear ist auch im zwölften Lebensjahr nicht zum Selbstläufer geworden, Innovation beim Design, bei der Verpackung und in der Image-Werbung ist weiterhin gefragt. Marky Mark, früherer Rapper, half der Wäsche noch einmal auf die Sprünge. Nachdem er in rotzig provokanter Geste mit der Hand am Schritt oder mit heruntergelassener Jeans und bloßgelegten Calvin Klein-Shorts posierte, meldeten die amerikanischen Departmentstores Umsatzsprünge zwischen 10 und 30 Prozent. Weibliches Pendant dazu Supermodel Kate Moss.

Marky Marks sexy Image kam bei jung und vor allem bei den Schwulen gut an; seine abfälligen Bemerkungen über diese nicht unerhebliche Zielgruppe brachten ihm inzwischen das Werbe-Aus.

Die Wäsche, in Amerika schon lange Dauerbrenner in den Wäscheabteilungen der Stores und begehrtes Mitbringsel und Schmugglergut aus den USA, ist seit gut einem Jahr auch endlich in Deutschland erhältlich. Einziger Knackpunkt: Was im Mutterland für eine Handvoll Dollar gehandelt wird, erzielt hier Designerpreise. Mit dem Verkauf der Wäschelizenz an die Warnaco Group, New York, geht die amerikanischste Unterhose neue Wege. Vor allem in England, Frankreich, Belgien, Italien und Spanien sollen die Männer auf den Unterhosen-Geschmack kommen. Und dabei wird wieder einmal die Werbung helfen, für deren Kontrolle Calvin Klein weiterhin verantwortlich bleibt.

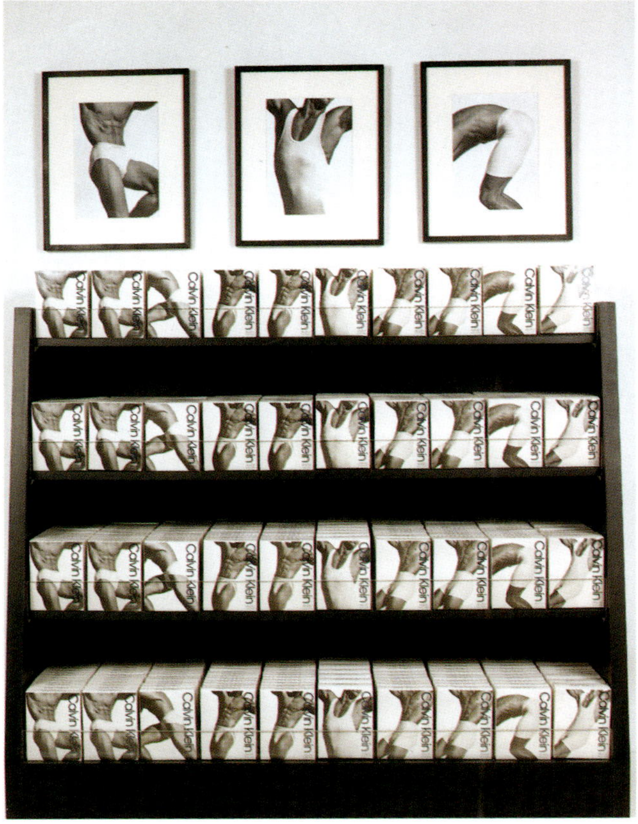

Foto: Calvin Klein

Schlichte Präsentation mit toller Wirkung: Die speziellen Calvin Klein-Regale schieben die Packung nach, wenn die vordere entnommen wurde. Die Verpackungs-Designer nahmen Maß: Calvin Klein als Vorreiter für Gummibünde mit Namen und der „athletischen" Schachtel.

Calvin Klein-Fenster bei Macy's in New York.

Foto: Inge Ledermann

Besondere Innovation hat die Wäscheindustrie dem Designer in zwei Bereichen zu verdanken. Zum einen im Verpackungsdesign: Die Unterwäsche in Schachteln zu packen und diese mit Schwarz/Weiß-Fotos muskulöser Körper im entsprechenden Modell zu verzieren, hat eine Lawine losgetreten. Alle Designer oder solche, die es werden wollen, setzen inzwischen auf einen ähnlichen Verpackungsstil.

Zum anderen hat er den Jock von der Sportbekleidung ins Wäschegeschäft gebracht – eine Slipform, die dank der Gummibänder den Po hebt. Ein Kleidungsstück, das bei Männern, die auf Figur und Rückenwirkung achten, sehr gefragt ist. Calvin Klein hat ähnlich wie Nikos mit seinen modischen Bodies die Unterwäsche revolutioniert: Das Gummiband, noch öfter kopiert als seine Verpackung, ist zum Markenzeichen einer neuen Generation geworden, die bis zum Slip Wert auf Design und Marke legt.

Foto: Inge Ledermann

Gar nicht klein in klein: Überdimensionierte Werbung ist Kleins Markenzeichen. Hier noch mit Rapper Marky Mark.

Himmelblau für Himmelsstürmer: Weiche Farben gehören ebenso wie klassisches Schwarz und Weiß zum Basiskonzept.

Nikos

Von der Anwaltskanzlei ins Wäschegeschäft: Nikos in Genießerpose.

B„Bei seiner ersten Vorführung saß man noch auf Ledersofas in einem Pariser Privatappartement. Neben exzentrischen Entwürfen wurde auch schlicht und schön geschnittene Unterwäsche präsentiert. Funktionell war sie fast nie – aber das hatte ja auch niemand verlangt. Schwarze und weiße Bodysuits und Garnituren aus veredelter Baumwolle oder Seide hatten an unüblichen Stellen tiefe Ausschnitte. Sogar ganz einfache Slips wurden so zu raffinierten Kleidungsstücken. Die ersten Einkäufer ließen sich durch die bescheidene Entourage nicht beirren und kauften gleich in großem Maßstab ein.“ So beschreibt John de Greef in seinem Buch „Männermode - Wäsche“ die erste öffentliche Nikos-Präsentation im September 1985. Ein halbes Jahr später bereits drängten sich Einkäufer und Presseleute zu Hunderten in einem Pariser Museumsgarten: Jetzt stellte der Grieche seine Kollektion im Rahmen eines großen Spektakels vor, mit jungen Männern in schwarzer Wäsche auf weißem Pferd. Die Sensation war perfekt.

Eigentlich hatte Nikolaos Apostolopoulos, am 20. Juni 1952 in Patras/Griechenland geboren, etwas ganz anderes vorgehabt: Nach vollendetem Jurastudium an der Pariser Sorbonne schien die Anwaltskarriere vorprogrammiert. Seine Begabung für die ernsten Dinge des Lebens war jedoch nicht geringfügiger angelegt wie sein künstlerisches Talent. In der Mode schließlich konnte er beides vereinen.

Nach dem überwältigenden Erfolg seiner Männer-Dessous folgte gleich zur Saison 86/87 eine kleine HAKA-Kollektion. Weibliche Dessous kamen im Winter 87/88 hinzu, wenig später auch für kurze Zeit eine DOB-Linie.

Nikos wurde zum Liebling der Modepresse. Seine Präsenz in den Medien aber war überproportional im Verhältnis zum Umsatz: Der Durchschnittsbürger bestaunte zwar die kühne Mode, kaufte jedoch Standards. Immense Investitionen, unter anderem in eine eigene Boutique in Frankfurt, brachten Nikos fast zu Fall. Sein Pariser Büro schrumpfte von 20 auf sechs Personen zusammen. Die Stabilisierung erfolgte Anfang der 90er Jahre dank eines neuen Finanzpartners, Jannis Alexandros in Frankfurt.

Mittlerweile wird die gesamte Linie in Italien produziert; über die Assisa-Textilhandel GmbH in Düsseldorf werden in Deutschland rund 55 Geschäfte beliefert. Männerwäsche und -bademode machen etwa 50 Prozent der Produktion aus, dazu kommen 30 Prozent an Damendessous und -bademode sowie rund 20 Prozent Herrenbekleidung. 1993 lag der Gesamtumsatz bei zehn Millionen Mark.

Lizenzen sollen vorerst nicht vergeben werden; nur der Kosmetikmulti Lancaster wird, nachdem der Nikos-Damenduft „Sculpture“ auf dem Markt ist, im Sommer 1995 noch einen Herrenduft herausbringen.

Klare Linie ohne Firlefanz: Auch bei Frauen legt der Designer aus Griechenland den Maßstab der Antike an.

Fotos: Nikos

Louis Féraud

„Freiheit ist das Recht auf Verschiedenheit! Ich fände es schrecklich, wenn alle gleich angezogen wären. Auch in einem Hosenanzug will eine Frau gefallen und verzichtet daneben keineswegs auf Kleid oder Rock. Ihre Weiblichkeit drückt sich vor allem in ihrer Persönlichkeit aus. Sie hat schließlich verschiedene „Waffen“, um verführerisch zu sein.

Eine davon ist auch die Wäsche – und der Wäsche-Look. Deshalb kümmere ich mich um meine Wäschekollektion mit dem gleichen Interesse und der gleichen Sorgfalt wie um alle anderen Kreationen. Die Entwicklung des Trends Dessus/ Dessous – darunter und darüber – hat erst begonnen. Die „Verlobung“ fand aber schon statt.

In meiner Haute Couture-Kollektion Sommer 1994 sind Modelle, die direkt von den „Dessous“ inspiriert sind: Das wie ein Mieder geschnürte, bedruckte und mit Spitzen besetzte Minikleid unter einem schwarzen Blazer und das weiße Miederkleid aus Chiffon mit schwarzen Spitzen – verführerische moderne Dinnermodelle!“

Louis Féraud.

Louis Féraud Lingerie.

Fotos: Lingerie Louis Féraud Mode GmbH

Die Gerhard Rösch GmbH, Tübingen, produziert in Lizenz Louis Féraud-Nachtwäsche (seit Sommer 77), -Beachwear (seit Sommer 85) und -Corseterie (seit Herbst/Winter 91). Diese Kollektionen werden in den deutschsprachigen europäischen Ländern, den Benelux-Ländern, in Skandinavien, Spanien, Italien und Saudiarabien vertrieben.

Louis Féraud Corseterie.

Lothar Schuster – Unterwäsche eben anders

Foto: Tendenze

Passender Laden zum hochwertigen Wäschedesign: Tendenze Exklusive Menswear in der Utzschneiderstraße in München.

„Auf dem Gebiet der Wäsche muß man anders gestalten." Der das sagt, ist gerade 36 Jahre alt und der einzige, der Haute Couture-Männerwäsche macht. Unterwäsche eben anders.

Lothar Schuster, im Kleinwalsertal geboren und seit 1977 Wahlmünchner, ist besonders fasziniert von Stoffen und Schnitten. Für die neuesten Creationen – Chorhemden mit passenden Spitzenradlern – trieb er in Vorarlberg Originalspitze des Vatikans auf. Nun ziert die Papstspitze neben dem geweihten Haupt auch die Beine einiger hochkarätiger Kunden, die für die Spitzenradler schon einmal 250 DM auf den Tisch des Münchner Ateliers legen. Schnitt und Sitz sind oberste Gebote. „Wenn man was kauft, soll's ja Qualität haben und kein Einmalprodukt wie ein Kondom sein", bringt er seine Wäsche auf den Punkt. Und was er macht, hat Qualität und Erotik. Der Kapuzenbody aus Norwegerstoff beispielsweise, der zur Jeans wie ein Pulli wirkt und ohne Jeans im schönen String endet. Eben etwas für Drunter und Drüber. In zwei eigenen Läden in München und Berlin und bei zehn weiteren ausgesuchten Händlern bringt er seine schmückende Wäsche an den Mann.

Foto: M. Wiese

„Ich bin ja auch nicht der liebe Gott, der weiß, was die Leute wollen." Gesunde Selbsteinschätzung Lothar Schusters, der lieber nach Bestellung auf Maß anfertigt, anstatt eventuell Ladenhüter zu produzieren.

Mit der Nähmaschine im Hinterzimmer fing es einst an. Neben dem Halbzeitjob als Einzelhändler näht er Hemden im Glitterstil für Silver Convention und Thomas Gottschalk. 1983 inseriert er dann erstmals seine „Männerwäsche nach Maß" im Münchner Stadtmagazin. Beim Top-Versand, wo er sich eigentlich als Model bewirbt, nimmt man doch lieber seine Wäschekreationen und verdoppelt damit den Umsatz. Bald entwirft er das Gros des Angebotes, andere werden aufmerksam und der Weg zu Hom wird geebnet. Inzwischen entwirft er hier ein Fünftel der Kollektion.

„Meist die Teile, die als Deko- oder Ausstellungsstücke gerne genommen werden", weist er auf seinen ausgefallenen Stil hin. Daneben gibt es seine Tendenze-Haut Couture und einen erotischen Wäschekatalog, dessen Angebot erst nach Eingang der Bestellung genäht wird. „Ich kann ja nicht wissen, was ein Renner wird." Und der Katalog schlägt ein, Bestellungen über einige Tausend Mark sind keine Seltenheit. Lothar Schuster vermutet dahinter die Heimlichen, die sich nicht trauen, und hofft bei Gefallen auf „Wiederholungstäter". Gerade die schwule Kundschaft legt besonderen Wert auf Aussehen, Ästhetik und eine Rundum-Mode, die nicht nur nach außen den modischen Schein wahrt. Aber in gewissen Kreisen oder Generationen traut Mann sich immer noch nicht, öffentlich anderes zu kaufen als brave Allerweltshöschen.

Foto: Tendenze

Foto: Bachmann

Spitzenpo: Oben Rokoko, aber unten alles andere als Pfui. Radlerhose mit Vatikanspitzenbesatz, erotisch-schöne Modellwäsche.

Für sie ist das Versandgeschäft ideal, und auch für den Provinzler, der kaum Gelegenheit hat, Ausgefallenes zu kaufen.

Die Kunden seiner maßangefertigten Bodies aus Spitze, Samt und edlem Brokat finden sich in allen Gesellschaftsschichten, vom Rechtsanwalt über den Arzt bis zum Pfarrer.

Eigentlich gehört ja eine knackige Figur zu den Stringbodies oder Slips mit hochgezogenem Bein, doch weil eben nicht jeder Mann die Normgröße 5, 6 oder 7 mitbringt, sind die Maßanfertigungen beliebt. „Mein Lieblingskunde ist dieses Jahr 90 geworden, der legt sich jeden Monat was beiseite und spart auf einen neuen Alloverbody. Den letzten hat er in pinkfarbenem Samt bestellt.“ Für den nicht mehr ganz glatten Hals bat er um einen höheren Stehkragen, und gegen die kalten Knie macht Lothar Schuster die Beine einfach etwas länger.

Lothar Schuster lebt für seine Unterwäsche und nach all dem „sich nach anderen richten“ will er mit Tendenze etwas ohne Kompromisse machen, „selbst wenn ich davon ein Teil nur einmal verkaufe.“

Für die internationale Anerkennung und einen weiteren Ruf überlegt er derzeit, eine zweite Wahlheimat in Paris zu suchen.

Foto: Tendenze

Stoffe und Schnitte machen das Besondere aus: Modelle, die längst mehr als Unterwäsche sind. Der unverwechselbare Look zeigt dem Kenner auf den ersten Blick, daß es sich bei dem, was unter Hemd oder unter Jeansjacke sichtbar wird, um ein Tendenzemodell handelt.

Leben und Arbeiten – Zuschneideraum in der Münchner Altbauwohnung, die Atelier und Wohnräume beherbergt. Hier kommen die Bestellungen an und werden vor Ort auf Maß gefertigt.

Fotos: Bachmann

Foto: Tendenze

Donna Karan – Kompletter Look

Donna Karan.

Foto: Karan

„Alles, was ich tue, geschieht mit Herz, Körper und Seele“, sagt Donna Karan, die gebürtige New Yorkerin, deren große Liebe New York ist. Der Name Donna Karan hat in den USA magischen Klang, und davon schwappt inzwischen auch etwas nach Europa. Innerhalb von knapp zehn Jahren gelang es ihr, mit finanzieller Unterstützung zweier japanischer Textiliten, ihr kleines Modeatelier in ein Mode-Imperium zu verwandeln, das jährlich mehr als 300 Mill. Dollar umsetzt. Neben der Donna Karan Couture gibt es die DKNY-Zweitkollektion mit Mode für die ganze Familie, einschließlich Accessoires, Strümpfen, Schuhen, Parfüms.

Seit Frühjahr 1992 ist der „Donna Karan-Look“ komplett. Die Donna Karan-Intimates hatten ihr Debüt. „Alles beginnt mit modern gestylten BHs“, ist ihre Philosophie. Und da sie zuerst alles an sich selbst auszuprobieren pflegt, ist für gute Paßform gesorgt. Das gilt auch für ihre sexy Bodies. Auf Seventh Avenue ist es Legende, daß sie bei ihrer Design-Arbeit am liebsten einen Body trägt, um den sie ihre neuesten Ideen wickelt und drapiert.

Für aktive Frauen

Ihre Zielkundin ist wie sie selbst stark engagiert und aktiv, hat Freude an schönen Dingen und einen ausgeprägten Sinn für Mann und Familie. Ihre Intimates-Kollektion umfaßt Dessous, Nachtwäsche, Homewear, und bei allem weiß sie um den Lebensstil ihrer Zielkundin. Auf Homewear übersetzt heißt das zum Beispiel Anlehnung an edlen Sportswear-Look, ganz reduzierte Cashmere-Ensembles, die schmale Hosen mit Tunnelzugtaille zu leicht ausgeschnittenen oversized Tunikapullis kombiniert, Kuschelkleider zum Relaxen oder lange fließende Seidenkleider im Achselhemdstil für kleine Parties zuhause oder auch zum Ausgehen.

Nicht nur mit dem modernen Stil ihrer Intimates-Kollektion hat Donna Karan für frischen Wind in diesem Bereich gesorgt. Sie hat gleichzeitig über die Präsentation der Lingerie-Linie nachgedacht. Diese Ideen unterscheiden sich erheblich von dem, was bei Lingerie üblich ist. Ihr Luxus-Shop-in-the-shop-System orientiert sich an der DOB.

Foto: Inge Ledermann

Donna Karan begleitet ihre Intimates bis zum Point of Purchase. In einem Shop-in-the-shop-System hat Architekt Peter Marino ihre Vorstellungen vom richtigen Umfeld verwirklicht. Das Ambiente atmet Luxus mit weichen Hauttönen, Seidenstoffen mit mattschimmernden Goldtönen an Wänden und als Stuhlbezüge, – bis zum Sisalbodenbelag bei Saks Fifth Avenue.

Weltweite Expansion

In den USA werden die Donna Karan-Intimates von den Einzelhändlern geführt, die auch ihre Couture- und DKNY-Kollektionen sowie ihre „Legwear“ führen. In Europa will man mit ähnlicher Strategie vorgehen. Von den dreizehn Geschäften in Deutschland, die Donna Karan-Mode verkaufen, kann man bisher nur in einem Münchner Geschäft auch Lingerie und Homewear finden. In London stieg Harvey Nichols in das Shop-in-the-shop-System ein.

Für die weltweite Expansion ist die Firma Donna Karan Intimates verantwortlich. Sie ist Lizenznehmer der Donna Karan Co. und eine Tochter von Wacoal America.

Donna Karan Intimates.

Fotos: Karan

Jean Paul Gaultier – Tabu-Schranken werden gebrochen

Madonnas Auftritt im Gaultier-„Corselet“.

Foto: dpa

„Ich mache Kleider nicht, um mich zu amüsieren, aber ich amüsiere mich, wenn ich sie entwerfe“. Er entwirft durchaus „Vernünftiges“ – gut geschnittene Blazer, Hosen, Hemden. Was ihn aber zum Enfant terrible der Mode und gleichzeitig zum Trendsetter macht, ist etwas ganz anderes. Er verstößt mit seinen Kreationen gegen den „guten Geschmack“, er durchbricht Tabu-Schranken. Überdeutlich sind die Anspielungen auf die Sexualität der Geschlechter. Das Schnürmieder ist so etwas wie ein Markenzeichen. Er läßt es von Marylin, dem superfemininen Transvestiten, vorführen. Die Flasche seines Parfüms ist ein weiblicher Torso mit Mieder – in Variationen für die verschiedenen Flaschengrößen. Gaultier entwirft Kostüme für Theater, Ballett, Filme – immer ist „Dessoushaftes“ dabei. Madonna gehört zu den medienträchtigsten Stars im „Gaultier-Mieder“.

Androgynes ist für seine Mode typisch. Seine Männer tragen auch Röcke. „Warum nicht?“ hat ihn die FAZ zitiert, „der Rock hat kein Geschlecht. Denken Sie an die Schotten und Griechen“.

Gaultier hat seine Karriere „solide“ begonnen, mit Kollektionen, die er zum Beispiel für Byblos entwarf und Schuhe für Stephane Kélian. Mit seinen „vernünftigen“, gut geschnittenen Jacken, Hosen etc. verdient das Millionen-Unternehmen Geld. Das Spektakuläre seiner Schauen und der Modelle, über die man spricht, die ihn zum Enfant terrible der Mode machen und die man als Anstoß für neue Ideen betrachtet, seine Art der Selbstdarstellung, sind gut für's Image und drücken eine andere, künstlerische Seite seiner Persönlichkeit aus. Von Moschino hat Suzy Menkes, Moderedakteurin der „International Herald Tribune“ gesagt, er sei im Herzen ein Hippie. Gaultier ist möglicherweise im Herzen ein Punker.

Foto: David Seidner

Jean Paul Gaultier.

Foto: Intimate Apparel Council

Die Taillenmiederidee à la Gaultier, 1991 gezeigt im Rahmen der „Lingerie Retrospective“ des Intimate Apparel Council, New York.

Thierry Mugler

„Wie ein Architekt liebe ich es, die Linien des Körpers in Szene zu setzen: die Schultern, die Taille, die Hüften zu betonen, die Beine zu enthüllen!

Mein Frauenbild ist eine aktive, energische Person, ihrer Verführungsgabe und ihrer Persönlichkeit sicher, dabei aber voller Humor. Meine Kreationen erwecken das Bild der Frau, die sie trägt: Eine tadellose elegante Silhouette, eine starke Persönlichkeit, die Charakter und Mut hat, das ist die echte Pariserin!

Mode ist Inszenierung – die Frau muß es wagen, Träume und Sinnlichkeit hervorzurufen.

Meine Jacken sind oft sehr stark dekolletiert und zeigen passende Büstenhalter und Bustiers. Ich habe auch Miederjacken entworfen, in der Taille wie ein echtes Mieder gesteppt.

Wenn ich eine Wäschekollektion entwerfen würde, wäre sie sehr feminin, aber aus Materialien der Zukunft, sehr eng anliegend, gleichzeitig elastisch, daher auch bequem.“

Foto: Holle-Suppa

Thierry Mugler.

Foto: Mugler

Gebrüder Wolff – Eine konstruktive Partnerschaft

Begonnen hat alles vor etwa 11 Jahren. Damals kamen die ersten Kontakte mit Designern zustande. In New York, wo die Modeleute sozusagen Tür an Tür residieren. Gebrüder Wolff fingen damals an, ihre Marke auf dem amerikanischen Markt einzuführen. Und sie hatten außer ihren Wäschekollektionen noch etwas anderes anzubieten – Know-how auf dem Gebiet der Stoffherstellung. Folglich klopfte man auch mal bei den Designern an. Mittlerweile ist daraus eine konstruktive Partnerschaft geworden, die der Vorarlberger Wirkwarenfabrik Gebrüder Wolff in mehrfacher Richtung guttut. Mit Donna Karan, Ralph Lauren, Isaak Mizrahi, um nur die ersten in einer inzwischen längeren Riege auch mit Europäern zu nennen, werden bei Wolff Stoffe und Produktideen realisiert.

Nun gehören Gebrüder Wolff schon lange zu den Großen der Maschen-Branche, die ihr Geschäft solide und kontinuierlich erfolgreich betreiben. Die Zusammenarbeit mit den Designern aber hat einen beachtlichen Schub ausgelöst, der Wolff dazu verhilft, über „den eigenen Tellerrand zu gucken". Geschäftsführer Thomas Wolff schätzt sie als nicht so leicht zufriedenzustellende Partner, die einiges an Flexibilität, professionellem Mitgehen mit ihren Ideen und rundum an guter Arbeit abverlangen.

Foto: Gebrüder Wolff

Das Kreativteam der Gebrüder Wolff entwickelt die Ideen für die Wolff-Kollektionen und arbeitet mit den Designern aus den USA und Europa zusammen – eine konstruktive Verbindung. Irmtraud Jenny, Leiterin der Modellabteilung; Christina Pregler, Schnittdirektrice; Karin Ess, Entwurf; Wolfgang Feist, Leiter der Qualitätskontrolle.

Die Firma Gebrüder Wolff wurde 1926 in Hard als Stickerei/Wirkerei gegründet, die ausschließlich Maschenstoffe produzierte und verkaufte. In den 50er Jahren kamen die Abteilungen Veredlung und Färberei dazu, in den 60er Jahren die Konfektionsbetriebe. Die eigenen Tages- und Nachtwäsche-Kollektionen für Damen und Herren, später auch für Kinder entstanden. Die Aktivitäten des Unternehmens, das heute rund 95 Mill. DM umsetzt, gliedern sich in vier große Bereiche: Stoffherstellung für die eigenen Kollektionen und zum Verkauf an die Wäsche- und Miederindustrie; die Wolff-Wäsche-Kollektionen; Kontraktgeschäfte mit Großabnehmern wie Marks & Spencer, Palmers und Verbänden; die Geschäfte mit den Designern. Sie tragen inzwischen rund 15% zur Jahresleistung bei. Gebrüder Wolff beschäftigen 600 Mitarbeiter, davon etwa 80 in der Stoffherstellung. Alles konzentriert sich in und um Hard. Keine Maschine ist älter als drei bis vier Jahre.

Ständiger Austausch

Die Vollstufigkeit des Unternehmens, in textilen Kreisen heutzutage schon fast „ein Fluch“, begreift man bei Gebrüder Wolff als Chance: „Die Kosten in Vorarlberg sind hoch, aber man kann auch ein Kostenmanagement erfolgreich gestalten, wenn man die Ressourcen optimal nutzt. Qualität ist immer die Summe aller Leistungen, die ein Kunde beurteilt. Wenn diese für ihn stimmt, dann ist er zufrieden und kauft bei uns. Dafür muß man sich anstrengen, aber es lohnt sich“.

Die Designer-Kunden sind offensichtlich zufrieden. Die Amerikaner kommen vier- bis fünfmal im Jahr nach Hard. Mindestens ebensoviele Male geht es von Hard nach New York. Einmal im Monat jettet Ernest da Costa, der amerikanische Wolff-Agent, der auch die ersten Kontakte zu den Designern hergestellt hatte, von New York nach Vorarlberg. „Er ist der zuverlässigste Briefträger“, meint Thomas Wolff.

Stoffentwicklungen sind ein wichtiger Punkt in der Zusammenarbeit mit den Designern. „Sie bringen uns Anhaltspunkte, manchmal auch gewebte Stoffe als Anregung mit. Das wird dann von unseren Leuten umgesetzt“, so Thomas Wolff. Zu den innovativen Stoffideen kommen die Modellentwicklungen, hauptsächlich Bodies im Outerwear-Typ, Tops, Bodydresses und Catsuits, Rollis aus elastischen Qualitäten mit Lycra.

„Und diese Richtung hat generell steigende Tendenz“. Für Donna Karans Designer-Kollektion und ihre Zweitlinie DKNY werden nicht nur Stoffe entwickelt und produziert, sondern auch alle hochwertigen Modelle und alle „Schnellschüsse“, für die vom Erstmuster bis zum Ladentisch durchschnittlich 6-8 Wochen Zeit bleiben. Für Ralph Lauren produziert Wolff einen beachtlichen Teil der Polos und die auf Baumwolljersey aufgebaute Damenlinie. Die vier Direktricen sind nicht nur für die Wolff-Kollektionen verantwortlich, sondern arbeiten auch mit den Designern. Eine ebenso anspruchsvolle wie inspirierende Sache, die als „Training“ für das ganze Unternehmen betrachtet wird.

Gaultier / Foto: Dieter Scheer

Emporio / Foto: Dieter Scheer

Ferrè / Foto: Dieter Scheer

Dolce & Gabbana / Foto: Dieter Scheer

Gaultier / Foto: Dieter Scheer

Chanel / Foto: Holle-Suppa

Gaultier / Foto: Dieter Scheer

Vivienne Westwood/ Foto: Holle-Suppa

Valentino / Foto: Piero Biasion

Versace / Foto: Holle-Suppa

Moschino / Foto: Holle-Suppa

WÄSCHE & ÖK

Foto: Calida / Montage: ART + WORK

OLOGIE

Naturtextilien – ein Randprodukt für Allergiker und Müslis oder eine zukunftsweisende Philosophie?

Unter Naturtextilien versteht man „Kleidungsstücke, die aus reinen, unbehandelten oder gefärbten, aber nicht chemisch ausgerüsteten Naturfasern hergestellt werden" (Alb Natur). Im alltäglichen Sprachgebrauch verwischt das dann schnell zur Öko-Wäsche. Die Gründe, „Öko-Wäsche" herzustellen und die Definitionen von Öko-Wäsche sind vielfältig.

Das Interesse an ökologischer Bekleidung steigt auch mit der Zahl der Allergiker. Das Argument, Textilveredlung mit immer mehr Chemikalien könne eine Ursache für neue Allergien sein, wird nicht nur durch reißerische Zeitschriftenberichte ins Gespräch gebracht. Und wenn man an ökologische Bekleidung denkt, ist es natürlich einfacher, Öko-Unterwäsche als ein Öko-Abendkleid zu produzieren.

Foto: Hess Natur

Der Naturgedanke wird von dem Produkt auf das Lebensgefühl übertragen. Werbung für Öko-Wäsche bringt Männer und Frauen und verschiedene Nationen in friedlicher Harmonie zusammen. Nach dem Motto: In Öko-Wäsche ist die Welt wieder in Ordnung.

Neben ideologischen sind Konsum- und Umweltschutzargumente in diesem Bereich nicht selten. „Meine Aufgabe ist es, die Fehler der früheren Zeit zu vermeiden", so Thomas Stein, Geschäftsführer der Kristall-Werke Taura. „Wir denken primär an den Umweltschutz und wollen unsere Abwässer reduzieren", begründet er sein Engagement für Unterwäsche aus naturbelassener Baumwolle. Ungefärbt spart die Ware die belastenden Textilfärbeabwässer ein. Dem Namen seines Unternehmens gerecht werdend – „Kristall" kommt vom betriebseigenen Brunnen – setzt er gegen die DDR-Hinterlassenschaften ein Zeichen, wie umweltbewußt produziert werden kann.

Britta Steilmanns mediengerechtes Engagement steht unter dem Motto „It's one world" und beinhaltet einen ökologischen Rundumschlag. Beginnend beim Arbeitsschutz in der eigenen Produktion über die Einflußnahme auf die Produktionsweisen der Lieferanten, das Verhindern von Kinderarbeit bis hin zu einem kulturellen Projekt mit Sioux-Indianern. „Mode soll nicht krank machen, sondern schön" lautet das Credo der Kollektion. Ziel ist es, neben umweltbewußter Produktion auch dem Wegwerfgedanken zu begegnen, also Dinge zu produzieren, die nicht dem Trendwechsel unterliegen.

Andere Umweltgedanken, die in sogenannte Öko-Kollektionen einfließen, beziehen sich auf umweltbewußten Transport- und Verpackungsreduzierung. Die Packpapierbanderole und der Anhänger aus recycelter Pappe gehören zur Öko-Wäsche wie der Softbund zum Slip.

Britta Steilmann:
Eine Welt – ein Bademantel.

Natur pur – Wäsche aus handgepflückter, naturbelassener Baumwolle: die Drucke sind außen aufgetragen, liegen also nicht direkt auf der Haut. Modelle: Hess Natur

Das Ökologische an der Wäsche kann zweierlei sein: Es kann sich auf den Naturkreislauf beziehen, das heißt auf Chemikalien der Umwelt zuliebe verzichten oder den Menschen und seine Gesundheit in den Mittelpunkt zu stellen. Ideal, wenn sich beides verbindet.

„Bei mir steht im Vordergrund, gesunde Kleidung zu machen, und eine gesunde Kleidung trägt den ökologischen Gedanken in sich", erklärt Heinz Hess, Geschäftsführer des Hess Natur Versand, der auf die Produktion von Naturtextilien spezialisiert ist.

Wäsche ist der Teil der Kleidung, der direkt auf der Haut getragen wird, also dort, wo die Gesundheit anfangen sollte. Bei Herstellern nachgefragt, ob die Ökodiskussion eine Umsetzung bei ihrer Wäsche findet, kommen die unterschiedlichsten Antworten. Das reicht von „unsere Verpackung hat den Grünen Punkt" bis hin zu Artikeln aus handgepflückter Baumwolle, ungefärbt und ungebleicht.

Wichtig bei der Rohwollverarbeitung ist vor allem, daß die Maschinen immer vollkommen leergelaufen sind, bevor die naturbelassene Baumwolle versponnen wird. Heinz Hess überprüft seine Ware vor Ort.

Heinz Hess versteht noch etwas ganz anderes unter gesunder Wäsche. „Damit wir uns in unserer Haut richtig wohlfühlen können, brauchen wir eine Unterbekleidung, die die natürlichen Hautfunktionen unterstützt." Und diese Funktionen sind: die Körpertemperatur zu regulieren, die Hautatmung und die Stoffwechselfunktion der Haut zu unterstützen.

Für diese Zwecke ideal sind tierische Fasern wie Wolle und Seide, die mit ihrer Eiweißstruktur der Zusammensetzung der menschlichen Haut entsprechen. Diese Naturtextilien können Feuchtigkeit aufnehmen und nach außen abgeben, und sie binden keine Gerüche. Dadurch muß die Wäsche seltener gewaschen werden und verschleißt langsamer. Wolle und Seide sind somit das ökologisch sinnvollste Material für Wäsche.

Egal aber, ob vom Schaf, von der Seidenraupe oder der Baumwollpflanze – Wachstum, Ernte und Verarbeitung sind entscheidend dafür, wie naturrein die Wäsche ist.

Baumwollblüte. Foto: Calida

Pestizide zur Schädlingsbekämpfung und Entlaubungsmittel für die maschinell schnelle Pflückung sind die Gifte, die eine Rohware normalerweise mit auf den Weg bekommt. Hess baut seine Baumwolle in klimatisch und geologisch bevorzugten Gebieten an, die von Natur aus nicht so sehr mit Schädlingen zu kämpfen haben. Gedüngt wird mit Kuhmist, und wenn doch Schädlinge kommen, werden diese mit Duftstoffen oder Farbtafeln weggelockt.

Bei handgepflückter Baumwolle entsteht oftmals das Problem, daß schnell gearbeitet wird und viele Schalen mitgepflückt werden. Bei Hess Natur zahlt man Pflückern und Baumwollkämmern mehr Lohn, damit sie gründlich arbeiten. Ein System, das funktioniert. Bei den Spinnereien und Strickereien muß darauf geachtet werden, daß die Maschinen leerlaufen, bevor die naturbelassene Rohware an die Reihe kommt, damit hier nicht noch Rückstände vermischt werden. Als Schlichtemittel für das bessere Gleiten der Wolle beim Verspinnen werden Naturprodukte wie Kartoffelstärke benutzt. Und dann wird der Stoff einfach gekocht, um die Krumpfung, die bei gewöhnlicher Herstellung chemisch oder mechanisch unterbunden wird, von vornherein auszuschließen.

Ungefärbt kommt die Wäsche in Naturfarben auf den Markt; einzige Konzession an die Mode, die man bei Hess Natur macht, sind Serien mit Drucken. Aber auch hier gilt der oberste Grundsatz: Auf die Haut selbst kommt nur Natur; der Druck wird auf die rechte Seite aufgetragen. Natürliche Zutaten vom Garn über das Gummiband bis hin zu Perlmutt- oder Steinnußknöpfen verstehen sich von selbst.

Daß Naturwäsche nicht einfach langweilige beige Höschen sind, beweisen viele Hersteller. Formen, Strickarten und Schnitte unterliegen im modischen Bereich genauso dem aktuellen Trend. Und dem Seidensatin-Top ist es egal, ob die Trägerin Champagner schlürft oder Energiebällchen kaut, es fühlt sich einfach gut an auf der Haut.

Was ist Öko-Wäsche?

Eine einheitliche Definition von ökologischer Wäsche gibt es nicht. Sie sollte ökologische und humanökologische Anforderungen erfüllen, d.h. bei der Herstellung muß ressourcenschonend vorgegangen werden, und zwar beginnend mit dem Chemikalieneinsatz beim Rohstoff über Energieverbrauch, Abwasser und Sondermüll bis hin zu Verpackung, Transport und Vertrieb. Die Humanökologie befaßt sich mit den Gefahren für die Gesundheit, die durch chemische Rückstände hervorgerufen werden können. Wäsche unter diesem Aspekt herzustellen, kann beispielsweise heißen,

keine pestizidbehandelte Rohware, keine Farben oder keine problematischen Farben, keine Chlorbleiche, keine Weichmacher, keine Kunstharze zu verwenden.

Kleines Öko-Lexikon

100% Baumwolle bedeutet lediglich, daß das Kleidungsstück aus einer Faser gefertigt ist. Wieviel chemische Rückstände oder Schadstoffe es durch Anbau, Ausrüstung und Färbung enthält, bleibt bei dieser Bezeichnung ungenannt.

Handgepflückte Baumwolle heißt, daß man bei der Ernte auf chemische Entlaubungsmittel verzichtet; die Bezeichnung sagt aber nichts über die Behandlung mit Dünger oder Pestiziden aus. Etwa 30 % der weltweit angebauten Baumwolle wird handgepflückt, da die Anbauländer zu arm sind, um sich Pflückmaschinen zu kaufen oder die Felder durch Mischnutzung nicht per Maschine zu ernten sind.

Bei kontrolliert biologisch angebauter Baumwolle wird auf Kunstdünger verzichtet, Unkraut und Schädlinge mit rein biologischen Methoden bekämpft, und sie wird per Hand gepflückt. Die Baumwolle wird regelmäßig auf mögliche chemische Rückstände kontrolliert und muß entsprechend zertifiziert werden.

Foto: Bachmann

Natur pur: Das Schaf als Lieferant für hochwertige Schurwolle, die eines der besten Grundmaterialien für Unterwäsche ist.

Demeter-Wolle ist Schurwolle von artgerecht gehaltenen Schafen, deren Wolle nicht mit Pestiziden behandelt wird. Der Demeter-Verband ist einer der strengsten biologisch-dynamischen Anbauverbände, die es gibt. Sieben Jahre dauert die Aufnahmeprozedur für eine Schaffarm, um zu gewährleisten, daß keine Pestizid-Rückstände auf der Weide und im Fell der Tiere sind.

Wolle und Seide sind Eiweißfasern, die naturbelassen besonders gut vertragen werden, weil die menschliche Haut aus diesen Substanzen aufgebaut ist. Seide und Wolle sind schweißaufsaugend und regenerieren an der frischen Luft, was häufiges Waschen unnötig macht. Seide wirkt temperaturausgleichend, ist bei Hitze kühl und bei Kälte warm.

Die Seidenraupe: Ein Schmetterling, der nach der Eiablage stirbt, kann bis zu 500 Eier legen, aus denen die Seidenraupen erwachsen. Nach dem ausgiebigen Fressen von Maulbeerblättern „verdaut" sie diese durch das Spinnen eines Seidenfadens, den sie in Achterschleifen um ihren Körper legt. So entsteht der Kokon, aus dem entweder neue Zuchtschmetterlinge schlüpfen oder die Seide gewonnen wird.

Nach dem Abtöten über heißem Dampf kann der bis zu 600m lange Faden abgewickelt werden. Naturseide – also ungefärbt – wird aus China bezogen, wo große Seidenfarmen existieren. Die Unterschiede zwischen Rohseide und Wildseide ergeben sich nur durch die Ernährung der Raupen. Die Rohseide, die ebenmäßig abgewickelt wird, kommt von Maulbeerblätter fressenden Raupen, die Wildseide von Eichenblätter fressenden Raupen.

Fotos: CEPS

L Ä

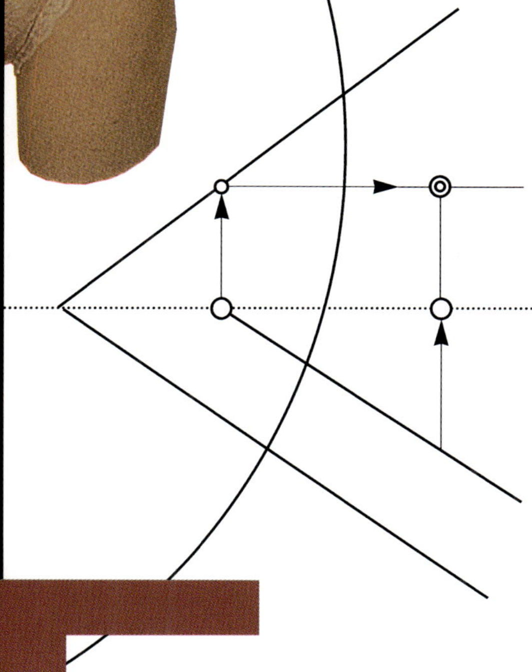

DEN

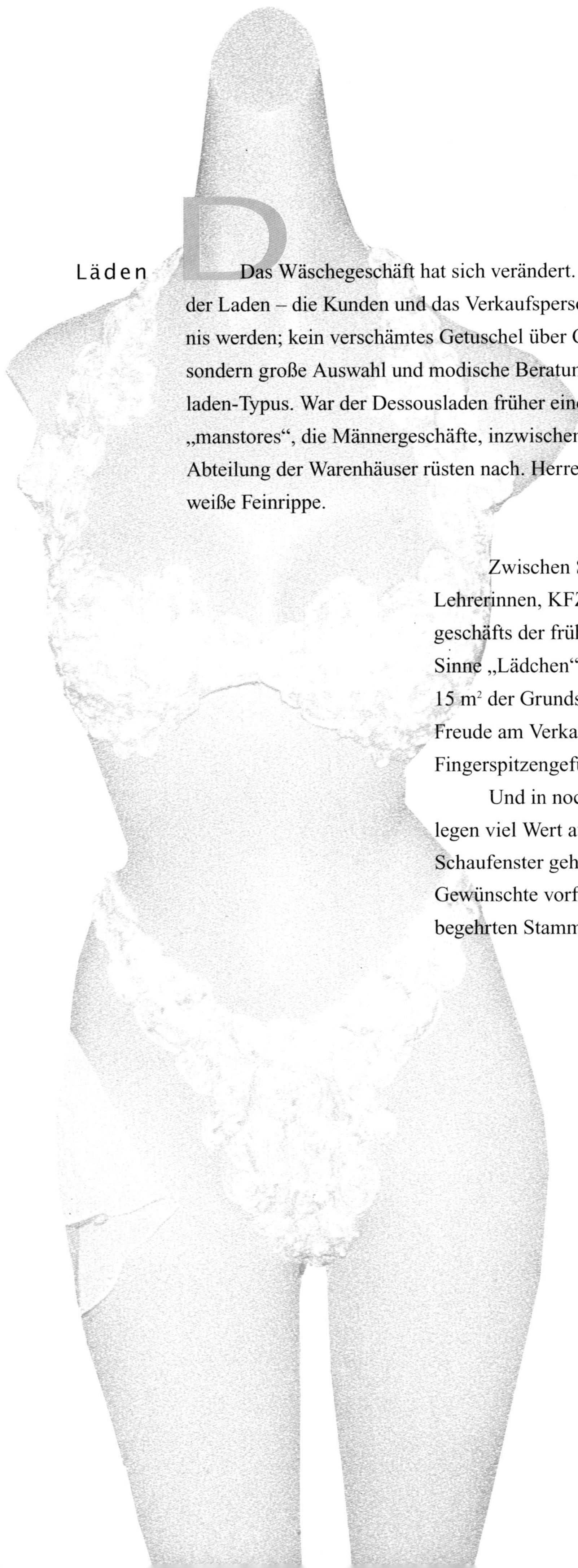

Läden

Das Wäschegeschäft hat sich verändert. Nicht nur die Ware, sondern auch der Laden – die Kunden und das Verkaufspersonal. Wäschekaufen soll zum Erlebnis werden; kein verschämtes Getuschel über Cup-Größe oder kneifende Slips, sondern große Auswahl und modische Beratung kennzeichnen den neuen Wäscheladen-Typus. War der Dessousladen früher eine Domäne der Weiblichkeit, sind die „manstores", die Männergeschäfte, inzwischen fast genauso wichtig, und die Abteilung der Warenhäuser rüsten nach. Herrenwäsche ist halt längst mehr als weiße Feinrippe.

Zwischen Selbstverwirklichung und Coming-Out liegen die Gründe von Lehrerinnen, KFZ-Mechanikern oder Werbeleuten, statt des obligatorischen Wollgeschäfts der frühen 80er Jahre ein Dessouslädchen zu eröffnen. Im wahrsten Sinne „Lädchen": je kleiner, desto feiner mag angesichts von Ladenlokalen ab 15 m^2 der Grundsatz sein. Liebe zu dem modischen, schönen Produkt und die Freude am Verkaufen ist allen gleich – es ist eben ein sehr intimes Produkt, das Fingerspitzengefühl und Einfühlungsvermögen bedarf.

Und in noch einem gleichen sich die Wäschegeschäfte von Nord bis Süd: sie legen viel Wert auf Dekoration, Ambiente, Stimmung. Wöchentlich wechselnde Schaufenster gehören hier zur Regel. Ein Gläschen Sekt, Life-Models, die das Gewünschte vorführen oder ein großzügiger Umtausch machen die Kleinodien zu begehrten Stammgeschäften.

Les Dessous, Berlin

Dem Ladenbauer hat Tilla Hendriksen schließlich die Dessous gezeigt, die sie für ihr Geschäft gekauft hatte. „Da hat er begriffen, daß ich bei der Einrichtung keinen Boudoir-Charakter wollte“. Elf Jahre ist das jetzt her. Ihre Kunden haben das damals auf Anhieb verstanden – Feines, Subtil-Weibliches in einer modernen Umgebung. „Heute würde ich das eher noch strenger haben wollen“, sagt sie.

Ihre Idee, etwas ganz Besonderes für Frauen zu tun, ein ganzheitliches Gepflegtsein zu kultivieren, optimalen Service zu bieten und das vom Sortiment her „nur oben“ abzudecken, hat sie mit viel Erfolg realisieren können. Das Konzept funktioniert.

Als Tilla Hendriksen noch Sport-(und Englisch-)Unterricht „praktizierte“, sah sie darin niemals Leistungssport, sondern die Förderung der Harmonie und Ästhetik des Körpers. Ganz privat frönte sie schon immer der Sammelleidenschaft. Auf Flohmärkten hatte sie all das gefunden, was sie bei der Eröffnung von „Les Dessous“ zusammen mit einer professionellen Näherin zu Dessous in traditioneller Schönheit verarbeitet hatte. Das wurde ergänzt durch Dessous, die sie aus Kollektionen, vor allem ausländischen, geordert hatte. Ihre Sammelambition und der dadurch entstandene Fundus führte auch zur Zusammenarbeit mit Film- und Theater-Leuten.

Frauen, die mündig sind, denen nicht Werbung eine Meinung oktroyiert, fühlen sich bei „Les Dessous“ wohl.

Fotos: Les Dessous

Mittlerweile hat es natürlich einige Veränderungen gegeben. Es gibt mehr Kollektionen, in denen Tilla Hendriksen das findet, was sie sich für ihre Kundinnen vorstellt. Allerdings läuft die Theater- und Filmarbeit weiter – „Manchmal machen wir auch Einzelanfertigungen.“ – , und sie hat auch Privatkundinnen für Tages- und Nachtwäsche. „Daß die Frauen praktischer denken, läßt sich am Beispiel Nachtwäsche ablesen: die sehr hochwertige, elegante Nachtwäsche ist rückläufig. Die lassen sich die Frauen zwar noch von ihren Männern oder Freunden schenken, sie selbst aber bevorzugen Sportiveres“. Tilla Hendriksen arbeitet deshalb mit einer Näherin zusammen, die Herrenhemden-Spezialistin ist. Ausgebaut hat sie ein Sortiment mit „praktischen“ Slips. Und sie trifft den Geschmack der jüngeren Kundinnen, die „Les Dessous“ zunehmend frequentieren, mit Dessous etwa im Innerwear/Outerwear-Charakter der Französin Capucine Puerari.

Body Talk, Dortmund

„Gott sei Dank", war die Reaktion vieler Hersteller auf die Ankündigung von Margit Strunz, ein Damendessousgeschäft in Dortmund zu eröffnen. Eine Marktlücke wollte die frühere Lehrerin, die schon länger nicht mehr im Schuldienst ist, schließen und außerdem mit Anfang vierzig etwas Eigenes auf die Beine stellen. Der 136 m^2 große, zweigeschossige Laden in 1 b-Lage bot sich da an. „Keine Miederwaren" – das Wort mögen die Frauen von Body Talk gar nicht, „sondern junge und hochwertige Dessous, Bademoden und Nachtwäsche wollen wir anbieten", so Geschäftsführerin Monika Annacker.

Der zweistöckige Laden ist oft Hemmschwelle, da er sehr edel wirkt. Die Frauen von Body Talk legen deswegen viel Wert auf eine gemischte Dekoration, die auch mal junge Wäsche oder ein günstigeres Nachthemd zeigt.

Der hell und großzügig eingerichtete Laden empfängt und verabschiedet seine Kundschaft im Erdgeschoß. Die Ware ist im ersten Stock in geschickten Schubladenfächern und Warenträgern aufgehoben. Garderoben mit viel Platz, geschmackvoll gestylt, unterstreichen den Charakter eines Einkaufserlebnisses. Sich selbst etwas Gutes tun, sich etwas Luxus leisten und eine schöne Atmosphäre genießen – das sind die Dinge, die die Stammkundinnen schätzen.

Die Zielgruppe, Frauen zwischen 25 und 50, legen wieder mehr Wert auf ein schönes Untendrunter. Der Durchschnittsbon liegt bei 200 DM. Das Sortiment von La Perla, Hanro und Bleyle wird durch viele kleinere südeuropäische Marken ergänzt. „Unser Bemühen geht dahin, Firmen aufzutun, die nicht so vertreten sind." So findet die Kundin Highlights aus den Kollektionen von Lis Chamel, André Sarda, Lou, Marie Jo, 8Huit, Lejaby, Exzellent, Christies, Olek Kasini und Christa Günter. Bademoden gibt es auch von Je Suis und Byblos. Das Konzept, das dahinter steht, ist einfach: „Wir möchten nur die schönen, ausgefallenen Sachen, und die schnell umschlagen, um aktuell zu sein."

Die Inneneinrichtung ist Maßanfertigung aus Polyrey, einer in Deutschland erstmals verwendeten beschichteten Spanplatte. Die Schubladen öffnen sich auf Druck; Platz für Klappfächer findet sich auch noch an den kleinsten Hängesystemen.

„Die Gefühle der Frauen kamen in der letzten Zeit zu kurz", spielt Monika Annacker auf die Emanzipation und ihre kleiderfeindliche Haltung an. Körperbetonung, sich wohlfühlen und sich vor allem wieder als Frau zeigen sind Trends, die die Nachfrage nach schönen Dessous steigern. Es ist wieder „in", Busen zu zeigen. Eine schwierige Mode für Frauen mit A-Cup. „Wir haben richtig schöne Schummelmodelle", verrät die Fachfrau. Und auch für Frauen mit D-Cup bietet Body Talk Schönes für Untendrunter – jenseits von den gepanzerten Super-BHs in fahlen Hauttönen.

Und die Unterwäsche paßt sich der Oberbekleidung an. Legte Frau früher nur Wert auf den äußeren Schein, so soll jetzt der Gesamtauftritt stimmen. Oder wie die Geschäftsführerin für sich selbst gesteht: „Wenn ich mir traumhafte Wäsche gekauft habe und sie trage, gibt mir das ein anderes Gefühl."

Wäsche mausert sich aber auch zum Geschenkartikel. „Um Weihnachten herum waren 85 Prozent der Kundschaft Männer und nur 15 Prozent Frauen, sonst ist das Verhältnis umgekehrt."

Um die Männer zu bedienen, bedarf es viel Fingerspitzengefühl. Manche haben Beate Uhse-Vorstellungen, manche sind selbstbewußt, andere quälen sich richtig über die Schwelle. Unabhängig vom Alter gehört der Besuch eines Dessousgeschäftes eben nicht zu den alltäglichen Gängen. Als dezente Forscherin muß sich da die Verkäuferin bei der richtigen Größe vortasten, denn die wenigsten wissen Cup und Brustumfang, höchstens die Kleidergröße. Und dann entspinnt sich nicht selten folgender Dialog: „Hat Ihre Frau denn viel oder wenig Busen?" „Also, ich find's in Ordnung" oder, nach einem vorsichtigen Seitenblick auf die Verkäuferin, „Na, so wie Sie." Nicht selten wird dann aber bei der Vorlage eines BHs nochmal umentschieden. „Ja, ein bißchen mehr hat sie schon."

Bei Body Talk hat man bisher dennoch selten daneben gelegen mit der Beratung, was auch Folgen hätte, denn der Umtausch von Wäsche ist für jedes Geschäft ein schwieriges Kapitel.

Fotos: Thomas Fedra

Wichtig das Ambiente: Die Blumendekoration gehört wie Kekse, Sekt und Kaffee zu den ständigen Kostenfaktoren neben Dekoration und Miete.

Claudia Rüdinger, Düsseldorf

Das Konzept, das Claudia Rüdinger für sich und ihre Geschäfte entwickelt hat, beruht im Prinzip auf zwei Erkenntnissen: man muß intensive, sehr persönliche Kontakte zu den Kunden herstellen. Das, so sagt Claudia Rüdinger, habe sie von Anfang an praktiziert. Darauf beruhe der stetige Erfolg ihrer Arbeit. Die intensive Kundenbeziehung sieht sie als einen ganz wesentlichen Faktor für das Überleben eines Fachgeschäftes in der Zukunft; man darf den Wäschebereich nicht isoliert, sondern muß ihn eingebunden in das gesamte Modegeschehen sehen. Sie informiert sich grundsätzlich über alles, was in der DOB passiert (auch im Ausland) und reagiert schon im Vorfeld. Immer über das Neueste informiert zu sein, interessante, neue Produkte und Produkte von innovativen Herstellern im Laden zu haben – das ist für sie ein Muß. Manches, „was es auf dem Markt nicht gibt", läßt sie sich auch arbeiten.

Angefangen hat alles ganz „normal", von der Lehre in der Wäscheabteilung bei Hörhager & Laimböck über die Jahre im Düsseldorfer Sanitätshaus Hansen bis zur Eröffnung des 135 m²-Geschäftes in Düsseldorfs Immermannstraße. Dort hat sie sich „freigeschwommen", ist jünger und modischer geworden mit Dessous, Nachtwäsche/Homewear, Bade-/Strandmode.

1986 ergab sich die Möglichkeit, ein Dessousgeschäft in der Kö-Gallerie zu eröffnen und gleichzeitig ein Geschäft in Gelsenkirchen-Buer. 1991 entstand direkt neben dem „Stammgeschäft“ in der Immermannstraße ein reines Herrenwäschegeschäft – „Grigio Perla“.

Während im Geschäft in der Kö-Galerie vorrangig modische Dessous, Jüngeres und aktuelle „Schnelldreher“, auch bedingt durch mehr Laufkundschaft, verkauft werden, läuft es in der Immermannstraße etwas anders. Dort geht es auch um die Basis des Wäsche- und Bademodengeschäfts. Hierher kommen Mütter mit ihren Töchtern, hierher kommen Frauen mit Mann oder Freund, teilweise nach Terminabsprache. Man nimmt sich Zeit. Die Umgebung ist ein bißchen „wohnlich“.

Die regelmäßig veranstalteten Modeschauen sind schon eine Art gesellschaftliches Ereignis geworden. „Das sind wir unseren Kunden schuldig“, findet Claudia Rüdinger.

Fotos: Bernd Ahrens

Hier, in einem der ersten Läden, dominiert noch die Farbe Schwarz die Inneneinrichtung. Auf 45 m² mit 5 m² Lager wird auch schon mal etwas für die Dame angeboten.

Mec, Köln

„Wir könnten genauso gut mit tropischen Pflanzen handeln." Andreas Hüttenhölscher (31) und Michael Kujanek (28) sind da ehrlich: Ahnung vom Wäschegeschäft hatten sie vorher nicht. Vorher – das war 1989, als ihnen auf dem Weg zur Selbständigkeit jemand mit der Idee, in Köln ein Herrenwäschegeschäft zu eröffnen, zuvorkam. Also machten sie statt „in Wäsche" einen Sockenladen auf, kurz Sox genannt. Inzwischen besitzen die beiden zehn Läden; drei Sockengeschäfte, drei reine Wäscheläden und vier „Gemischtwaren", wo es Slips und Socken gibt.

Weimeraner-Rüde Max, Michael Kujanek und Andreas Hüttenhölscher, der gelegentlich von seinen Anfängen träumt: „Manchmal nervt's auch, immer eine 80- bis 100-Stunden-Woche zu haben. Da denke ich, wie schön wäre es doch, nur Filialleiter in einem unserer Geschäfte zu sein."

Zehn Läden in fünf Jahren, dazu eine eigene Sockenproduktion, den Vertrieb der amerikanischen Wäschelinie Sauvage und einen Wäschekatalogversand – da scheint eine Rechnung aufgegangen zu sein. „Ich wollte immer selbständig sein, meine Vorbilder sind Jil Sander und Reinhard Mohn vom Bertelsmann-Verlag", charakterisiert sich Hüttenhölscher selbst. Er ist der Vorauseilende, der technische Tüftler und schnell Begeisterte des Duos. Für Finanzen, Löhne, Verwaltung ist Kujanek zuständig: „Wenn ich allein das Sagen hätte, hätten wir heute noch keinen Laden, wenn Andreas allein entscheiden wollte, hätten wir hundert Läden und wären pleite."

So praktizieren sie beide gemeinsam „learning by doing" und haben mit Einführung eines Warenwirtschaftssystems Nachorder, Lagerumschlag und Abverkaufsrate optimiert. Denn zu wissen, was gefragt ist, ist gerade im modischen Herrenwäschegeschäft überlebenswichtig. Die Läden – so um 40 m² groß – bieten Wäsche von Calvin Klein, Sauvage, Olaf Benz, Joop, Body Art, Hom, Versace, Dolce & Gabbana, Hanro, L'homme invisible und Dim. In den Wäscheläden findet man vielleicht noch ein paar Socken und die passenden Badetücher zur Swim-Wear, aber keine wie auch immer gearteten Accessoires.

MEC – Köln Olivandenhof, wie alle Geschäftslagen der Sox- und Mec-Läden eine 1 A-Lage.

Großzügig wirken die 40 m^2 des Mec-Ladens in der Kölner Ehrenstraße. Socken – besonders die in Lizenz von Sox produzierten – zeigen die Wurzeln der Geschäftsidee.

Fotos: Liz Rehm

Zum Learning gehören auch Fragen der Ladengestaltung. Hüttenhölscher, der selbst gerne verkauft, wenn Not am Mann ist oder sich die Gelegenheit ergibt, hat dafür gesorgt, daß die Läden alle ähnlich eingerichtet sind. „Nicht wie im Aldi vollkommen gleich, aber zumindest liegt die Schere überall am selben Platz". Corporate Design ist zwar ein Schlagwort, wird aber nicht sklavisch durchgesetzt. Zum „Learning" gehören halt auch die Erfahrungen, die mit verschiedenen Regalsystemen gemacht werden. Eine modische Entwicklung ist natürlich auch dabei. So kommt man vom Schwarz und Chrom der Endachtziger-Atmosphäre hin zu mehr Natur und Holz. Gelernt haben sie aber auch, wie man Geschäfte macht. „Wir scheuen uns nicht davor, Artikel auch höher zu verkaufen als unsere Mitanbieter", erklärt Kujanek. Die Eckpreislagen werden selbstverständlich eingehalten, aber sonst „zeichnen wir auch nach Sicht aus". Sprich, es wird überlegt, wie ein Teil wirkt und was man dafür verlangen kann.

Von Sox zu Mec war es eine Worttüftelei. Analog zu Sox sollten die Wäschegeschäfte einen Namen aus drei Buchstaben haben, mit einem Vokal umrahmt von zwei Konsonanten. Mec – das französische Wort für Typ – paßte da hundertprozentig. Inzwischen gibt es auch Mec-Mailorder – ein gut florierendes Versandgeschäft. Ihr Kapital ist aber neben der eigenen Arbeitskraft und Energie des Laien, der die Dinge infragestellt und somit Neues entwickelt, vor allem der Mitarbeiterstab. 70 Angestellte zählt die Sox Textilien GmbH inzwischen, die – vielleicht auch Merkmal eines schwulen Betriebes – so etwas wie ein Familiengefühl haben. „Den Kunden gegenüber verstehen wir uns als Dienstleister, nicht als Händler", erklärt Hüttenhölscher die Unternehmensphilosophie. Und den Mitarbeitern leihen sie nicht nur den Wagen zum Umzug, sondern auch ihre private Aufmerksamkeit, wenn sie Probleme haben.

Manstore, Mannheim

Vorab eine Begriffsklärung: „Manstore", also „Männerladen", ist zum einen der Name einer Wäschemarke und zum anderen der Name etlicher Wäschegeschäfte, die nicht miteinander zusammenhängen. Jedenfalls nicht alle. Gemeinsam ist den Läden eigentlich nur der Wunsch, schöne Wäsche an den Mann zu bringen, und daß sie alle die Marke „Manstore" führen.

Der Manstore Mannheim, mit 33 m² rein räumlich ein kleiner Laden, gehört seit April Jürgen Leipold, der auch noch die Manstores in Wiesbaden und Frankfurt sowie zwei weitere Wäscheläden in Frankfurt besitzt.

Bernd Fleckenstein, 23jähriger Allroundverkäufer, Dekorateur und Hobbydesigner: „Ich bin die ganze Woche im Laden, das ist mein Zuhause."

Die Idee zu den Herrenwäscheläden kommt aus dem liberalen Ausland – aus den Niederlanden; waren sie doch anfangs rettender Pool für viele Schwule, die seit jeher Wert auf schöne, erotische Unterwäsche legten. Inzwischen schätzt Bernd Fleckenstein seine Kundschaft auf 70% Heteros und 30% Schwule. Und viele Frauen sind dabei, die für ihre Männer auch mal etwas Knackiges wollen. „Ich muß immer Strapse anziehen, jetzt möchte ich mal was Neckisches für meinen Mann kaufen", zitiert der 23jährige eine seiner Kundinnen.

Der Frau kann geholfen werden, sieht man sich das Spektrum des Sortimentes an. Alles, was Rang und Namen auf dem Wäschemarkt hat, ist hier auf kleinstem Platz versammelt: Versace, Nikos, Habella, Hom, Armani, L'homme invisible, Dolce & Gabbana, Calvin Klein, Xzeno, Body Art, Cerutti, Hanro, Olaf Benz, Manstore, Mariner, Arturo Veneziani, Coup de Couer, Tangram, Bodystile, Bodyart, Byblos, Gianfranco Ferré. Dazu gibt's Socken, Krawatten und einige Hemden.

Nach Kollektionen sortiert bietet die „Wäsche-Bibliothek“ vom Tatoobody über verschiedene Strings und Jocks alles, was im Wäschebereich Männer- und Frauenherzen höherschlagen läßt. Für die Kunden, die etwas verschenken wollen oder nicht selbst anprobieren möchten, steht samstags ein Model zur Verfügung, das das Gewünschte vorführt. Auch sonst wird viel für die Attraktivität des kleinen Ladens getan. „Ich bin die ganze Woche im Laden, das ist mein Zuhause“, merkt man Bernd Fleckenstein seine Begeisterung an. Da streicht er auch schon mal selbst die Umkleidekabine neu oder kümmert sich wöchentlich um eine neue Dekoration.

Als gelernter Kfz-Mechaniker für Gabelstapler kam er über das eigene Interesse und eine Ausbildung an einer Modeschule zu den Dessous. Am liebsten schneidert er hochwertige Wäsche selbst, beste Vorraussetzungen für kompetente und begeisterte Beratung. Nach dem Anteil der Stammkundschaft gefragt, antwortet er simpel: „Ich bin ja nett, die kommen alle wieder.“

Seine Kundschaft – der Schwerpunkt liegt bei der Altersgruppe zwischen 18 und 25 – achtet oft mehr auf das Untendrunter als auf den äußeren Schein. „Jemand, der teure Wäsche kauft, ist äußerlich eher schlecht angezogen“, und bei denen mit den teuren Designerklamotten reicht’s dann oft nicht mehr fürs passende Untendrunter.

Bademoden, auch Badebodies für alle Altersklassen, T-Slips, Radlerhosen, Pants, Strings (besonders bei älteren Kunden beliebt) und die guten Rippenbodies sind die Dauerbrenner.

Wäsche von A bis X, von Armani bis Xzeno. Die Markenvielfalt liest sich wie ein Bibliothekskatalog, und ähnlich aufgereiht sind auch die Bestseller in den Regalen. Die Lagerhaltung findet im Karton direkt darüber statt.

Kleines Geschäft mit großem Auftritt: Das wöchentlich wechselnde Schaufenster fällt auf und lockt an.

Fotos: Claudia Bartsch

Pur Pur, Frankfurt/Main

Foto: Liz Rehm

Bernadette und Thomas Lipfert mit Hund Armani… „Manchmal kommen einfach Leute rein, ohne etwas zu kaufen, die uns nur sagen, wie toll sie den Laden finden.“

Gar nicht purpurn barock zeigt sich der gemischte Wäscheladen von außen. Ein riesiges, die ganze Ladenbreite umfassendes Schaufenster bietet von der 50er-Jahre-Fassade Einblicke in einen hellen, schlichten Laden. Labradorrüde Armani, Rollstuhlfahrerin Bernadette Lipfert und ein Mann, der die BHs in die Kabine reicht – nicht unbedingt die Mixtur, die man in einem Wäscheladen erwartet. Aber das Ehepaar Lipfert hat damit keine Probleme. Beratung und Kompetenz halten sie für wichtig, aber auch, „dem Kunden so ähnlich wie möglich sein“.

Und ein Mann, der Damendessous verkauft – wie funktioniert da die Beratung bei den Paßformen? „Manche zeigen sich ganz gerne“, beschreibt der nebenher noch im Marketing beschäftigte Inhaber, „andere frage ich dann durch den Vorhang, da kann man sich schon vortasten“, meint er gar nicht zweitdeutig.

Pur Pur, der Name schwelgt in Rot und Gold. „Ein gewisser Auftritt gehört eben dazu“, so die Selfmade-Geschäftsleute. Von Romantik mit Kronleuchtern, Messing und Gold geht die Ladengestaltung zum Gegenwärtigen über, zu Gebrauchsgegenständen wie Wasserrohren. „Ganz normale vorhandene und selbstgemachte Sachen kombinieren wir mit ein paar teuren Highlights wie den Lampen und Spiegeln“, erklärt Thomas Lipfert, der sich gemeinsam mit seiner Frau „einen kleinen netten Traum, eine Spinnerei“ erfüllt hat. Der gelernte Kürschner und Archäologiestudent hatte genug vom Angestelltendasein in einer Werbeagentur.

Eine Partyplauderei schuf dann unerwartet Ergebnisse. „So aus Spaß habe ich einem Bekannten erzählt, daß wir irgendwann einen Wäscheladen auf der Bergerstraße aufmachen“, erzählt die 22jährige Inhaberin, „das war mehr so dahingesagt, aber am nächsten Tag rief der an und meinte, ich weiß einen Laden für euch.“

Moderne Chaiselongue zu antikem Kronleuchter – großzügig und edel wirkt die „purpurne“ Stilvielfalt.

Viel Energie und Eigeninitiative haben die beiden seit jener Party in das 45 m^2 große Geschäft – ein ehemaliges Sonnen- und Kosmetikstudio – gesteckt, um daraus einen anspruchsvollen, jungen Wäscheladen zu machen. Innerhalb von drei Monaten entstanden aus Wasserrohren Warenträger, aus Ikeapappkartons hochwertige Lagerkommoden und selbstentwickelte Bügel, die das Klauen schwer machen.

Marken wie Malizia, Chantal Thomass, Rien und 8-Huit für Damen oder Olaf Benz und Joop für Herren werden jeweils einzeln präsentiert. Unter den ausgestellten Modellen bieten die Ikeakartons die gesuchte Größe an. Die Marken sind wichtig, auch wenn sich diese in der Zukunft noch verändern, sich qualitativ, modisch und preislich der Kundschaft anpassen können. „Wir wollen Kollektionen führen und nicht von 25 Marken nur die Highligts anbieten". Eine Sortimentspolitik, die durch den Gebietsschutz schwierig wird, wenn die anderen Wäscheläden in der Umgebung von jeder Marke nur drei Modelle führen, damit aber das Gebiet blockieren.

Einen kompetenten Wäscheladen wollen Thomas und Bernadette Lipfert ihrer Zielkundschaft zwischen Ende 20 und Mitte 30 bieten, „für den man auch schon mal quer durch die ganze Stadt fährt".

Fotos: Claudia Bartsch

Barockspiegel, Sonnensymbole, Wasserohre und Ikeakartons – individuelles und funktionales Ladendesign Marke Eigenbau.

Carsch-Haus,
Wiesbaden

Auf großzügigen 100 m^2 bietet das Warenhaus mit Fachhandelscharakter – Teil der Horten-Gruppe – gleich 13 verschiedene Herrenwäsche-Marken an. Zwischen der Einstiegsmarke Bravour über Mariner, Jockey, Hom, Kirtos, Hanro, Cerutti und Seidensticker bis hin zu den Nobelmarken Grigio Perla und Moonday kann der Kunde wählen. Selbstverständlich gibt es auch Calvin Klein, Joop und Boss. „Wir führen bei der Wäsche die Markennamen, die wir in der Großkonfektion nicht haben“, erklärt Michael Hechler, Abteilungsleiter Herrenartikel.

Michael Hechler, Abteilungsleiter Herrenartikel: „Wir wollen dem Kunden auf der Fläche, die uns zur Verfügung steht, immer wieder ein neues Bild zeigen, und wir wollen modisch sein.“

Eine halbjährliche Markenanalyse gibt dann Auskunft darüber, welche Sortimente ausgebaut, welche reduziert werden. Aber zwei Saisons geben die Wiesbadener einer neuen Marke auf jeden Fall. Marken und Markentreue spielt für die Kunden vom Studenten bis zum 70jährigen eine große Rolle. Von noch mehr Designer-Marken verspricht sich das Carsch-Haus nicht noch mehr Umsatz. Klar führt man auch hier die neuen In-Marken, aber der Umsatz teilt sich zwischen den anderen Anbietern auf.

Wichtig für den Fachhandelscharakter ist ein breites Angebot in Standardwäsche: „Es wäre tödlich, wenn der Standardslip fehlt“, so Hechler. Natürlich versucht man auch Sonderwünsche zu erfüllen. Da gibt es den Kunden, der unbedingt eine Boxer mit Innenslip wollte oder die Kundin, die einen ausgefallenen Seidenschlafanzug zum Verschenken suchte. „Da bestellen wir schon mal eine Auswahl, ohne den Kunden zu verpflichten, auch etwas zu kaufen, das gehört zum Service“. Und den schreibt man ganz groß im Carsch-Haus. „Bedienungsbereitschaft, Service und ein hohes Fachwissen sind das A und O“, erklärt der Abteilungsleiter. „Und“, führt die Geschäftsführerin Evelyn Franke an, „das fängt schon bei einer einfachen freundlichen Begrüßung an“. „Motivation ist das Wichtigste überhaupt“, sieht sie Mitarbeiterführung unter amerikanischen Vorzeichen, „das Wichtigste sind unsere Mitarbeiter, denen müssen wir das Gefühl vermitteln, daß es etwas Tolles ist, in so einem Haus zu arbeiten.“

Schachtelwand und Hängeelemente – übersichtlich und großzügig wird die Wäsche in der Fachabteilung präsentiert.

Aber auch Dekoration und Präsentation heben die Wäscheabteilung von denen der Warenhäuser ab. Sind sonst Regalgänge und Tische als Präsenter gängig, verteilt man im Carsch-Haus die einzelnen Marken auf übersichtliche Hängeelemente. Und auch die Designermarken, die inzwischen von ihrem Schachteldesign leben, bietet man zusätzlich auf kleinen Vorwahlständern hängend an. Hier kann der Kunde in Ruhe wählen und entscheiden, zu welcher Schachtel er dann greifen will.

Sonderangebote bezieht Michael Hechler meist von der Industrie selbst, Reduzierungen sind seltener. Und ein kleiner Wühltisch darf auch hier nicht fehlen. „Der hat seine eigenen Gesetze", erklärt Hechler, der dem Phänomen oft sprachlos gegenübersteht: „Der Boxer geht zum Beispiel am besten über den Wühltisch, der Kunde liebt es einfach zu wühlen".

Fotos: Claudia Bartsch

Nachtwäsche, beratungsintensives Textil (-geschenk), gibt es in edler Aufmachung hinter dem Verkaufs- und Kassentresen.

Haita,
Mannheim

Haita – das sind 14 Filialen mit Schwerpunkt in Nordrhein-Westfalen, aber auch in Städten wie Hannover, Bremen, Frankfurt, Mannheim und Heidelberg. Dennoch sieht sich das Düsseldorfer Familienunternehmen, im Jahre 1948 gegründet, nicht als Filialist. „Wir sind keine Kette, wir wollen vor Ort individuelle Läden betreiben, die dezentral organisiert sind“ erklärt Geschäftsführer Dr. Klaus Tannhäuser die Unternehmensphilosophie. „Die Königinnen sind die Filialleiterinnen“, ist seine ehrliche Meinung, und er ist stolz auf die außerordentlich lange Mitarbeit jeder einzelnen.

Konkurrenz gibt es denn auch eher im eigenen Haus als von außen; die monatlichen Umsatzstatistiken aller Filialen dienen wohl nicht nur der Information, sondern stacheln sicherlich auch den Ehrgeiz der Filialleiterinnen an. 20 bis 30 Millionen Umsatz macht Gesamt-Haita im Jahr. Das Sortiment ist von Filiale zu Filiale etwas unterschiedlich. Zweimal im Jahr treffen sich die Leiterinnen und entscheiden gemeinsam mit dem Geschäftsführer über das Grundsortiment. Daneben hat jeder Laden sein eigenes Orderlimit, das je nach Umsatzzahlen nach oben oder unten verschoben werden kann und von der Filialleiterin selbst ausgegeben wird.

Rosalinde Bär, Leiterin der Mannheimer Haita-Filiale, vor dem Entree. Das wöchentliche Umdekorieren der großen Schaufensterfläche ist wichtiger Eyecatcher in der Kurfürstenpassage, Mannheims schönster Einkaufspassage.

„Der Strand ist weiter unten“: Bade- und Strandmode in schier unendlicher Auswahl findet die Kundin im Kellergeschoß. Für den Wäschehandel eine durchaus gängige Ladengestaltung.

„Wir führen sehr stark hochwertige Marken, denn die Kundin hat ja schon fast alles zu Hause. Je ausgefallener, umso besser verkauft sich das“, erklärt Rosalinde Bär, Filialleiterin in Mannheim. Ihr Sortiment reicht von der internationalen Spitze bis zur gepflegten Mitte. Von Ferraud, Fürstenberg, La Perla, Malizia, Annaclub, Gottex bis zu Lejaby, Hanro und Calida findet die Kundschaft, die ungefähr zur Hälfte aus Stammkundinnen besteht, alles in dem circa 200 m^2 großen Laden in der Mannheimer 1 a-Lage. „Unsere Kundenschicht ist die wohlhabende „Frau ohne Alter“ und deren Tochter, aber auch die Mittelschicht und der Sekretärinnentyp.“ Und für die Partner ihrer Kundinnen bietet Rosalinde Bär ein kleines hochwertiges Herrentag- und Nachtwäschesortiment.

Blick ins Erdgeschoß mit Regalsystemen und Schubladenkommoden. Das Corporate Design wird bei Haita eigentlich nur auf die Tüte geschrieben. Ladeneinrichtungen und Teppichboden sind zwar von Nord nach Süd gleich, aber die Läden werden individuell dekoriert und sortiert.

„Die Kunden sind locker, Wäsche ist kein Tabuthema mehr." Auch nicht für die Männer, die im Dezember den Laden bevölkern und schöne oder sexy Kombinationen für ihre Frauen suchen. Damit auch das Bezahlen die Freude am Kauf nicht nimmt, gibt es keine Registrierkasse, sondern nur ein dezentes Rechnungsblöckchen und das Wechselgeld in der Schublade.

Jede Filiale legt ihren eigenen Schwerpunkt. Rosalinde Bär, von der Großkonfektion kommend, liebt Bade- und Strandmoden und die Homewear. In beiden Bereichen hat sie bei der Breite ihres Sortimentes kaum Konkurrenz in der Stadt. „Zu fast jedem Badeanzug oder Bikini führen wir die passende Strandbekleidung: eine Bluse, einen Pareo oder ein Strandkleid". Und in der die Längsseite des Souterrains einnehmenden Morgenrockabteilung wird die Wahl für die Kundin fast schon zur Qual. Da wundert es nicht, wenn die Kundschaft Bedienung sucht, egal ob sie gerade 20 oder schon 50 Jahre alt ist. „Die Kundin ist sehr anspruchsvoll, sie will bedient werden." Ein Anspruch, der aber auch gleichzeitig die Freude an der Arbeit ausmacht. „Die Freude an der Ware, an ihrer Schönheit, das ist das besondere am Wäscheverkaufen", kommt die Filialleiterin ins Schwärmen. Seit 1975 ist sie hier und hat den Schritt vom Kaufhofkonzern zu Haita nie bereut. „Sie können sich hier ganz selbständig fühlen, sich selbst ihre Mitarbeiterinnen aussuchen und auch selbst auszeichnen." Aber Sonderangebote gibt's nur nach Absprache mit der Düsseldorfer Zentrale.

Drei Vollzeit- und sechs Teilzeitkräfte helfen Rosalinde Bär beim Verkauf, jüngere und ältere Kolleginnen gemischt. „Denn die ältere Kundin läßt sich überraschenderweise lieber von einer jungen Verkäuferin bedienen als von einer Gleichaltrigen."

Fotos: Liz Rehm

Helle Kabinen, indirektes Licht und viele Spiegel bieten der Kundin Platz und Muße zum Ausprobieren. Warmes Holz, wenig Chrom und pastellige Vorhänge – typisches Bild eines Haita-Ladens.

Hautnah, Frankfurt/Main

Mit einem Durchschnittsbon von 150 DM verläßt die neugierige Laufkundschaft oder die seit einem Jahr regelmäßig kommende Stammkundschaft den Laden. Schaufenster, Beratung und natürlich das Sortiment sind für den Erfolg von „Hautnah menswear" in der Schäfergasse in Frankfurt verantwortlich. Die große Schaufensterfront, die Geschäftsführer Detlev Hasenjäger in kurzen Abständen von höchstens 10 Tagen selbst dekoriert, ist Eyecatcher für Vorübergehende. „Einmal hatten wir alles voll mit gelben Quietscheentchen", erzählt er. Ein anderes Mal hängt dann vielleicht gerade ein Lackbody im Fenster und stößt auf Staunen oder Ablehnung.

60 % seiner Kundschaft sind schwul, aber auch für die Heteros, meint er, ist die Hemmschwelle, einen Wäscheladen zu betreten, gesunken. Berührungsängste gäbe es da nicht mehr. Das liegt zum Teil in der offenen, selbstentworfenen Ladeneinrichtung, die mit Blumenarrangement und hellem Holz das Ambiente einer hochklassigen Boutique ausstrahlt. Bei Designer-Slips um 250 DM die richtige Verkaufskulisse.

Detlev Hasenjäger, Geschäftsführer und „Verkaufsberater" mit Leib und Seele: „Wir leben doch alle davon, den Menschen Illusionen zu verkaufen, aber eine Illusion, in der man sich wohlfühlt."

„Von hart bis zart", umschreibt Hasenjäger sein Sortiment. Neben Einstiegsmarken wie Bruno Banani gibt es Anfangsdesignerpreislagen wie Joop, Kenzo und Grigio Perla. Von Moonday, Novila und Arturo Veneziani gibt es Schlafanzüge und Morgenmäntel, gleichsam beliebt bei Kunde und Kundin, die den Seidenkaftan mit Krawattenmuster durchaus nicht als Geschenk für andere kauft. Beachwear, Shirts und Designerhemden ergänzen das Textilprogramm. Accessoires wie Uhren und Kleinsilber-Artikel runden die Verwöhnatmosphäre ab.

Die Pret-à-Porter des österreichischen Designers Lothar Schuster macht einen Hauptteil des Sortiments aus. Hier gibt es wirklich Ausgefallenes in schönen Stoffen. Ein String für 98 DM oder ein Body für einige hundert DM gehen hier über den Tresen. „Da hat es keinen Sinn, dem Kunden einfach was aufs Auge zu drücken." Hasenjäger weist also auch schon mal dezent daraufhin, wenn der Schnitt des Bodies nicht ganz mit der Figur korrespondiert. In der Regel ein „Kundendienst", der sich auszahlt. „Wenn der Kunde sich dann wohlfühlt oder andere ihm sagen, daß er gut darin aussähe, kommt er auch gerne wieder." Aber Fingerspitzengefühl gehört dazu, gerade auch wenn Ehepaare kommen und ihr und sein Geschmack nicht übereinstimmen. „Da muß ich manchmal vermitteln", lacht er auf und bringt seinen Verkaufsstil überzeugend rüber: „Es macht unheimlich Spaß, wenn der Kunde zufrieden ist."

Die Ladeneinrichtung hat Inhaber Dietmar Bokelmann selbst entworfen. Als Besitzer einer nahegelegenen Kneipe konnte er den Laden billig mieten. „Just for fun“ begründet er sein Engagement im Dessousbereich.

Fotos: Claudia Bartsch

Helles Holz und wenig Metall stehen im reizvollen Kontrast zum Charme der 50er Jahre-Architektur. 85 m^2 auf zwei Ebenen bieten großzügige Dekorations- und Präsentationsmöglichkeiten. Die Lagerhaltung wird kleingeschrieben, rasche Nachbestellung ist meist kein Problem.

Im Mittelpunkt steht die Ware: Das Gros des Sortiments wird auf Ständern präsentiert.

Modehaus Pfüller, Frankfurt/Main

Es ist nicht zuletzt jene samtene Mischung aus Gediegen- und Verschwiegenheit, die die Damenwäscheabteilung des Modehauses Pfüller zur geheimen Topadresse der Frankfurterinnen macht: Der Teppichboden schluckt jedes überflüssige Geräusch, und die Verkäuferinnen strahlen jene Art von Diskretion und Lebenserfahrung aus, die es den Kundinnen leicht macht, in aller Ruhe ihre Wünsche vorzutragen.

Das Sortiment umfaßt rund 30 Namen von Klassik bis Avantgarde; Schwerpunkte sind Dessous einschließlich Bodies. Es beginnt bei Marken wie Chantelle und reicht bis hinauf zu Spitzenmarken wie La Perla und Malizia.

Stefanie Kessler, Jahrgang 1963 und seit Ende der 80er Jahre zuständig für den Einkauf, würzt das Angebot mit Einzelteilen aus Avantgarde- und Newcomer-Kollektionen wie derzeit zum Beispiel die der Amerikanerin Carol Malony. Davon wird zwar nicht viel verkauft - aber es läßt sich hinreißend dekorieren und verführt manche Kundin zum Kauf anderer Sachen. Einige junge, preiswerte Kollektionen ergänzen das Sortiment nach unten hin: Netzbodies gibt es nicht nur für 450 Mark von den Luxusmarken, sondern auch von kaum bekannten Herstellern zu 150 Mark.

Weihen der Kunst: Hinter der Nacktstudie eines alten Meisters verstecken sich Schubladen voller Dessous.

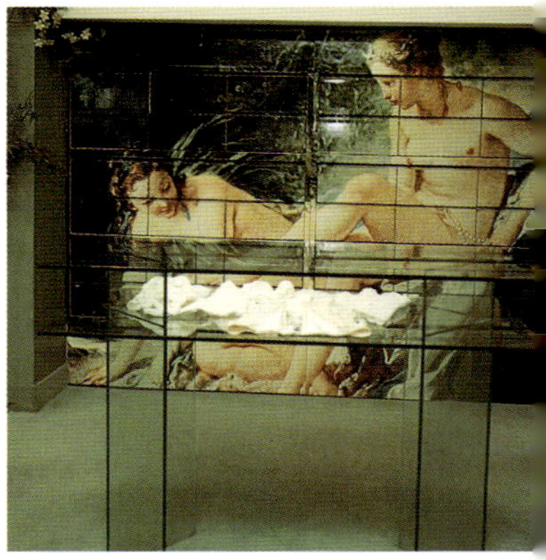

Holz als Rahmen für die Highlights: Besonders aktuelle Modelle werden einzeln im Schrank drapiert.

Denkerpose: Auch Männerwäsche verbirgt sich in kunstreich dekorierten Schubladen.

Fotos: Claudia Bartsch

Trotz aller Liebe zum schönen Schein ist guter Sitz das wichtigste Verkaufsargument. Bedauerlich bei der jungen Avantgarde sei es, so Stefanie Kessler, daß „vieles, was auf den ersten Blick ganz toll aussieht, bei der Anprobe nicht hält, was es verspricht". Daß aber das Bewußtsein für Dessous nicht zuletzt dank der in den Medien gezeigten neuen Design-Ideen in den letzten Jahren mächtig gewachsen ist, läßt sich nicht leugnen: „Was immer in den Frauenzeitschriften abgebildet ist, wird verlangt". Die Ware wird – wie auch in der etwas kleineren Abteilung für Männerwäsche – auf Ständern präsentiert oder aus Schränken und Schubladenelementen hervorgezaubert. Letztere wurden vom Dekorateur des 1878 gegründeten Familienunternehmens mit Kopien von Portraitstudien alter Meister beklebt: Weihen der Kunst für ein Haus, das sich zum Auftakt der 90er Jahre vom eher konservativen Traditionsgeschäft zur

Arimo – Franchise System

Zielgruppe sind die 15-35 jährigen. Sie peilte die Gruppo Tessile Irge Spa., Mailand, 1987 mit jungen Produkten an, die in einem bestimmten Ambiente verkauft werden sollten.

Irge gehört zu den größten italienischen Herstellern klassischer, mittelpreisiger Damen- und Herrenwäsche. Für die junge Produktgruppe wurde der Name „Arimo" gefunden, eine selbständige Organisation gegründet und das Franchise-System entwickelt. Die Geschäfte haben alle eine frische, ökologisch orientierte Aussage: helle Esche für Möbel und Böden, schlichte Regalformen und große Spiegelflächen. Durch zahlreiche kleine Deckenspots werden die Räume hell ausgeleuchtet – das wirkt bereits von außen freundlich einladend. Die Ware wird in Fenstern und Geschäften „griffnah" gezeigt. Poster und Fotos der groß angelegten Werbekampagnen rufen Gesehenes in Erinnerung und bringen zusätzlich Farbe.

Arimo startete mit zwei Geschäften. Heute sind es hundert, in den besten Geschäftslagen der Provinz- und Großstädte mit durchschnittlich 40-60 m^2 Fläche. Die Expansion geht weiter. Bei Arimo beginnt man, sich in Europa nach Franchise-Partnern umzusehen.

Die Arimo-Angebote umfassen zu 80% Damenwäsche, dann Herren- und Kinderwäsche, Strümpfe, Socken, Bade- und Strandmode. Typisch das lustige, unkonventionelle Styling mit Liebe zu Übergrößen und Unisex bei Nachtwäsche und Bodywear in schlichten Linien und vor allen Dingen bedruckt. Die Motive: Liebliches neben witzig vermenschlichten Tieren, Spielzeug, Florales und kühn Abstraktes. Beileibe nicht nur in gefälligen Lingeriefarben, sondern auch in ungewöhnlich dunklen Kombinationen.

Fotos: Mario Strippiono

Baiser Sauvage,
Lyon

Mit dem Konzept, Dessous und Parfüms/ Kosmetik in einem Geschäft anzubieten, beschäftigte sich Christian Balas seit 1980. Rund zehn Jahre später konnte er es mit einem Laden in Lyon realisieren. Seine Idee: mit einem modernen Handelskonzept modisch interessierte Frauen anzusprechen. Es funktioniert. 80% der Kundschaft von „Baiser Sauvage" sind Frauen im Alter zwischen 20 und 40 Jahren. Und auch Männer fühlen sich dort wohl.

Rund zwei Drittel der 750 m^2 Ladenfläche sind bekannten Parfüm- und Schönheitspflegemitteln vorbehalten. Dessous und Herrenwäsche sowie eine Strumpfabteilung sind räumlich davon getrennt. Das Ambiente – anspruchsvoll-schlichtes Design der Ladeneinrichtung, Wasserbassin, Palmen, Säulen, Sessel zum Ausruhen, ein Getränke-Selfservice – sorgt für den „Zusammenhalt" und vergnüglich-entspanntes Shopping.

Das Dessous-, Herrenwäsche- und Strumpfsortiment ist preislich von der unteren Mitte bis oben angesiedelt.

Fotos: Baiser Sauvage

Macy's, New York

Für Macy's gelten Dessous/Wäsche als ausgesprochen wachstumsträchtig. Besonders im guten Mittelgenre. Das ist jetzt die Richtung des ganzen Hauses, nach dem Umbau und der Abkehr vom höchsten Level, dem man sich vor zehn Jahren zugewandt hatte.

In Macy's Haupthaus am New Yorker Herald Square stehen nach dem Umzug vom zweiten in den dritten Stock statt rund 2.800 m^2 nun 3.700 m^2 zur Verfügung. Das ist viel, und Macy's fängt einiges damit an. Es ist eine Mischung zwischen animierender Präsentation und den wiederentdeckten Wühltischen, zwischen Lifestyle-Gruppierung und kühler Übersicht, denn generell wird die Ware auf T-Ständern aus Aluminium oder Acryl und auf Wasserfall-Präsentern angeboten. Renommierte Miedermarken sind mit ihren Kollektionen in Wandbereichen gruppiert. Darüber hinaus gibt es Lifestyle-Bereiche, denen bestimmte Artikel der im Sortiment geführten Hersteller zugeordnet sind. Es gibt Themenshops, so mit Push-up-BHs (als „Body-Basics"), mit Mini- und Maximizer-BHs oder mit Trägernachthemden. Themen sind „Innerwear as Outerwear" und Brautnachtwäsche. Eyecatcher: Tische mit wäschigen Accessoires von Duftkerzen über Flakons bis zu Handspiegeln oder Deko-Gruppen.

Mieder und Tageswäsche haben ihr Domizil auf der einen Seite der beiden gekachelten Laufzonen, Nachtwäsche und Homewear/Loungewear auf der gegenüberliegenden, auf der eine Espresso-Bar zum Verweilen einlädt. Hier ist auch ein Trendshop, der monatlich umgestaltet wird. Aktionen erweisen sich als zugkräftig. Während der „Men's Night" vor Weihnachten investieren Männer kräftig für ihre Ladies. Beliebt sind die „Fashion Nights" mit informellen kleinen Modeschauen in Anwesenheit der Designer. Einen Shop-in-the-shop hat allerdings nur noch Calvin Klein.

Fotos: Inge Ledermann

Trashy Lingerie, Los Angeles

Mitch Shrier, so behaupten Eingeweihte, wisse besser als jeder andere, was die Schönen und Berühmten von Hollywood auf nackter Haut tragen. Shrier ist Inhaber von Trashy Lingerie, seit rund zwei Jahrzehnten die Dessous-Adresse der Filmmetropole. Manche meinen sogar, Trashy sei der exklusivste Unterwäscheladen der Welt. Der Name „Trashy", was soviel wie Schund und Schmutz bedeutet, ist natürlich pure Koketterie – wenn auch eine provokative Schaufenstergestaltung die vulgär-erotischen Assoziationen des Namens unterstreicht. Damit sich niemand in den Laden verirrt, der sich bloße Sinnenfreude erhofft und womöglich Kundinnen belästigt, hat Trashy einen Members-Only-Status eingeführt. Wer zum ersten Mal den Laden betritt, muß für fünf Dollar die Mitgliedschaft erwerben. Nur Mitgliedern wird das zusätzliche Gatter im Laden geöffnet. „Das hält die Gaffer ab und spart uns Zeit und Unannehmlichkeiten", erklärt Mitch Shrier. Inzwischen gibt es über 89 000 Trashy-Mitglieder.

Trashy Lingerie ist ein Familienunternehmen. Mitchells Frau Tracy und die beiden Söhne Robert und Randy sind aktiv beteiligt. Tracy und fünf Verkäuferinnen bedienen, die Söhne sind für Kasse und Buchhaltung verantwortlich. Mitchell selbst führt das Zepter nach Art eines Zirkusdirektors, der im Hintergrund wirkt und doch immer präsent ist. Dem nichts entgeht und dem von seinen Mitarbeiterinnen ein sicheres Gespür nachgesagt wird für das, was einer Frau am besten steht, obgleich er nicht selber bedient und nur gelegentlich diskret seine Empfehlungen einbringt.

Trashys Auswahl wirkt ohne Zweifel stimulierend. Mindestens 30 000 Artikel drängen sich auf insgesamt 600 m² Verkaufsfläche; alles in allem über 8000 verschiedene Modelle, jedes wenigstens in neun verschiedenen Farben. Von BHs, Bustiers und Camisoles bis zu G-String, Straps und Negligé ist ein Sortiment vereint, das keine Wünsche offen läßt.

„Als wir 1974 starteten, waren Schwarz, Weiß und Beige die einzigen denkbaren Farben für Lingerie", erzählt die Chefin. „Heute produzieren wir in 14 Farben." Leopard liege derzeit im Rennen, und auch Grün sei stark gefragt. „Aber Schwarz ist immer Nummer eins", ergänzt sie. Auch die Materialien haben heute eine Spannweite erreicht, die vor zwei Jahrzehnten kaum vorstellbar war – von Seide, Spitze und Fischnetz bis Vinyl und Leder inklusive aller Sonderwünsche. Stretch sei derzeit der Renner, sagt Tracy Shrier. „Stretch und Spitze sitzen einfach am besten."

„Die Mädchen hier haben wunderschöne Körper", erläutert Shrier. Kein Wunder, daß „alles, was den Körper zeigt", unter den Artikeln ist, die den höchsten Umschlag haben. Bei 150 Dollar bewege sich der Kassenbon, sagt Mitch Shrier. Über Umsatzzahlen spricht er nicht. Die Preisspanne des Sortiments bewegt sich von acht Dollar für einen G-String bis zu 1000 Dollar für das exklusive Negligé. Trashy bietet auch Hochzeitskleider – von brav bis gewagt – und „Prom Dresses" für die traditionelle Schulabschlußfeier.

Trashy produziert sein gesamtes Sortiment selbst, neben der Lingerie auch Hüte und Schuhe. Shrier entwirft die Modelle, kauft die Stoffe, zum Beispiel Seide aus China, und färbt sie selbst ein. Trashy beschäftigt 44 Schneiderinnen, 24 von ihnen im selben Gebäude. „Wir können innerhalb eines Tages alles machen, was die Kundin will", sagt Shrier nicht ohne Stolz. „Wo sonst kann sie Schuhe passend zur Unterwäsche bekommen?" Trashys Fähigkeit, auf individuelle Wünsche einzugehen, hat dem Geschäft neben seinem ungewöhnlich breiten und tiefen Sortiment einen Kundenstamm beschert, dessen Namen sich wie ein „Who's Who" von Hollywood lesen. Von Madonna über Melanie Griffith bis Cher und Raquel Welsh, alle sind auf Trashys Mitgliederliste vertreten, und ihre Maße werden von den Shriers wohlgehütet, was telefonische Nachbestellungen problemlos macht. Übrigens kaufen durchaus nicht nur Frauen bei Trashy ein. Dessous sind beliebte Geschenkartikel. „50 Prozent unserer Kunden sind männlich", sagt Tracy Shrier, „und zu Weihnachten eher 75 Prozent." Unter anderen gehört auch Dennis Hopper zu den Stammkunden, verrät die Inhaberin, und auch Rod Stewart, Billy Idol und Prince mögen ihre Mädchen in Bustier und Slip. Last but not least tauchen Trashys Kreationen in Filmen, TV-Shows und Commercials auf. Stylisten, Werbefotografen und Filmdesigner durchstöbern den Laden mit großer Regelmäßigkeit auf der Suche nach den passenden Requisiten für sexy Szenen jeder Art: ein erquickliches Nebengeschäft für das Lingerieunternehmen.

Fotos: Angelika Leo

Victoria's Secret

5570 Wäschegeschäfte umfaßt die amerikanische Laden- und Versandkette Victoria's Secret all around the USA. Mit 438 Millionen Dollar Jahresumsatz tragen sie einen Teil (circa 6 %) zum großen Kuchen von „The Limited Inc." bei. 1982 übernahm der US-Multi die damals fünf Jahre alte Handelskette.

Angebot aus dem Katalog: Grün, Türkis, Lila – Farben, die in Deutschland selten zu finden sind, sind das Geheimnis von Victoria's Secret.

Victoria's Secret soll die heimliche Atmosphäre englischer Boudoirs in amerikanische Einkaufszentren bringen. In der einzigartigen Kombination eines viktorianisch-plüschigen Stils mit klassizistischen Elementen wird auf durchschnittlich 200 m² viel Spitze und Satin in bunten Farben angeboten. Rotgepolsterte Chaiselonguen, wattierte Bügel in Kombination zu Streifentapeten und zierlichen Möbeln bestimmen das Bild.

„The Limited" liebt hohe Läden mit offenen Einblicken. Wenn diese nicht in den Luxus-Einkaufszentren ihrer Wahl vorhanden sind, werden die Decken durch geschickte Lichtdekorationen oder falsche Glaskuppeln optisch vergrößert. Purpurrot spielt eine wichtige Rolle, angefangen beim Teppichboden bis hin zur Wäsche.

Daß die Amerikaner mit europäischer Stilkunde nicht ganz so vertraut sind, zeigt das Interieur-Sammelsurium, frei nach dem Motto: Immer das Schönste verwenden. So zeigt Victoria's Secret auf Madison Avenue eine Art déco-Decke vom Feinsten. So ganz einig ist man sich also noch nicht, Hauptsache alt. Waren die Ladenfronten erst recht süßlich, wirken sie inzwischen eher wie historische Kleinstadtläden.

Rund, weiblich, spitzig – die Wäsche soll die Kundin umschmeicheln genauso wie diese darin ihren Gatten. Passend zum äußeren Rahmen gibt es viel fließenden Satin, transparente Spitze und Streublümchen. Das Sportliche überläßt „The Limited" anderen Marken und Stores. Ausschließlich unter dem Eigenlabel angebotene Ware verrät nichts mehr über den ursprünglichen Hersteller, aber es gibt wohl kaum einen Fabrikanten oder Designer, der nicht gerne für Victoria's Secret auf den eigenen Namen verzichtet.

Wäsche allein reicht nicht mehr

Neben dem Haussortiment an Negligés, Wäsche und duftigen Morgenröckchen vervollständigen Strümpfe, seidene Herrenunterwäsche und Satinbettwäsche das Programm. Und für das viktorianische Schlaf- und Badezimmer gibt es Duftbeutelchen, mit Stoff bezogene Schmuckkästchen, kristallene Parfumflaschen, handgearbeitete Puppen und Bilderrähmchen. Vor fünf Jahren kam die passende Duft- und Pflegeserie hinzu. Erst vorsichtig getestet, ist das „Bath & Body Works"-Programm inzwischen so erfolgreich, daß es nach Europa exportiert wird. Fast 300 „Bath & Body" -Läden will „The Limited" dort noch in diesem Jahr eröffnen.

Victoria's Secret umwirbt die hochmodische Kundin mit neuester Trendware und peilt die Sinnliche mit romantischen und raffinierten Schnitten überwiegend aus Seidencharmeuse und Chiffon an. Ihr Durchschnittsalter liegt ungefähr bei 35 Jahren. Für die Jungen gibt's Farben in Hülle und Fülle und Modelle aus Naturfasern, in erster Linie aus Baumwolle.

In Amerika, dem Land mit „BH-Pflicht", sind die Kombinationen wichtig: züchtig und bunt. Damit Victoria's Geheimnis nicht allein der Städterin vorbehalten bleibt, erreicht das Wäsche- und ein zusätzliches Oberbekleidungsangebot dank des umfassenden Katalogs auch die einsame Amerikanerin in der Prärie.

Einkauf und Merchandising-Konzept werden zentral von Columbus gesteuert. Alle paar Wochen werden Sortiment und Dekoration der einzelnen Filialen gewechselt; so ist gewährleistet, daß von Texas bis Boston alle die gleichen Geheimnisse teilen können.

Die Läden, die Victoria's Geheimnisse anbieten, sind etwa 200 m² groß und im plüschigen Kolonialstil eingerichtet. Sie liegen in den Luxus-Einkaufszentren oder sind Teil der „The Limited".

Das Geschäft mit der Scham und der Provinz: Unterwäsche per Post

Wäsche per Katalog: das ist mehr als Schwab, Otto oder Quelle, die Damen, Herren und Kinder mit dem Nötigsten, den Standards versorgen. Versandhandel im Wäschegeschäft, das klingt nach „Beate Uhse" und „Top Versand" und war und ist ein lukratives Geschäft. Ein Geschäft mit der Scham und der Provinz. Beate Uhse bringt seit 1949 mit „100% Geld-Zurück-Garantie", diskret verpackt, Nylon-Lüsternes in deutsche Wohnstuben. Seit 1977 gibt es mit dem Top Versand, nach amerikanischem Vorbild, ein Pendant für Männer, die mehr auf die eigene erotische Ausstrahlung achten. Und als jüngstes Kind im erotischen Versandhandel seit 1994 den „Tendenze-Eros"-Katalog des Münchner Designers Lothar Schuster.

Neben den eindeutig erotischen Versendern bieten andere modische Wäsche von Body Art bis Calvin Klein per Post an. Oft gehen dabei Laden und Katalog Hand in Hand. Durch Streuprospekte und deren Erfolg angeregt, kam bei einigen Läden die Idee auf, mehr daraus zu machen. Die teuren Herstellungskosten für einen Katalog muß man ohnehin aufbringen; fehlen nur noch die Anzeigen in den entsprechenden Zeitungen. Und schon läßt sich der Katalog und bald darauf die Wäsche bestellen.

„Wäsche aus dem Katalog – das ist was für verklemmte Kundschaft oder fürs platte Land", findet ein Versender klare Worte. „Die Stärke im Versandgeschäft bei Herrenwäsche ist nach wie vor die Anonymität", meint ein anderer. „Vom Laden aus beobachten wir nach wie vor noch viele Kunden, die sich nicht hinein trauen. So liegt der Anteil der männlichen Kunden im Laden nur bei 50 %, im Versand bei 98 %."

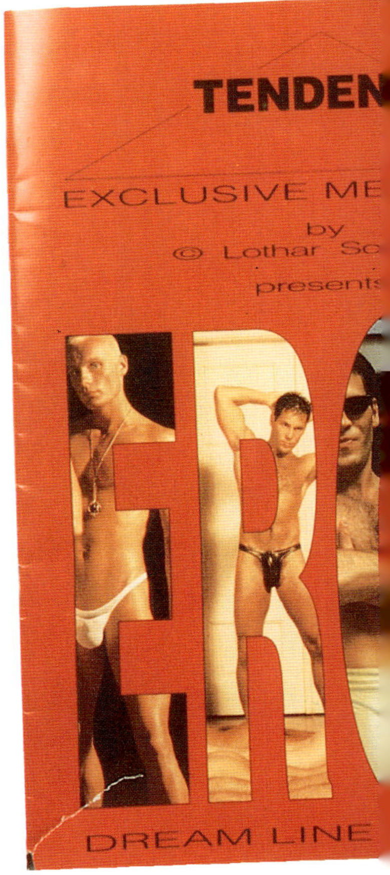

Angeboten wird Wäsche nahmhafter Hersteller, ein Grund für die Provinz-Besteller. „In den ländlichen Gebieten und in Orten mit bis zu 150.000 Einwohnern findet der Kunde nur selten eine Auswahl in dieser Zusammenfassung." Bei 200 DM liegt der Wert einer durchschnittlichen Bestellung, was bei 1500 bis 3000 Kunden locker an die Umsatzzahlen eines Wäschefachgeschäftes heranreicht. Größter Kostenfaktor sind Anzeigen und Hochglanzprospekte. „Mindestens 20 % des Umsatzes", schätzt ein reiner Versender, „gehen dafür drauf". Da ist es wichtig, daß die Anzeige, die Katalog und Versand anpreist, möglichst viele Interessenten erreicht. Gewußt wo, ist hier die Gretchenfrage, und die, die das Geschäft ausmacht. Neben regionalen Szene- und Veranstaltungsblättern wird die modische Wäsche in Zeitgeistmagazinen wie „Max", aber auch in „Männer aktuell", „Männer Vogue" und Schwulenzeitungen wie „Magnus" angeboten. Für die erotischen Versender kommen auch noch der „Stern" und die bunten Blätter infrage. Schutzgebühren, die zwischen 5 und 10 DM pro Katalog liegen können, werden nur teilweise mit der Bestellung verrechnet. Bestellt wird per Fax, Post oder Telefon, geliefert – wenn nötig – diskret per Post, und umgetauscht natürlich nur in Originalverpackung.

Zeitgeist im Katalog.

Foto: Claudia Bartsch

VERBRAUCHER

UMFRAGE

Am liebsten Walter oder „Zeig mir deine Unterhose, und ich sag Dir, wer Du bist."

Ob Nikos, Calvin Klein, Hom oder Cerutti, sie alle können sich anstrengen, wie sie wollen, um noch schönere Wäsche zu kreieren und noch aufwendigere Werbung zu machen – der deutsche Mann trägt am liebsten Walter und Karl-Heinz.

Eine Repräsentativbefragung der „Gesellschaft für Internationale Marktanalysen" brachte die traurige Wäschewirklichkeit an den Tag. Auf die Frage, welche der abgebildeten Unterwäsche demjenigen Stil entspricht, die sie für gewöhnlich tragen, gaben von 1065 befragten Männern ab 16 Jahren 43 % ihr Votum für Walter, die hellblaue Standardeingriffshose mit wäschigem Alloverdruck und 36 % für den Feinripp-Klassiker Karl-Heinz ab. Kein Wunder also, daß die California Dream Boys immer vor vollen Häusern spielen.

Was man so gewöhnlich trägt

	Walter	Karl-Heinz	Boris	Thomas	Kai-Uwe	Michael	Eberhard	Sven	Niklas	Bruno	Sebastian	Torsten
Insgesamt	43	36	28	23	16	14	12	13	8	5	5	5
Markenmuffel	43	36	30	23	14	13	10	13	8	3	4	4
Markentreue	42	35	22	22	24	17	17	11	8	14	10	12
16-29 Jahre	28	15	44	35	22	18	16	18	10	9	5	6
30-49 Jahre	44	31	31	26	17	16	14	14	6	4	4	5
50 Jahre und älter	53	56	13	10	11	9	6	7	8	4	7	5
Parteienneigung												
CDU/CSU	46	40	25	19	20	16	14	7	10	4	6	6
SPD	46	38	27	23	15	10	11	14	8	4	5	4
FDP	35	33	37	23	9	5	5	7	14	0	5	9
Grüne	48	37	33	32	28	13	17	16	9	14	5	7
Andere	50	44	34	28	8	14	6	12	7	4	3	3
Keine Angaben	36	29	27	21	17	18	13	13	7	6	5	6

Sehr modische Formen wie Bodies lagen mit 5 % und Tangas mit 13 % deutlich zurück. Slips mit 23 und 28 % bewertet, werden immerhin noch von einem Viertel der Männer getragen, die Boxer pendeln sich bei 12 bis 16 % ein. Etwa jeder siebte Mann würde also dem propagierten Fernsehideal des amerikanischen Schauspielers entsprechen und – oben ohne – in Boxershorts dastehen, am liebsten in bunten.

Walter und Karl-Heinz sind nicht nur die „Liebestöter", die der deutsche Mann aus Gewohnheit am häufigsten trägt, nein, er findet sie auch noch am besten oder sehr gut. Doch entspricht der Geschmack der Männer im Großen und Ganzen den Erwartungen der Frauen.

Wobei die 16-29jährigen eindeutig knappe Tangas und Slips wie Sven und Thomas bevorzugen. Auch die 30-49jährigen geben sich noch recht gewagt, sie sehen den Mann ihrer Wahl am liebsten in Slips wie Thomas und Boris. Jede Dritte findet aber auch den Tanga Sven attraktiv. Ab 50 Jahren liegt die Präferenz dann eindeutig bei Karl-Heinz und Walter.

1

Walter: Der erfolgreiche Evergreen

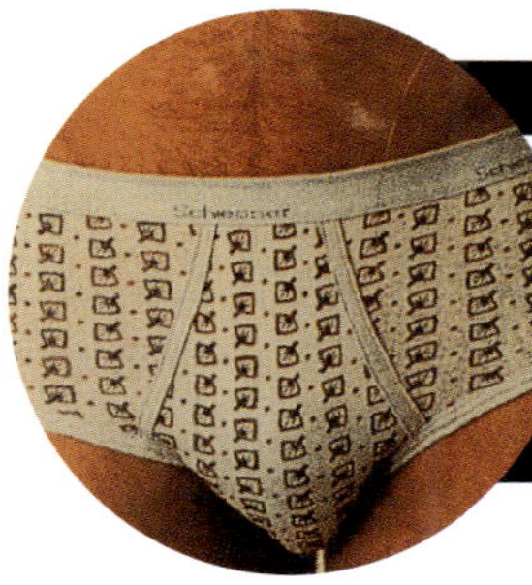

wird gewöhnlich getragen: 43 %

gefällt am besten: 23 %

gefällt sehr gut: 37 %

Maximalpreis: 16, 30 DM

gefällt den Frauen sehr gut: 31 %

Die Nummer 1 bei den Männern. Mindestens jeder zweite über 49jährige trägt ihn und findet ihn auch noch toll. Im Osten ist „Walter" der absolute Renner mit 55 Prozent Marktanteil.
Den Geschmack insbesondere junger Frauen trifft der „Walter"- Träger damit aber nicht. Es ist die einzige Unterhose, die Männern im Schnitt besser gefällt als den Frauen.

2

Karl-Heinz: Der Renner bei den Rentnern

wird gewöhnlich getragen: 36 %

gefällt am besten: 16 %

gefällt sehr gut: 28 %

Maximalpreis: 17, 20 DM

gefällt den Frauen sehr gut: 30 %

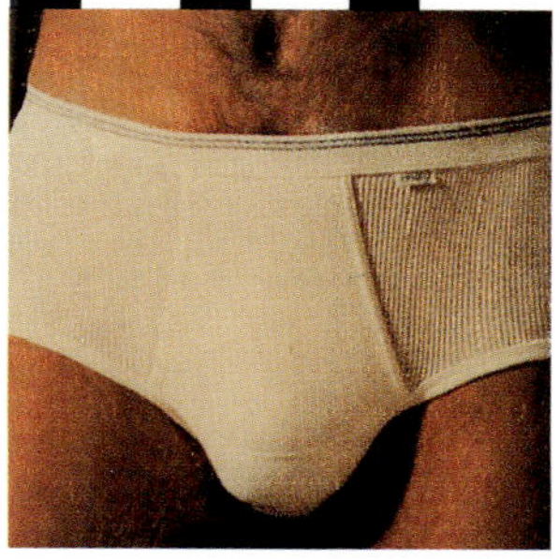

Weit mehr als die Hälfte der über 49jährigen trägt ihn. Und bei den Frauen in diesem Alter findet er fast genauso viele Fans. Auffallend: Im Osten hat „Karl-Heinz" eine deutlich höhere Verteilung als im Westen.

3

wird gewöhnlich getragen: 28 %

gefällt am besten: 13 %

gefällt sehr gut: 25 %

Maximalpreis: 15, 90 DM

gefällt den Frauen sehr gut: 36 %

Boris: Der Star bei den Jungen

Deutlich mehr als 40% der jungen Männer tragen ihn. Mit zunehmendem Alter wird er den Männern dann zu gewagt. Bei den über 49jährigen tragen ihn nur noch 13%. Stark: Fast 50 Prozent der 30 bis 49jährigen Frauen lieben ihn.

4

Thomas: Der Liebling der Frauen

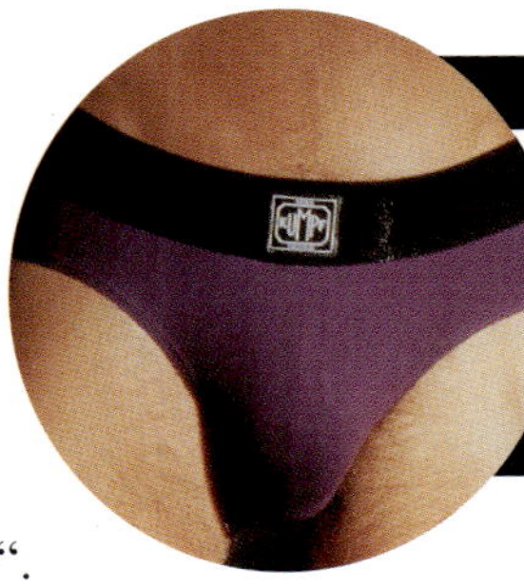

wird gewöhnlich getragen: 23 %

gefällt am besten: 11 %

gefällt sehr gut: 24 %

Maximalpreis: 18, 30 DM

gefällt den Frauen sehr gut: 35 %

Fast jede zweite der Frauen bis 49 Jahren liebt „Thomas". Rund jeder dritte Mann unter 30 trägt ihn. Auffallend: In den neuen Bundesländern findet er sich deutlich häufiger als in den alten.

5

wird gewöhnlich getragen: 16 %
gefällt am besten: 6 %
gefällt sehr gut: 14 %
Maximalpreis: 25, 40 DM
gefällt den Frauen sehr gut: 19 %

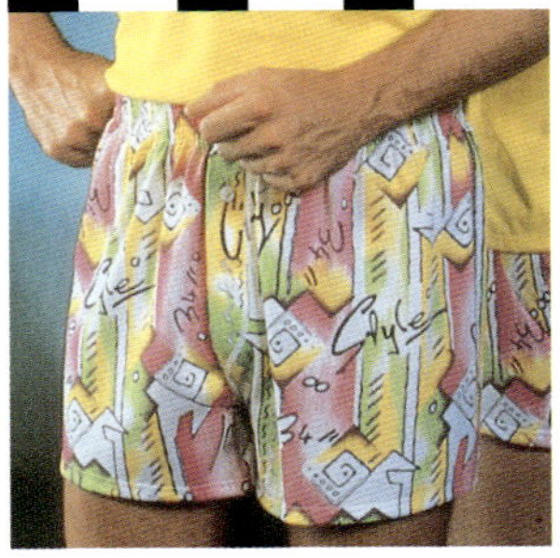

Kai-Uwe: Der Fröhlich – Lockere

Bei den älteren Herren hat der fröhlich-lockere Boxer nicht mehr viel zu suchen. Bei Nordlichtern ist er beliebter als in den südlichen Regionen. Und in Klein- und Mittelstädten ist er interessanterweise auch deutlich häufiger anzutreffen als auf dem Land oder in der Stadt.

6

wird gewöhnlich getragen: 14 %
gefällt am besten: 8 %
gefällt sehr gut: 18 %
Maximalpreis: 21, 60 DM
gefällt den Frauen sehr gut: 22 %

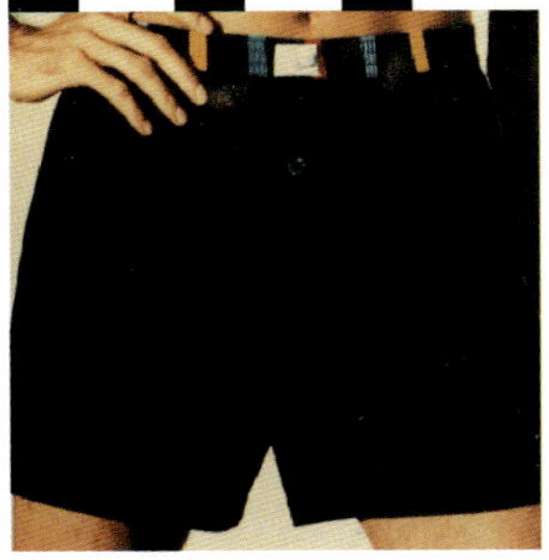

Michael: Der Stille mit Stil

In den „besseren Kreisen" haben beiderlei Gechlechter mehr Gefallen an dem softigen Boxershort als anderswo. Und: Männer bis Ende 40 tragen ihn doppelt so häufig wie ältere Männer.

7

Sven: Favorit der jungen Frauen

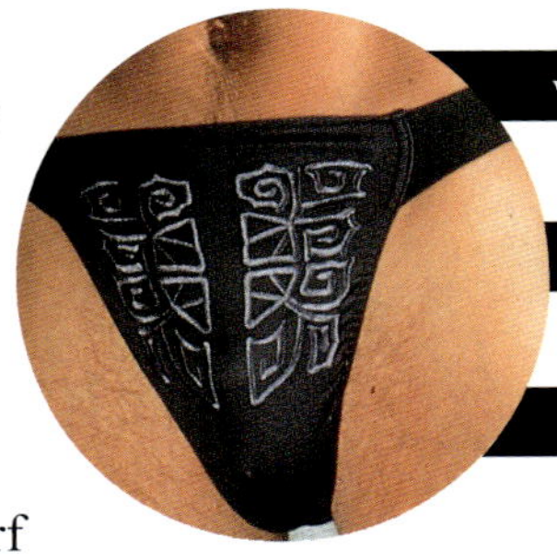

wird gewöhnlich getragen: 13 %
gefällt am besten: 6 %
gefällt sehr gut: 12 %
Maximalpreis: 19, 90 DM
gefällt den Frauen sehr gut: 26 %

Doppelt so viele Frauen wie Männer stehen auf den scharf geschnittenen Tanga. Bei den unter 30jährigen sind es sogar über 40 Prozent. Aber die Damen suchen vergebens: bei den gleichaltrigen Männern sind es noch nicht einmal die Hälfte. Und: Mit zunehmendem Alter tendiert die Lust der Männer auf „Sven" gegen Null.

8

wird gewöhnlich getragen: 12 %
gefällt am besten: 5 %
gefällt sehr gut: 12 %
Maximalpreis: 20, 10 DM
gefällt den Frauen sehr gut: 18%

Eberhard: Im Osten wenig Freunde

Im Osten hat „Eberhard" signifikant weniger Fans sowohl bei den Männern als auch bei den Frauen. Und seine stärksten Bewunderer hat er – wie die anderen Boxer auch – in den jüngeren Zielgruppen.

9

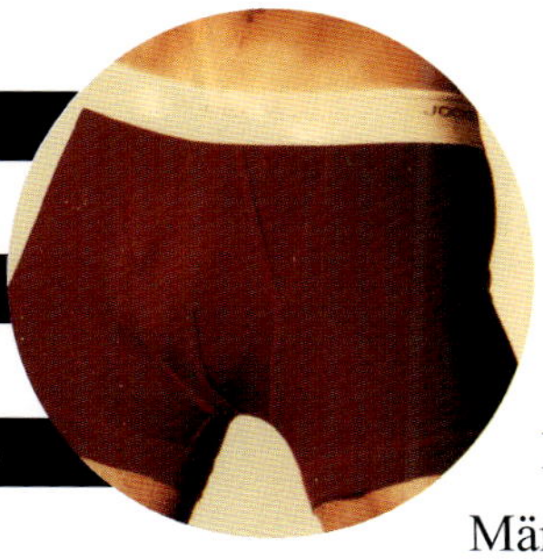

wird gewöhnlich getragen: 8 %
gefällt am besten: 3 %
gefällt sehr gut: 8 %
Maximalpreis: 24, 20 DM
gefällt den Frauen sehr gut: 15 %

Niklas: Im Norden auf kleiner Flamme

Doppelt so viele Frauen wie Männer begeistern sich für die Pantform. Und wohl in Erinnerung an die gute Doppelrippe mit „Beinchen“ steigt seine Beliebtheit bei den Frauen mit zunehmendem Alter sogar an. Bei den „Nordlichtern“ ist dagegen mit „Niklas“ kein Staat zu machen.

10

wird gewöhnlich getragen: 15 %
gefällt am besten: 3 %
gefällt sehr gut: 5 %
Maximalpreis: 35, 30 DM
gefällt den Frauen sehr gut: 11 %

Torsten: Erfolgreich im Norden

Bei den unter 30jährigen wird jede fünfte bei „Torsten“ schwach. Aber auch hier, bei der sportlichen Variante des Bodys, halten sich die Männer egal welchen Alters zurück. Interessant: Im Norden wird er deutlich häufiger getragen als anderswo.

11

wird gewöhnlich getragen: 5 %
gefällt am besten: 3 %
gefällt sehr gut: 4 %
Maximalpreis: 38, 10 DM
gefällt den Frauen sehr gut: 10 %

Sebastian: Ein Body für reife Männer

Der einzige Body, der auch bei älteren Herren gut abschneidet. Kein Wunder – ist der Schnitt doch auch von Anno dazumal. Trotzdem: Auch an „Sebastian“ traut sich nur eine kleine Minderheit der Männer heran. Viele Fans hat er bei den jungen Frauen.

12

wird gewöhnlich getragen: 5 %
gefällt am besten: 2 %
gefällt sehr gut: 4 %
Maximalpreis: 44, 40 DM
gefällt den Frauen sehr gut: 10 %

Bruno: Bringt Kraft zum Vorschein

Jede zehnte Frau steht voll auf „Bruno“. Aber die Männer zieren sich quer durch alle Altersklassen oder soziale Schichten. Mann mag das hohe Bein nicht so. Die meisten Verehrerinnen hat der scharfe Body bei den unter 30jährigen.

Was persönlich am besten oder auch noch sehr gut gefällt

	Insgesamt	Markenmuffel	Markentreue	Frauen
Walter	37	38	36	31
Karl-Heinz	28	30	24	29
Boris	25	27	21	35
Thomas	24	26	18	34
Michael	18	18	18	21
Kai-Uwe	14	10	20	19
Sven	12	13	10	26
Eberhard	12	11	17	17
Niklas	8	4	4	14
Bodies	4	4	7	10

Interessant dabei die Rolle des Bodies: 5 Prozent von der Gesamtheit der Männer tragen ihn, womit er eigentlich nur eine kleine Nebenrolle spielt. Anders wird das Bild erst bei den markentreuen Konsumenten. Hier liegt der Anteil der Bodyträger bei 12 Prozent, einer Zahl, die den Erwartungen der Frauen entspricht, denn 10 % des weiblichen Geschlechts gefallen Bodies am besten oder zumindest sehr gut.

Witziges für die Politiker oder Anregung für den Wahlkampf: Die FDP-Geneigte mag am liebsten feine Boxershorts, während SPD- und CDU-Anhängerinnen sich auf Walter und Karl-Heinz stürzen, wobei sie noch mehr auf Uni-Feinripp stehen. Und die Wählerin der Grünen bevorzugt Boris, Thomas und Sven, also Minislips und Tangas.

Was welchen Frauen am besten oder auch noch sehr gut gefällt

	Boris	Thomas	Walter	Karl-Heinz	Sven	Michael	Kai-Uwe	Eberhard	Niklas	Bodies
Frauen Insgesamt	35	34	31	29	26	21	19	17	14	10
West	36	33	28	27	25	22	21	19	14	11
Ost	31	40	42	37	27	21	14	11	15	7
16-29 Jahre	42	47	14	9	43	27	18	22	11	15,6
30-49 Jahre	47	46	26	23	34	22	24	20	13	9
50 Jahre und älter	22	19	44	45	9	18	16	12	16	8
Parteienneigung										
CDU/CSU	30	30	34	41	14	21	24	16	16	10
SPD	38	37	36	34	26	17	19	19	14	10
FDP	20	23	33	33	24	31	20	22	16	7
Grüne	41	41	18	14	39	22	23	18	12	14
Andere	36	40	35	30	27	28	14	13	14	12
Keine Angaben	35	33	28	22	28	23	18	17	13	9

Die Walters und Karl-Heinze lassen sich übrigens schon an der Verpackung erkennen, tragen sie doch am häufigsten Anzug, Hemd und Krawatte oder auch schon mal den etwas lässigeren Freizeitstil mit Stoffhose, Blouson und Pullover. Ähnlich eindeutig kann man auch die Kai-Uwe-Träger, also Männer in bunten Boxern, erkennen. Wer unten drunter Kai-Uwe trägt, mags obendrüber superlässig oder hiphopmäßig. (Wahrscheinlich hielten die Befragten das Muster für Graffiti.) Boris, unser bunter Slipträger, mag drüber am liebsten Shorts zum Surfbrett, lässige Sportswear bis hin zum hiphopigen Lagenlook. Und den Bodyträger Bruno erkennt Frau am legeren Designerlook.

Wer trägt was untendrunter

	Walter	Karl-Heinz	Boris	Kai-Uwe	Bruno
Anzug	58	50	27	17	11
Sportswear	53,5	46	32	16,5	5
Sportswear jung	39,5	27,5	43	24,5	7
Hiphop	31	26	44	41	30
Anzug leger	52	49	34	17	7
Lagenlook	31	23	34	33	21

Wäsche, also meist ein Slip oder eine Unterhose, dürfen im Schnitt 20 DM kosten. Wobei die Männer der neuen Bundesländer, Großstädter und FDP-Wähler im Schnitt 3 DM weniger bereit sind zu zahlen. Und die Männer wissen – obwohl doch angeblich immer die Frauen die Wäsche einkaufen –, was ein Slip kostet.

	Alle 100 %	Marken-treue 22 %	Marken untreue 78 %
Deutsche insgesamt	20, 00 DM	30, 40 DM	17, 30 DM
West	20, 80 DM	31, 80 DM	17, 40 DM
Ost	17, 00 DM	18, 10 DM	16, 90 DM
16-29 Jahre	21, 20 DM	29, 30 DM	19, 20 DM
30-49 Jahre	20, 60 DM	33 00 DM	17, 30 DM
50 Jahre und älter	18, 50 DM	28, 60 DM	15, 80 DM
Land (-20.000 E.)	19, 70 DM	31, 40 DM	17, 50 DM
Klein-, Mittelstadt	23, 50 DM	38, 70 DM	18, 20 DM
Großstadt (+ 100.000 E.)	17, 30 DM	20, 90 DM	16, 40 DM
Parteienneigung			
CDU/CSU	19, 50 DM	29, 60 DM	15, 10 DM
SPD	19, 90 DM	27, 90 DM	17, 30 DM
FDP	16, 80 DM	15, 00 DM	16, 80 DM
Grüne	17, 60 DM	28, 90 DM	14, 40 DM
Andere	16, 40 DM	15, 00 DM	16, 60 DM
Keine Angaben	22, 20 DM	37, 80 DM	18, 90 DM

Richtig teuer darf nur die Markenunterhose sein und die auch nur im alten Bundesgebiet. Hier ist Mann aber durchaus bereit, 10 DM mehr hinzulegen, um einen bekannten Namen auf dem Bund oder im Etikett mitzunehmen. Wobei hier die Mittelstädter und die 30- bis 49jährigen besonders tief in die Tasche greifen und der FDP-Wähler zwar die Marke will, aber scheinbar eine ganz billige. Ob Image, Qualitäts- oder Paßformgründe den Ausschlag geben, bleibt offen. Vielleicht ist es auch einfach die Bequemlichkeit.

Welche Unterhose tragen Sie?

- 59 % Klassische Feinripp-Slips mit Eingriff
- 17 % Boxershorts
- 16 % Tangaslip
- 4 % Designer-Dessous
- 3 % Bodystocking
- 1 % Keine

Der Playboy schaute den Männern schon im Februar 1994 in die Hose und fand klassische Langeweile. Gegen die Übermacht der klassischen Feinripper mit Eingriff haben die paar Bodyträger oder das gewagte 1 Prozent, das sich ohne alles auf die Straße traut, kaum eine Chance.

& KUNST
KITSCH

KUNST &KITSCH

211

Haute Corseterie: Das maßgeschneiderte Korsett

Was hat die britische Königinmutter gemeinsam mit Joan Collins? Beiden ist Wäsche von der Stange ein Graus: sie lassen sich Korsett und Büstenhalter auf den Leib schneidern. Es ist ein kleines, aber überaus feines Gewerbe, das sich hautnah mit dem Körper befaßt: ganze zwei Adressen gibt es weltweit, die sich auf die winzige Marktlücke der Dessous-Maßschneiderei eingelassen haben.

Gleichberechtigt mit der Haute Couture sieht sich die Pariserin Poupie Cadolle, die ihr Geschäft in der Nobelmeile rue Cambon, einen Steinwurf von Chanel entfernt, bereits in der fünften Generation betreibt: Ahnin Herminie Cadolle ging 1889 mit der Anmeldung eines Büstenhalterpatents in die Annalen der französischen Dessousgeschichte ein. Nachfahrin Poupie schneiderte Jeanne Moreau, Brigitte Bardot und Catherine Deneuve Dessous, die sie auf der Leinwand trugen. Ob sie auch privat Kundinnen sind, wird streng geheimgehalten: Madame Cadolle hält auf äußerste Diskretion. Gewiß ist, daß bei Preisen um tausend Mark für einen Büstenhalter (Minimum: zwei Anproben) die Kundschaft des Geschäfts ebenso elitär wie dünngesät ist. Zwecks Eroberung neuer Märkte reist Poupie Cadolle viermal im Jahr nach Amerika, wo sie im New Yorker Edelkaufhaus Bergdorf & Goodman sowie in Beverly Hills bei Neimann & Marcus die Konturen zahlungskräftiger Damen mißt. Geliefert wird per Post aus Paris.

Volksnaher geht es bei Rigby & Peller in London zu: Obwohl fast das gesamte Königshaus zur Kundschaft gehört, legt der 1939 gegründete Betrieb Wert auf halbwegs zivile Preise: Wer nichts Exzentrisches oder Luxuriöses will, sondern einfach einen perfekt sitzenden BH, kann bei zwei Anproben Modelle ab 500 Mark bekommen. Neben den Schönen und Reichen kommen auch Frauen mit Figurproblemen. Anders als ihre Kollegin in Paris darf June Kenton, die das Geschäft 1982 übernahm, die Namen einiger Kundinnen preisgeben: Joan Collins, Diana Rigg und Faye Dunaway sind sich nicht zu fein, das Geheimnis ihrer Silhouette mit der Öffentlichkeit zu teilen. Um das auch in London eher wankelmütige Geschäft zu zementieren, bringt Rigby & Peller eine eigene Dessous-Linie heraus, die auf Messen vertrieben wird. June Kenton: „Von der Maßanfertigung allein könnten wir schwerlich leben".

Stille Nacht

Foto: Thomas Fedra

Der vielgeliebten Ausstattung von Boxershorts mit Schmunzel-Motiven hat die Firma Mariner noch eins draufgesetzt: Das Weihnachtsmodell des Jahres 1993 ist wie ein Christbaum mit funkelnden Sternen versehen, und der angehängte Weihnachtsmann läßt bei Berührung ein Weihnachtslied anklingen.

Gaultiers Hommagen an das Korsett

Er befreite das Korsett aus der Dunkelheit und ließ es auftrumpfen als Alleinunterhalter: Jean Paul Gaultier, Tausendsassa der Pariser Mode. Nachdem seine spektakulären, über Body, Pullover oder die nackte Haut gezurrten Mieder in den 80er Jahren in sämtlichen Modezeitschriften abgebildet worden waren, nutzte er seine Popularität zum Auftakt der 90er Jahre höchst werbewirksam für einen ersten Duft: ein rosa Wässerchen im Flakon in Form eines miedergeschmückten Frauentorsos. Witzig, wenn auch nicht gerade umweltfreundlich: die Weißblechdose als Verpackung.

Unterdessen sponn der vom einstigen enfant terrible zum vielkopierten Superstar mutierte Designer seine Ideen zum Thema Brustbetonung weiter: seinen roten Maulkorb-BH samt Corsage aus Lacklederriemen zeigte er im Sommer 1992.

Bühnengeschichte machte Popqueen Madonna auf ihrer Welttournee 1990 in Gaultiers Rundstepper-Corsage aus Goldlack: erst wurde das Stück tausendfach für die Fans kopiert, dann kam das Original im Londoner Auktionshaus Sotheby's zum stattlichen Preis von 8.800 britischen Pfund Sterling unter den Hammer. Der Käufer, ein Amerikaner, hielt per Telephon bei der Versteigerung mit und brachte es fertig, trotz der Neugier der Boulevardpresse anonym zu bleiben.

Foto: Gaultier

Foto: Sotheby's

Foto: Holle-Suppa

Männlichkeits-
wahn und
Klingelbeutel

In einer Zeit, in der es für Frauen höchst unziemlich war, mehr als einen Zentimeter Bein zu zeigen, führten Männer sich wie Pfauen auf: Die Schamkapsel, zu Beginn des 16. Jahrhunderts aus dem Hosenlatz der Strumpfhose entstanden, wurde größer und größer und nahm höchst eindeutige Formen an. Sie diente keinerlei einsichtigem Zweck außer der Verherrlichung der Männlichkeit – sieht man einmal davon ab, daß sie als klimperndes Behältnis für Geldmünzen einen gewissen Nutzen hatte.

Das Portrait mit Dogge zeigt Karl V., römisch-deutschen Kaiser und König von Spanien, 1532 gemalt von Jakob Seisenegger und heute im Kunsthistorischen Museum in Wien zu sehen.

Foto: Archiv für Kunst und Geschichte, Berlin

Träume eines
Fetischisten

B„Bra" heißt der Büstenhalter in England. Für das Freitagsmagazin der Frankfurter Allgemeinen Zeitung ließ Zeichner Seymour Chwast sich von den drei Buchstaben zu einer skurilen Sammlung inspirieren: Brabylon ist überall.

Auf Ötzis
Spuren

Lederwäsche: ein Relikt aus „Ötzis" Zeiten, des jüngst entdeckten Steinzeitmenschen aus dem Ötzbachtal? Keineswegs. Eingeweihte schwören auf schenkellange Unterhosen aus natürlich gegerbtem Waschleder: gegen Rheuma, Hüft- und Bandscheibenschmerzen, gegen Zugluft und Kälte, nach Operationen zur gleichmäßigen Wärmeverteilung. Einige der wenigen spezialisierten Hersteller sitzen in Salzburg. Bei Frieda Markel wird nach alter Art mit Fischtran gegerbt, Fitzka in der Sigmund-Hafner-Gasse beliefert auch Radler und Jäger mit dem Wärmespender der Natur. Ab 400 Mark sind die atmungsaktiven Liebestöter zu haben.

Barbies Keuschheits-halfter

Dessous waren schon immer eines ihrer Lieblingsthemen: Barbie, Supermodell der Kleinen und Großen rund um die Welt, verfügt über einen mit den Jahren immer voller gewordenen Wäscheschrank, der die Vorräte jeder Hollywood-Diva in den Schatten stellt. Anläßlich ihres 35. Geburtstages und der ihr zu Ehren 1994 in Berlin gezeigten Ausstellung „Kunst, Design, Barbie“ bekam sie einen Ganzkörperreifrock aus blauen Straßsteinchen geschneidert: ein Mittelding aus Keuschheitshalfter und Abendrobe.

Foto: Bachmann

Erleuchtung in der Nacht

Licht ins Dunkel, das unter weiblichen Röcken und Blusen herrscht, bringt die New Yorkerin Deborah Marquit: mit Neonwäsche. Der Ex-Modezeichnerin ging buchstäblich ein Licht auf, als sie in einer Grotte schwamm: Das unterirdische Lichterspiel inspirierte sie zu Entwurf und Herstellung von leuchtenden Wegweiser-Dessous aus speziell entwickeltem Material. Laut „Playboy“ stehen in ihrer New Yorker Neon-Boutique „die Frauen Schlange, strahlen um die Wette und warten auf Erleuchtung“.

Foto: Playboy

Souvenir von Eva

Am Anfang war das Feigenblatt: Die Londoner Designerin Vivienne Westwood, wie ihr Pariser Kollege Gaultier um subtile bis skurrile Einfälle zum Thema nach außen gekehrter Dessous nie verlegen, machte es in ihrer Kollektion vom Herbst/Winter 1989/90 zum Blickpunkt einer Träumerei aus Samtcorsage und Seidenstrumpfhose. In den Jahren zuvor hatte sie der Kostümgeschichte mit Po- und Hüftpolstern sowie mit atemberaubend engen Schnürbrüsten nach Art des 18. Jahrhunderts ihre Reverenz erwiesen.

Foto: Holle-Suppa

Schnürmieder der Zeuglesweber

Wenn im württembergischen Städtchen Heubach ein Fremder einen Einheimischen anspricht, dann fragt er zumeist nach dem Weg zum Rathaus: Im Erdgeschoß des historischen Fachwerkbaus ist das Miedermuseum untergebracht, einziges seiner Art in Deutschland. 1971 gemeinsam vom damaligen Bürgermeister Friedrich Schenk und den Heubacher Miedermachern „Triumph International" und „Susa-Werke" ins Leben gerufen, zeigt es rund 60 Exponate vom frühen 19. Jahrhundert bis heute: Schnürmieder aus der Zeit des Biedermeier, Reformleibchen der Jahrhundertwende, Corseletts der wilden Zwanziger, Sportgürtel und Hüftformer der Vorkriegszeit, Rundstepper der 50er sowie nahtlos vorgeformte und gemoldete BHs der 60er und 70er Jahre. Auch die Werkzeuge sind zu sehen, mit denen einst die Heubacher Zeuglesweber den Grundstock für die heutige Miederwarenindustrie legten. Geöffnet ist das kleine Museum werktags von 8 bis 12 und von 13.30 bis 16.30 Uhr.

Fotos: Miedermuseum Heubach

Objekte der Begierde

Sammler aus Leidenschaft ist der Italiener Samuele Rosario Mazza: rund eintausend „Büstenhalter“, Auftragswerke von Künstlern aus aller Welt, zählt sein Schatz. Etwa 200 davon wurden 1991 im Rahmen einer Wanderausstellung gezeigt. In Mailand eröffnet, ging sie rund um die Welt bis nach Los Angeles: voller Symbolik von keusch bis pervers, ein Potpourri aus Mechanik und Dynamik, Primitivität und Natürlichkeit mit vielen verfremdeten Materialien; dazu gehören schon mal Moos und Lakritz.

Mazzas allgegenwärtiges Ziel ist die Verbindung von Mode und Kultur. Seine Vorbilder sind Modeschöpfer wie Poiret, der sich von etlichen Künstlern seiner Zeit wie Picabia, Vlaminck, Derain und Dufy inspirieren ließ, ebenso wie Elsa Schiaparelli, Freundin und Muse der Surrealisten. Den größten Einfluß auf Mazza übte Andy Warhol mit seiner Pop art aus, die simpelste Gebrauchsgegenstände mystifiziert und zum Kunstwerk erhebt. Das will auch Mazza, 1960 auf Sizilien geboren und als Organisator stets skurriler bis humoristischer Ausstellungen und Happenings ein bekannter Name im Bereich der Kleidung, in Italien.

Fotos: Katalog

Felicitas Bachmann

Erotik

Wäsche & Film

Industrieprofile
Schiesser
Mey
Jockey
Die Schweizermacher
Calida
Habella
Zimmerli
Hanro

Werbung
Auf die Verpackung kommt es an

Stilisten
Calvin Klein
Lothar Schuster

Wäsche & Ökologie

Läden
Editorial
Body Talk
Mec
Manstore
Pur Pur
Carsch-Haus
Haita
Hautnah
Victoria's Secret
Das Geschäft mit der Scham und der Provinz: Unterwäsche per Post

Verbraucherumfrage

Christa Madeyka

Warenkunde

Industrieprofile
Editorial
Triumph International
Gruppo La Perla
Cadolle

Stilisten
Editorial („Grenzüberschreitungen")
Gebrüder Wolff
Bildseite

Läden
Les Dessous
Claudia Rüdinger

Mechthild Meyer-Schneidewind

Historie

Werbung

Stilisten
Nikos

Läden
Modehaus Pfüller

Kunst & Kitsch

Dagmar Bagnoli

Läden
Arimo

Stilisten
Dolce & Gabbana
Armani
Versace

Kunst & Kitsch
BH-Sammlung

Beatrice Gottschlich

Läden
Baiser Sauvage

Inge Ledermann

Läden
Macy's

Stilisten
Donna Karan

Angelika Leo

Läden
Trashy Lingerie

Andrea Manet von Scheidlin

Stilisten
Gaultier
Louis Féraud
Thierry Mugler

Danksagung

Für die bereitwillige Unterstützung bei unseren Recherchen und für die großzügige Öffnung ihrer Bildarchive danken wir allen im vorliegenden Buch erwähnten Herstellern. Gunhild Kampe stellte uns freundlicherweise einige bibliophile Wäsche-Folianten aus ihrer Privatsammlung zur Verfügung. Helen Heller vom Kostümforschungsinstitut von Parish, München, danken wir für die oft mühevollen Recherchearbeiten. Für die Beschaffung von Archivmaterial sind wir insbesondere Hans-Joachim Jorke vom Gesamtverband der deutschen Maschenindustrie verbunden.

Literaturverzeichnis

Der neuen Zeit ein neues Kleid. Gemeinschaftsstudie des Ludwig Uhland-Instituts der Universität Tübingen. Herausgeber: Christel Köhle-Hetzinger, Gabriele Mentges. Verlag Theiss, Stuttgart 1993.

Fuchs, Eduard: Illustrierte Sittengeschichte. Neuauflage im Fischer Taschenbuch Verlag 1985.

De Greef, John : Wäsche. (Reihe „Männermode“). Thull-Verlag, 1989.

Junker, Almut/Stille, Eva: Zur Geschichte der Unterwäsche 1700-1960. Ausstellungskatalog Historisches Museum Frankfurt 1988.

Lebeck, Robert (Hrsg,): Busen, Strapse, Spitzenhöschen. Erotische Postkarten. Harenberg Edition. Die bibliophilen Taschenbücher Nr. 293. Dortmund 1991.

Loschek, Ingrid: Reclams Mode- und Kostümlexikon. Philipp Reclam jun. 1987.

Marozzi, Christina (Hrsg.): Samuele Mazza. Reggi-Secolo. Idea Books. Mailand 1992.

Page, Christopher: Foundation of Fashion. Leicestershire Museums Publication No. 29, 1981.

Rayon Lingerie. Un siécle de publicité. Bibliothéque Forney/Syros-Alternatives.

Saint-Laurent, Cecil: Drunter – Eine Kultur- und Phantasiegeschichte der weiblichen Dessous. Verlag Christian Brandstetter 1988.

The undercover story. Ausstellungskatalog des Fashion Institute of Technology, New York und des Kytos Costume Institute, Japan 1982/83.

Underwear. The Fashion History. Alison Carter. B.T. Batsford Limited, London 1992.

Bildquellen

(Die Zahlenangaben beziehen sich auf die Seitenzahl im Buch)

10,11 oben, 13 links und rechts oben, 15 links und rechts unten, 131 unten, 133 rechts: Kostümforschungsinstitut v. Parish, München.

12, 13 unten rechts, 19 oben, 29 links und rechts, 30 oben, 33 links und rechts, 35 Mitte, 36 rechts, 40 links, 131 oben : Archiv für Kunst und Geschichte, Berlin.

15 rechts: Städel Museum, Frankfurt.

16 und 21 unten, 23 oben, 21 unten: Archiv Triumph International.

17 unten, 18, 20, 23 unten, 24 unten, 27 unten, 34 oben: Historisches Museum, Frankfurt.

21 oben und 22: Archiv Prima Donna, Cannstadt.

27 oben: BBC Hulton Picture Library, London.

28 oben und 128: aus „The undercover story“, Katalog siehe Literaturverzeichnis.

36: Münchner Stadtmuseum.

39 und 41 links: DPA

46: aus der Zeitschrift „Fashion“ (DFV); Foto: Raymond Philippe.

129, 130, 132 und 133 links: mit freundlicher Genehmigung der Bibliothèque Forney/Syros Alternatives aus dem Bildband „Rayon Lingerie – Un siècle de publicité“.

142, 143: Fotoatelier Deutscher Fachverlag (Liz Rehm, Claudia Bartsch, Thomas Fedra).